国家十二五规划重点图书

贵州省出版发展专项资金资助

"世界意义的
中国发明"丛书

王渝生 主编

国家十二五规划重点图书

SILK ROAD LEADING
TO THE WORLD

# 通向世界的
# 丝绸之路

蔡琴 著

贵州出版集团
Guizhou Publishing Group

贵州民族出版社

图书在版编目（CIP）数据

通向世界的丝绸之路 / 蔡琴著. -- 贵阳 ：贵州民
族出版社，2014.7（2020.7 重印）
（世界意义的中国发明）
ISBN 978-7-5412-2145-3

Ⅰ．①通… Ⅱ．①蔡… Ⅲ．①丝绸之路—介绍 Ⅳ.
① K928.6

中国版本图书馆 CIP 数据核字（2014）第 125297 号

## 通向世界的丝绸之路

著　　者：蔡琴
出版发行：贵州民族出版社
社址邮编：贵阳市观山湖区会展东路贵州出版集团大楼　　　550081
电　　话：0851-86826871
传　　真：0851-86826871
印　　刷：山东龙岳文化传媒有限公司
开　　本：787mm×1092mm　　1/16
字　　数：250 千
印　　张：16.5
版　　次：2014 年 7 月第 1 版
印　　次：2020 年 7 月第 2 次印刷
书　　号：ISBN 978-7-5412-2145-3
定　　价：128.00 元

# 序 言

王渝生 ※

　　提起近现代科学技术三四百年来的发展，欧美处于世界领先地位似乎已成为不争的事实。但是在一千多年前，美洲还是未经开发的地区，欧洲则处于黑暗的中世纪时期。而此时东方的中国、印度和阿拉伯地区，则经历了科学技术大发展的全盛阶段。

　　中国是世界四大文明古国（古巴比伦、古埃及、古印度和古代中国）之一。古老的中华农业科技文明可以追溯到至少六七千年以前。四五千年以前的科学知识萌芽和农、牧、手工业以及青铜冶铸等技术都有了长足的进步。可以说，在四五千年甚至六七千年以前，世界文明四分天下的话，中国有其一。

　　两三千年以前，中国逐渐形成了农学、医药学、天文学和数学等独特的科学体系，在地学、生物学以及制陶、矿冶、纺织、建筑等技术领域也取得了辉煌的成就。此时在欧洲地中海沿岸，崛起了一个新兴的奴隶联邦制的古希腊，后来是古罗马的文明，而此前的古老文明，除中华文明外，其他的都衰亡了下去，出现了中断现象。可以说，在两三千年前，古代中国和古代希腊罗马的文明就像两颗璀璨的明珠，一颗在东方，一颗在西方，交相辉映，那时的世界文明两分天下，中国有其一。

　　一千多年以前，中国则先后完成了指南针、造纸术、印刷术和火药这闻名于世的四大发明，"并在 3 到 13 世纪之间保持一个西方所望尘莫及的科学知识水平 。"（李约瑟：《中国科学技术史》）事实上，直到 14 ～ 16 世纪，从"四元术"及"招差术"到"十二平均律"，从《授时历》到《本草纲目》，从《农政全书》到《天工开物》，都在世界科技史上占有一席之地。也就是说，一千年前，中华文明在世界上一枝独秀！

从四分天下到半壁江山到独领风骚，中华文明一直在大踏步前进。

而在西方，到了一千多年前，也就是公元476年西罗马帝国灭亡到14世纪文艺复兴兴起，差不多一千年，欧洲处在黑暗的中世纪，科技经济的发展和社会的进步受到了极大的阻碍。

到了14～16世纪，西方出现了宗教改革、文艺复兴、科学革命三大近代化运动，出现了思想启蒙运动、资产阶级革命和资本主义生产方式，一下就把在封建老路上蹒跚爬行的中华封建大帝国远远抛在了后面。然而，西方的近代科学和资产阶级革命的进步和发展，中国古代科技成就在其中是产生了巨大推动作用的。培根在1620年指出，印刷术、火药、指南针"这三种发明已经在世界范围内把事物的全部面貌和情况都改变了"；马克思则在1863年这样评论道，"火药、指南针、印刷术——这是预告资产阶级社会到来的三大发明"；而英国科学史家贝尔纳1959年在为其《历史上的科学》中译本所写序中则说："中国许多世纪以来，一直是人类文明和科学的巨大中心之一……中国在技术上的贡献——指南针、火药、纸和印刷术——曾起了作用，而且也许是有决定意义的作用。"

富有科技传统和四大发明成就的中华帝国，在三四百年前没有顺应历史潮流发展，没有像西方那样从封建时代进入资本主义时代，从农业文明进化到工业文明，后来又遭受帝国主义侵略，沦为半封建半殖民地国家，因此我们落后了。

中国近现代科学技术的发展经历了一条充满艰辛与屈辱，而又有奋斗与辉煌的曲折道路。今天，我们在为实现国家富强、民族振兴、人民幸福的"中国梦"的奋斗过程中，回顾中华文明历程，展示我国科技发明奥秘，这对于促进当代科技发展和创新，实现中华民族的伟大复兴，是有积极意义的。

事实上，中国古代远不止这四大发明，在粟作稻作、农具农耕、筹算珠算、天文仪器、机械制造、钻井探矿、油煤开采、青铜冶铸、钢铁冶炼、建筑营造、造船航海、陶器瓷器、雕塑髹漆、蚕桑丝绸、纺织印染、发酵酿造、中医中药等方面都取得了丰硕而巨大的成就，这些与国计民生、与人们的日常生活密切相关的领域中所取得的科技成就和发明创造，有力地推动了中国古代生产力和经济社会生活的进展。中国传统科技发明不仅创造了中国古代光辉的科技成就，更重要的是，吸收和应用内在基因，开发现代科技，往往可以有大的创新。

为此，贵州民族出版社策划《世界意义的中国发明》系列丛书。这套丛书并不以百科全书和全景式展示为目标，而是在中国传统技术的多个领域中选取一些专题，它们均代表了传统科技文化的某一个侧面，反映了中国人对某一种自然的认识以及与这种认识相应的科技文化形态，以及其对于世界的意义。希望能让更多的中国人更了解自己的科技与文明，也希望能让世界更了解中国的科技与文明。

本丛书在语言上以叙述为主，力求深入浅出，通俗易懂，适应现代读者特别是青少年的需求，对于书中涉及到的科学原理、规律不做学术性和过于专业的解释，而是用浅显通俗的语言介绍，语言整体风格生动活泼。

在本丛书即将付梓之际，我乐于向广大读者推荐，是为序。

2013 年 12 月于北京

通向世界的丝绸之路

※王渝生：中国科学院博士、教授、博导，中国科技馆研究员、原馆长，国家教育咨询委员会委员。

通向世界的丝绸之路

# 目　录

# 前　言

　　中国是世界上最早饲养家蚕和缫丝织绸的国家，几乎所有的地方都能生产丝绸。秦汉时期，丝织业发展迎来了第一个高峰，随着汉代中国对外交流的增多和文化影响的深入，丝绸的贸易和输出达到空前繁荣的地步。贸易的推动使得中原和边疆、中国和东西邻邦的经济、文化交流进一步发展，著名的"丝绸之路"就在此时出现了。"丝绸之路"是连接亚洲、非洲和欧洲的古代陆上商业贸易路线，从运输方式上分为陆上丝绸之路和"海上丝绸之路"。陆上丝绸之路从古长安出发，一路西去，经过中亚、西亚，跨越陇山山脉，穿过河西走廊，通过玉门关和阳关，抵达新疆，沿绿洲和帕米尔高原通过中亚、西亚和北非，最终抵达非洲和欧洲。

　　"海上丝绸之路"以中国东南沿海为起点，经东南亚、南亚、非洲，最后到达欧洲，起于秦汉，兴于隋唐，盛于宋元，明初达到顶峰。

　　五千年来，"丝绸之路"对中国历史作出了重大贡献，也对人类文明产生了深远影响，"丝绸之路"已成为世界经济和文化交流的代名词。用"丝绸之路"来形容古代中国与西方的文明交流，贴切写实而又富有诗意。从西汉张骞奉汉武帝派遣，三通"西域"，到东汉时期的官方使节甘英出使大秦（古罗马帝国）；从唐初著名高僧玄奘西游印度，满载佛教经典而归，到明朝初年郑和七下"西洋"，遍访马六甲、波斯湾、红海乃至非洲东海岸，中华民族的先人，前赴后继，向世界各地传播着中华文明。

　　2013 年，国家主席习近平在出访哈萨克斯坦、印度尼西亚时，先后提出了建设"丝绸之路经济带"和"21 世纪海上丝绸之路"的战略构想，强调相关各国要打造互利共赢的"利益共同体"和共同发展繁荣的"命运共同体"。新丝绸之路概念的提出，不仅表达了中国与世界持续开展经济合作的意愿，而且具有包容性的文化内涵。丝绸之路精神的核心是和平、友好、开放、包容，让我们循着古人的伟大足迹，将灿烂的中华文化带给世界。

通向世界的丝绸之路

第一章

# 天赐福祉

## 天虫作茧

在远古的中国大地上，今天的华南、华东，甚至华北地区都属于热带和亚热带气候，繁茂的大地上桑树遍野，青枝绿叶之间，紫色的桑葚散发着香气，给野蚕提供了极好的生存环境。我们的祖先发现，这种圆圆的、胖胖的虫儿，能够吐丝结茧。进入新石器时代后，我们的祖先开始利用纺轮纺织野生的麻和葛纤维，过着冬着毛皮、夏着麻葛的生活。他们尝试着从茧壳拉出细细的长丝，经过多次实践，他们发现野蚕丝又细又牢，比麻葛好多了，具有轻盈、舒适、光亮等特性，这是其他织物所没有的。于是一种新型的纺织纤维——丝纤维出现了，蚕丝最早就是这样开始被利用起来的。"养天虫以吐经纶，始衣裳而福万民"，人们先是利用野蚕，后来随着人们开始了定居生活，野蚕开始在室内饲养。

李济

半个蚕茧

养蚕和利用蚕丝是人类生活中的一件大事，对推动人类物质文明的进步产生了巨大的影响。

1926 年春天，在第一次由中国学者主持进行的考古发掘中，在山西夏县西阴村仰韶文化的遗址发现了一颗被割掉了一半的丝质茧壳。这颗茧壳已经部分腐蚀，但仍有光泽，茧壳的切割面极为平直。这半只蚕茧的发现，立刻引起了学界的广泛的关注。主持此事的田野考古学家、美国哈佛大学人类学博士李济先生在报告中写道："我们最有趣的发现是一个半割的、似丝的半个茧壳。用显微镜观察，这茧壳腐蚀了一半，但是仍然发光。那割的部分是极平直的。清华大学生物学教授刘崇乐先生替我看过好几次，他说，他虽不敢断定这就是蚕茧，但也没有找出必不是蚕茧的证据，与那西阴村现在所养的蚕比较，比那最小的还小一点。这茧埋藏的位置并不在坑的底下，它不像是后来的侵入，因为那一方的土色没有受扰的痕迹，也不会是野蚕偶尔吐的，因为它是经过人工的割裂……"（李济《西阴村史前的遗存》）李济先生请清华大学生物学教授刘崇乐先生进行鉴定，刘崇乐的初步研究断定此为桑蚕茧，后来又经美国斯密森学院鉴定确定为蚕茧。这只蚕茧茧壳长约 1.36 厘米，茧幅约 1.04 厘米，切割面是由锐利的刀刃所为。这是早期人类饲养家蚕的重要物证，对研究丝绸的起源意义重大。近一个世纪以来，关于这半只蚕茧的种种猜测、研究和争论一直没有停止过。

争论的焦点首先是关于它的年代。多数人认为此茧属距今 5500 ～ 6000 年的仰韶文化。但也有学者怀疑当时发掘的科学性，认为这是后世混入的，其年代应晚于仰韶文化。二是蚕茧的性质。至今已有野蚕茧、桑螟茧、家蚕茧三种推断。1968 年，日本学者布目顺郎对西阴村的这个蚕茧作了复原研究，测得原茧长 1.52 厘米，茧幅 0.71 厘米，茧壳被割去的部分约占全茧的 17%，并推断是桑螟茧，也就是一种野蚕茧。但另一位日本学者池田宪司却在多次考察后认为，这是一种家蚕，只是当时的家蚕进化不够，茧形还较小。三是蚕茧切割的含义。这半颗蚕茧是被一种十分锋利的工具一割为二的，这样切割究竟是为了什么？有人认为，由于野蚕茧的外壳粗硬，原始人就用石刀或骨刀将蚕茧切开，取蛹为食，扯茧为丝。西阴村的茧壳之所以被切割，可能就是这个原因。

昂首的蚕

大概是因为当时切割不慎，蛹血污染了茧壳，引起了茧壳腐败变色。民族学的一些材料，也支持这一观点。在四川省大凉山有一支自称"布朗米"（意为吃茧的人）的部落，他们最初采集蚕蛹只是将其作为食物，后来才养蚕抽丝。

关于蚕的形象，最早的文字记载见于荀子（约前313—前238）的《蚕赋》。荀子生动地描述了蚕的形象："有物于此，儵儵兮其状，屡化如神，功被天下。……臣愚而不识，请占之五泰。五泰占之曰：此夫身女好而头马首者欤？"这里说到蚕的头时而昂起，颇似马首，而蚕身柔软，又像女性。荀子这一篇《蚕赋》，恰到好处地描绘出了蚕的形态特征。

蚕，刚从卵孵化出来时，很小，名叫"蚁蚕"，吃几天桑叶以后便骤然长大，并开始了睡眠。睡一天左右的时间，它便脱去旧皮换上新皮，又开始吃桑叶。这时候，蚕就相当于一周岁了。接着，蚕继续睡、继续脱皮、继续吃叶、继续长大，直至"两周岁"。同样的过程连续反复四次，到"五周岁"后期，它就不再吃桑叶了，身体逐渐变得透明，要准备吐丝结茧了。人们根据蚕吃了睡、睡了吃的生活习性，把蚕比作胖嘟嘟的婴儿宝贝，亲切地叫它"蚕宝宝"。

桑叶是蚕最喜欢的食物，给蚕喂食过桑叶的人一定会对蚕食桑叶时、狼吞虎咽的情景留下深刻印象。当一把新鲜的桑叶撒向蚕宝宝们时，它们便立刻收缩，小嘴敏捷地收进"脑

蚕的一生

吃桑叶的蚕

袋"里，头立刻变大。不一会儿，它似乎感觉到食物来了，渐渐伸展开来，用那棕色的小嘴仔仔细细地探查着周围的一切，开始缓缓蠕动，用那可爱的小嘴到处"触摸"着，一有动静，又敏锐地收缩起来。不一会儿又迫不及待地爬到桑叶的边缘，用那强有力的八只"后"脚死死扣住桑叶，再用前面的"小"脚抓住靠近它嘴边桑叶的边缘，随后，它的小嘴就凑到桑叶上，吃了起来。不一会儿，新嫩翠绿的桑叶就被吃得只剩下稀稀落落的茎脉了。中国古代就有"蚕食"一词，最早用来形容强秦灭亡六国的历史情景，生动而贴切。如《韩非子·存韩》："荆人不动，魏不足患也，则诸侯可蚕食而尽，赵氏可得与敌矣。"《史记·秦始皇本纪》："自缪公以来，稍蚕食诸侯，竟成始皇。"这也从侧面证明了我国养蚕之早。

蚕吃进桑叶以后，经过消化分解，将桑叶中的蛋白质和糖类转化为绢丝蛋白质，绢丝蛋白质再转化为绢丝液，绢丝液经过蚕的吐丝和凝固作用，就成了丝茧。所以蚕丝既不同于麻纤维，也不同于毛纤维，而是一种动物蛋白质。

蚕吐丝至死来造福人类，真可以称得上伟大。你看它，吃的只是片片绿叶，给人类献出的却是晶亮闪光的丝；睡的是土炕、苇箔，给人类送来的却是美丽、温暖的衣衫。它的一生只有四十几天，却一刻也不停息地朝着一个目标努力：吐丝、结茧、牺牲自己，直到吐完最后一根丝。

那么，一只蚕宝宝的一生，到底能给人们贡献多少蚕丝呢？据研究，一只在野外自然生长的蚕可以吐丝一二百米长，而现在经过人工饲养、

吐丝结茧

通向世界的丝绸之路

满满的蚕蔟

成品丝

♀(雌蛾)　　♂(雄蛾)

蛾

选择的家蚕，一只就可以吐丝三千米以上。如果把一万四千只家蚕吐的丝连接起来，就能沿着赤道绕地球一圈！

胖胖的蚕宝宝，整天埋头吃桑叶，过一个月左右的时间，人们便把熟蚕放在特制的容器中或蚕蔟（一种供蚕吐丝做茧的器具）上，蚕便开始吐丝结茧了。蚕吐丝结茧时，把自己团团包裹在里面。在日常生活中，人们常常用"作茧自缚"比喻做了某件事，结果使自己受困，形容自己给自己找麻烦。

蚕结茧分四步。首先熟蚕先将丝吐出，黏结在蚕蔟上，再吐丝连接周围的蔟枝，形成结茧支架，即结茧网；第二步是继续吐出凌乱的丝圈，加厚茧网内层，然后以S型方式吐丝，这时开始出现茧的轮廓，叫做结茧衣；第三步是茧衣形成后，茧腔逐渐变小，蚕体前后两端向背方弯曲，成"C"字形，蚕继续吐出茧丝，吐丝方式由S形改变成∞形；最后一个步骤，蚕由于大量吐丝，躯体大大缩小，头部和胸部摆动速度变慢，而且没有一定的节奏，吐丝开始显得凌乱，形成松散柔软的茧丝层，称为蛹衬。

蚕上蔟结茧后经过四天左右，就会变成蛹。蚕刚化蛹时，体色是淡黄色的，蛹体嫩软，渐渐地就会变成褐色，蛹皮也硬起来了。经过十二到十五天，蛹体又开始变软，蛹皮起皱并呈土褐色，这就预示着它将变成蛾了。蚕蛾产下的卵又经过孵蚕变蛹、化蛾，又将完成新一轮的循环，这就是蚕的生活史。蚕的一生是一个圆满的轮回，在这样的轮回中，蚕完成了生命的接力。

我国古代的蚕农们在实践中不断总结和探索养蚕技术和经验，并取得了丰硕的成果。晋·张华《博物志》中有"蚕三化先孕而交，不交者亦产子；子后为蚕，皆无眉目，易伤，收采亦薄"的记述。北魏·贾思勰《齐民要术》则对以前的养蚕技术进行了总结，在其卷五"种桑柘"中辑录了前人的养蚕之法，详细地介绍了养蚕的方法及操作技术，包括了选种、暖室、温度、卫生、喂食、照明、防雨等方面的记述。《齐

清洁养蚕工具

民要术》还收录了《永嘉记》中用低温冷藏培育八辈蚕（亦称八代蚕）的技术，该技术破坏了蚕种的滞育机能，使蚕可以在一年之内连续繁殖多代。唐代以后的养蚕技术有较大的发展，达到了理论和技术的系统化、规范化，并有一系列养蚕专著的出现。宋代有秦观《蚕书》、陈旉《农书》，元代有司农司《农桑辑要》、王祯《农书》，明代有徐光启《农政全书》、宋应星《天工开物》，清代有鄂尔泰《授时通考》，等等。这些著作对蚕种的选育、制种、给桑饲养、蚕病防治、养蚕工具、养蚕禁忌等都作了详尽的论述，对当时及后世养蚕技术的进步和发展起到了重要的指导作用。

通向世界的丝绸之路

青铜扶桑树

黑漆朱绘扶桑木制衣箱（战国早期）

## 中国神树

古希腊人称中国为"Seres"（赛里斯），意思是产丝之国。他们把赛里斯人（中国人）描述成"身高20尺，红发碧眼，声若洪钟，长寿达200岁"的神人。他们认为产自赛里斯国的丝绸，是一种长在神树上的特殊的"羊毛"。那么这种神树到底是什么树？

在中国神话中，扶桑是太阳的化身，相传其生长于大荒之中，叶如伞盖，奇大无比。中国人对于扶桑神树，满怀敬意和想象。《山海经》中有这样一段记载："汤谷上有扶桑，十日所浴，在墨齿北。居水中，有大木，九日居下枝，一日居上枝。"意思是说，在东海汤谷，生长着一棵名叫扶桑的神树，树上居住着十个太阳，每天由三足乌驮着轮流值日。每当一个太阳升起，其他九个就在神树上休息。这与1986年四川广汉三星堆祭祀坑出土的青铜神树的造型不谋而合。这株青铜神树通高396厘米，造型十分独特，以树干为支点，分上、中、下三节，每节上依次排列着三根树枝，每根树枝上都栖息着一只神鸟。扶桑树是神话中的树木，不可能栽培。当时有神木崇拜的上古先民，便选定了一种树，来作为太阳神树扶桑的替代物，而这种替代物就是桑树。无独有偶，

1978 年从湖北战国时期遗址曾侯乙墓出土的漆盒上有幅扶桑图，图中扶桑为一巨树，对生四枝，末梢各有一个太阳，主干上有一个太阳，其中一个太阳被后羿射中化作乌，共有十个太阳。1972 年出土于长沙马王堆汉墓的楚国帛画右上方绘有一轮红日，日中立一金乌，红日下方两条应龙飞舞于扶桑树和九个太阳之间。从造型上看，那株神树枝条绵长柔韧，叶形极似桑叶。1965 年成都百花潭出土的采桑宴乐射猎攻占纹铜壶，壶体上下以三道凸棱为界，分成四层横向展开的画面，内容包括了贵族生活的宴飨、习射和田头采桑、塘边弋射、激烈的攻城和舟战，最下端以一圈狩猎纹和对兽垂叶纹作结。铜壶第一层镶嵌饰有采桑场面，身着上衣下裳的妇女坐在树上采摘桑叶，篮子吊挂在枝干上。桑树

帛画（长沙马王堆 1 号汉墓出土）

采桑宴乐射猎攻战纹铜壶图（战国）

成为我国神话传说中一种神树的原型，被艺术加工后频繁出现在古老的帛画、石刻砖画等各种形式出土文物中。这些文物是重要的证据，证明桑树在远古先民的生活中，与人们须臾不可分离，并且闪耀着神性的光辉。

在古人看来，桑树的树荫可遮蔽宇宙，根、枝则可以将天与地及地下世界连接在一起，他们把桑树当成可以通天入地、与天神交往的神树，在古代典籍中有很多将桑树奉为神树的例子。曹魏《十洲记》："扶桑在碧海中，树长数千丈，一千余围。两干同根，更相依倚，是以名扶桑。"北宋《太平御览》引旧题晋·郭璞《玄中记》："天下之高者，扶桑无枝木焉，上至天，盘蜿而下屈，通三泉。"在我国西北少数民族地区也有"桑大不可砍，砍桑如杀人"的谚语，新疆民丰县尼雅废墟中有保存

通向世界的丝绸之路

完好的汉末晋初的桑田遗址，相关的史书也记载了于阗国为桑蚕专修伽蓝，以求神灵保佑。

古时，桑林不仅是人们的精神寄托，而且与民俗活动也有密切的关系。与之相关的活动主要有两类，一是男女在桑林中幽会，祭高媒之神（即生育之神），以求繁衍子孙。《诗经》中对上古时期男女在桑林幽会的记载非常丰富，如《鄘风·桑中》："期乎我桑中，要我乎上宫，送我乎淇之上矣。"《小雅·隰桑》更直白了："隰桑有阿，其叶有难。既见君子，其乐如何！隰桑有阿，其叶有沃。既见君子，云何不乐！"意思是说：低田里桑树多美，桑叶儿多么茂盛。见着了我们人儿，我的心多么高兴！低田里桑树多美，桑叶儿嫩绿汪汪。见着了我的人儿，怎么不心花怒放！这首诗是一个女子的爱情自白，把爱情和桑树联系起来，反映了当时蚕桑在人们心目中的地位。二是在桑林中进行祭天求雨活动，以求粮食丰收。《吕氏春秋》中记载，汤灭夏后，曾遭遇大旱，连续七年农田没有收成，于是汤王率领众臣在桑林中祷告求雨。上古时期人类求爱与求雨这两项最重要的活动都选择在桑林进行，反映了桑树在先民心中的至高地位。

桑园

当然，除求爱和祭祀外，桑林和老百姓的日常生活和生产更有着最直接的关系。古代文学作品中有很多蚕赋桑歌，如《诗经·七月》："……女执懿筐，遵彼微行，爰求柔桑……蚕月条桑，取彼斧斨，以伐远扬，猗彼女桑。七月鸣鵙，八月载绩，载玄载黄，我朱孔阳，为公子裳。"意思是说：妇女们拿着深筐，顺着小路走去，去采集鲜嫩的桑叶。二月里修剪桑条，拿起斧和斨，把太长的枝儿都砍掉，拉着枝条采嫩叶。七月里伯劳鸟在歌唱，八月织布织绸忙，染出丝来有黑也有黄，朱红颜色特别鲜艳，给那公子做衣裳。诗歌简练而生动地反映了当时劳动人民采桑、养蚕、纺织、做衣裳的情景。以蚕桑为描写内容的古代文学作品还有很多，如南朝民歌"柔桑感阳风，婀娜婴兰妇。垂条附绿叶，委体看女手。"《汉·乐府·陌上桑》："日出东南隅，照我秦氏楼。秦氏有好女，自名为罗敷。罗敷善蚕桑，采桑城南隅。青丝为笼系，桂枝为笼钩。头上倭堕髻，耳中明月珠。缃绮为下裙，紫绮为上襦……"此外，扬雄《蜀都赋》、张籍《凉州词》、杜甫《忆昔》、陆龟蒙《奉和袭美太湖诗二十首·崦里》、白居易《缭绫》和《红线毯》，元稹《阴山道》，张仲舒《蚕市词》、柳永《望海潮》、范成大《田园杂兴》等都是中国古代文学史上歌咏蚕桑的名篇。

白桑

　　人工栽培桑树的历史可以追溯到商代。到了周代，采桑养蚕已是常见农活。春秋战国时期，桑树已成片栽植。在漫长的历史长河中，我国劳动人民对桑树进行了多次改良，培育了许多产量高，质量好的品种。桑树喜光，对气候、土壤适应性都很强，并且抗风，耐烟尘，抗有毒气体。桑树根系发达，生长快，萌芽力强，耐修剪，寿命长，一般可存活数百年，个别的可存活千年。

　　中华人民共和国成立后，全国很多省、市、自治区都组织开展了桑品种资源的考察。根据收集到的大量实物和国内外植物分类学家的记载，依据植物学分类标准，确定了我国桑科（Moraceae）桑属（Morus）下有15个桑种4个变种，是世界上桑种最多的国家。其中栽培种有鲁桑、白桑、广东桑、瑞穗桑；野生桑种有长穗桑、长果桑、黑桑、华桑、细齿桑、蒙桑、山桑、川桑、唐鬼桑、滇桑、鸡桑；变种有鬼桑（蒙桑的变种）、大叶桑（白桑的变种）、垂枝桑（白桑的变种）。我国桑树栽培范围广，东北自哈尔滨以南，西北从内蒙古南部至新疆、青海、甘肃、陕西，南至广东、广西，东至台湾，西至四川、云南，以长江中下游栽培最多。就我国各主要蚕区主要栽种的桑树品种情况来讲，珠江流域是广东桑类型，太湖流域是湖桑类型，四川盆地是嘉定桑类型，黄河下游是鲁桑类型，新疆则是白桑类型。

桑树发芽

桑果

随着四季气候条件的变化，桑树有规律地进行着发芽、抽枝长叶、开花结果、落叶休眠等生命活动。从春季发芽到冬季落叶的这段时间是桑树的生长期。生长期的长短因地区所在纬度而有不同，南方长，北方短。早春桑树的发芽，需要气温达到12℃以上。之后桑芽逐渐膨大，芽鳞分开，露出幼叶叶尖。经过 7 到 11 天后，幼叶脱离芽孢后依次生长。当有两到三片幼叶的叶身大半露出时，叶尖分开，形似雀嘴，生产上称为雀口期或燕口期。然后，幼叶继续生长，露出的叶柄向外侧伸展，直至第一张叶片完整展开。

桑树除了喂食蚕宝宝之外，还有其他方面的用途。桑树树冠丰满，枝叶茂密，适生性强，容易管理，可以植作庭荫树，也可以和其他花木混植，形成风景林。

在生态环境脆弱的西北地区，桑树发达的根须深深扎入地下，固定了沙丘，改善了土壤的温湿度。桑树柔韧而坚硬的躯干，与茂密的枝叶一起，犹如一道道绿色屏障，抵御了风沙，是农田和家园的保护神。在桑树环绕的绿洲上，人们安居乐业，过着安宁而自足的生活。

桑树全身都是宝。桑叶除饲蚕外，还能做桑叶茶、桑叶面、桑叶饼等，桑叶也是中药材，有祛风散热、清肺润燥、清肝明目之功效。

桑皮纤维既是人造丝的高级原料，又可做成优质桑皮纸或白报纸。丝绸之路上的西域民族用桑皮来造纸。在新疆和田地区博物馆里，陈列着写在桑皮纸上的清代维吾尔文典籍《诺毕提诗选》和《维吾尔医药大全》，还有一部写在桑皮上的维吾尔民间史诗的残卷。在新疆历史上，桑皮纸曾被广泛用于书信往来、书籍印刷、档案卷宗、收据联单、司法传票、会议记录等等。中华书局 1936 年出版的《我们的中国》一书中说："和阗桑皮纸，为全省官厅缮写公文的必需品。"

桑根皮的中药名为"桑白皮"，主治肺热喘咳、水肿尿少、糖尿病等症。维吾尔族还将桑木当作制作民间乐器最好的材料，另外，桑木还能做木碗、地板、家具。

桑树的枝叶和桑皮还是极好的天然植物染料。

所以，我们的祖先把桑树当作神树，不仅是因为在神话传说中它发挥着沟通天上人间的作用，还因为它全身上下都是宝贝。

青衣神雕像

## 蚕桑崇拜

传统上，各行各业都有自己的行业神。行业神往往是这个行业的创始人或做出过突出贡献的人。丝绸蚕桑行业祭祀蚕神的活动称为"蚕示"，古时用三牢（用三鼎盛牛、羊、猪三牲称三牢），或羌（被杀死的奴隶）来祭祀，祭典十分隆重。关于蚕神起源的传说流传甚广，蚕神在民间则有蚕女、马头娘、马明王、马明菩萨等多种

四川盐亭嫘祖陵

称呼。其中最有代表性的，是黄帝元妃嫘祖、远古蜀王蚕丛氏（青衣神）与蚕马神话中的马头娘。

　　嫘祖，黄帝之正妃，其族属为西陵氏。《史记·五帝本纪》云，"黄帝居轩辕之丘，而娶于西陵之女，是为嫘祖。嫘祖为黄帝正妃，生二子，其后皆有天下：其一曰玄嚣，是为青阳，青阳降居江水；其二曰昌意，降居若水"。一般认为，嫘祖所在的西陵氏部落与黄帝部落联姻，嫘祖婚后生了两个儿子。她嫁给黄帝之后，将西陵氏部落已经掌握的养蚕丝绸技术带了给中原人民，即"教民养蚕"。唐代著名韬略家、《长短经》作者、大诗人李白的老师赵蕤所题《嫘祖圣地》碑文称："……女中圣贤王凤，黄帝元妃嫘祖，生于本邑嫘祖山，殁于衡阳道，遵嘱葬于青龙之首，碑碣犹存。生前首创种桑养蚕之法，抽丝编绢之术；谏净黄帝，旨定农桑，法制衣裳；兴嫁娶，尚礼仪，架宫室；奠国基，统一中原。弼政之功，殁世不忘，是以尊为先蚕……"对传说中的西陵氏的居住地的寻访、考评一直没有停止过，有说在四川境内的西陵峡附近的，也有说在湖北、陕西、山西等地的，莫衷一是。在四川新津县，至今还流传这样一首民谣："三月三日半阴阳，农妇养蚕勤采桑。蚕桑创自西陵母，穿绸勿忘养蚕娘。"这位西陵圣母，便是人们对嫘祖的尊称。

　　中国的传统向来喜欢将有关民生的重大发明归功于上古圣王。魏晋南北朝时期，北齐以黄帝为蚕神祭祀，《隋书·礼仪志二》有这样的记载：

"每岁季春谷雨后吉日，使公卿以一太牢祀先蚕黄帝轩辕氏于坛上。"北周时，开始将西陵氏嫘祖祀为先蚕。《隋书·礼仪志二》载："后周制，皇后乘翠辂，率三妃、御媛、御婉、三公夫人、三孤内子至蚕所，以一太牢亲祭，进奠先蚕西陵氏神。"说明这时人们已将养蚕的"专利"归到黄帝元妃嫘祖的名下。嫘祖始蚕之说，初见于宋代罗泌《路史》，其文曰："（黄帝）元妃西陵氏，曰嫘祖。以其始蚕，故祀先蚕。"又见于元代张履祥《通鉴纲目前编·外纪》："西陵氏之女嫘祖为黄帝元妃，始教民育蚕，治丝茧以供衣服，而天下无皴瘃之患，后世祀为先蚕。"从历史上看，供奉嫘祖的先蚕坛，是历代王朝举行皇后亲桑这一宫廷仪式的场所；遍布各地的先蚕庙，则是各级地方官员举行祭祀的场所。

另一个蚕神，是首位蜀王，人们把他又叫做蚕丛氏（青衣神）。前蜀·冯鉴《续事始》引《仙传拾遗》："蚕丛氏自立王蜀，教人蚕桑，作金蚕数千头，每岁首，给民一蚕，民所养之蚕必繁孳，罢即归蚕于王。王巡境内，所止之处，民则成市。"《三教搜神大全》称："青衣神即蚕丛氏也。蚕丛氏初为蜀侯，后称蜀王，尝服青衣巡行郊野，教民蚕事。乡人感其德，因为立庙祀之，祠庙遍于西土，罔不灵验。俗概呼之曰'青衣神'，青神县亦以此得名云。"民间传说差不多也是这个意思：蚕丛氏分封到蜀地作侯伯，他巡行郊野常着青衣，因此被人们呼为青衣神。蚕丛氏见岷江中游和若水流域江边的坝子很适宜桑树生长，于是到处劝农种桑养蚕。当时蜀地居住着从川西北高原上沿邛崃山脉下来的羌人（也称邛人）。他们以羊为图腾，并自称为羊人（羊、羌古语中同音）。经过蚕丛氏的劝导，大部分羌民定居下来，跨入农桑时代。蚕丛氏死时，羌人悲恸万分，在蜀地各处修建了庙堂来祭祀他。同时他们仿照青衣神的衣着，着青衣，裹青帕，代代相传。他们还将蚕丛氏的出生地叫做青神县，并将他用毕生精力治理的若水叫做青衣江。近年来四川广汉三星堆遗址的考古发掘，出土了一些前所未见的青铜人像与器物，显示出这一族群有别于中原文化的鲜明特色，特别是双眼突出的青铜人面，让人们不禁联想到"蚕丛纵目"的传说。今天我们有关古蜀国的知识主要来自西汉扬雄的《蜀王本纪》与晋代常璩的《华阳国志》。前者称"蜀王之先名'蚕丛'，是时人民椎髻左衽，不晓文字，未有礼乐"。后者称

三星堆出土的青铜纵目面具

"周失纲纪，蜀先称王。有蜀侯蚕丛，其目纵，始称王"。在传说中，正是这位蜀王发明了桑蚕丝绸。至于蜀王蚕丛氏是否真有其人，其统治年代又相当于何时，则众说纷纭，至今仍是一个谜。

第三种关于蚕神的说法，见于干宝《搜神记》："旧说，太古之时，有大人远征，家无余人，唯有一女。牡马一匹，女亲养之。穷居幽处，思念其父，乃戏马曰：'尔能为我迎得父还，吾将嫁汝。'马既承此言，乃绝而去，径至父所。……（父）亟乘以归。为畜生有非常之情，故厚加刍养。马不肯食，每见女出入，辄喜怒奋击，如此非一。父怪之，密以问女，女具以告父，……于是伏弩射杀之，暴皮于庭。父行，女与邻女于皮所戏，以足蹙之曰：'汝是畜生，而欲取人为妇耶？招此屠剥，如何自苦？'言未及竟，马皮蹶然而起，卷女以行。……邻女走告其父。……后经数日，得于大树枝间，女及马皮尽化为蚕，而绩于树上。其茧纶理厚大，异于常蚕。邻妇取而养之，其收数倍。因名其树曰桑。桑者，丧也。由斯百姓种之，今世所养是也。"后世人们为感激小姑娘为人们带来了丝绸锦衣，就把她尊为蚕神，称为"马头娘"或"马头神"，这便是"马头娘"的传说。在江南地区人们还称她为"蚕花娘娘""马鸣王菩萨"。后人据此将蚕与马相糅合，创造出人身马首的蚕马神。百姓据此为之塑像，奉为蚕神。

祭祀蚕神的活动从古至今一直兴盛不已。《后汉书·礼仪志》记载"……皇后帅公卿诸侯夫人蚕，祠先蚕，礼以少牢。三国亦沿不改，依周典也。"历代依汉魏行事，制先蚕坛，"有事于先蚕，亲祠于先蚕。"在清康熙《御制耕织图》《织部·祀谢》画幅内，刻有宋人楼王寿五言诗八句："春前作蚕市，盛事传西蜀，此邦享先蚕，再拜丝满目，马革裹玉肌，能神不为辱，此事虽渺茫，解与民为福。"康熙为此画题七绝诗："劳劳拜族祭神桑，喜得丝成愿已偿，自是西

浙江湖州含山轧蚕花

陵功德盛，万年衣被泽无疆。"至今北京北海公园还有先蚕坛。这些都表明，祭祀先蚕乃代代相承，循而未改。在四川一些地方，每年还要举行抬蚕神出行巡城、巡郊、舞蚕龙、跳采桑舞、献红鞋、献三牲、献茧串、包面、蚕过年（二月初八）、先蚕节（二月初十，嫘祖生日）、酬蚕节（九月十五）、祭蚕神庙会、烧遍香、唱大戏等一系列的蚕桑民俗活动。在江南蚕桑生产区域，每逢清明，蚕农们都要去"轧蚕花"。每逢此时，四邻八乡的蚕农，全都纷纷赶往大小庙宇烧香敬拜蚕神。去烧香拜神的人不论男女老幼，都要在头上戴上一朵用彩纸或绢制作的小花，名为"蚕花"。男的将蚕花插在帽檐上，女的将蚕花戴在发髻上，场面十分壮观。远远望去，成群结队的蚕农头上尽是一片五颜六色的蚕花，挨挨挤挤，煞是热闹。蚕花庙会的主打项目是"蚕娘迎春游"，巡游队伍由舞龙队、蚕花娘娘花轿、腰鼓队等组成，来自各个乡镇的蚕花娘娘在花轿巡游车中缓缓前行，象征蚕娘踏青贺吉祥；巡游队伍中穿插着地方特色戏曲和锣鼓表演，两只腾飞的巨龙在巡游车中舞动穿行。随着时

通向世界的丝绸之路

造型各异的茧圆

代的变迁，蚕花庙会不断增添新的内容，从最初的祭祀、狂欢，发展到如今的蚕娘迎春游、寺前轧蚕花、蚕农赛蚕事、仲春祭蚕神、百姓听社戏、科技话蚕桑等活动，甚至增加了经贸洽谈会等新内容。

蚕农们为求得蚕的丰收，每逢蚕神生日都会在自己家中祭拜蚕神，或去蚕神庙中祭拜。祭拜蚕神时须做一些供品，其中茧圆是必不可少的。茧圆用米粉做成，最初是与茧子大小相仿的小圆子，后来蚕农们发挥自己的想象，把茧圆做成丝束、元宝、龙蚕、桑叶等形状。一年中蚕桑人家还有许多蚕事活动，如"关蚕门""开蚕门""谢蚕花""扫蚕花地""敬蚕神""剪蚕花""踏白船"，以及吃"蚕花弯转"（一种小虾米）等。在蚕月里，要用桃枝、艾草、大蒜和雄黄酒来驱魔避邪。蚕，既是高贵的"天虫"，又是娇弱的"宝宝"。蚕月里，大人和小孩不能大声说话，他们认为这样会使蚕宝宝受惊，影响它们的成长。

## 纤维皇后

现代纺织纤维按其来源分为天然纤维和化学纤维。天然纤维是指自然界中生长或形成的纤维，根据它的生物属性可分为植物纤维、动物纤维和矿物纤维，蚕丝属于动物纤维。蚕丝主要是蛋白质，含有18种氨基酸，是一种天然多孔性的纤维，具有比其他纤维更佳的吸湿性、透气性以及散热性，被誉为"纤维皇后"。

由于蚕丝蛋白纤维富集了许多胺基、氨基等亲水性基团，又由于其多孔性，易于水分子扩散，所以它能在空气中吸收水分或散发水分，并保持一定的水分。在正常温度下，它可以帮助皮肤保有一定的水分，使皮肤不至过于干燥，特别是在夏季穿着，可将人体排出的汗水及身体的热量迅速散发，使人感到凉爽。

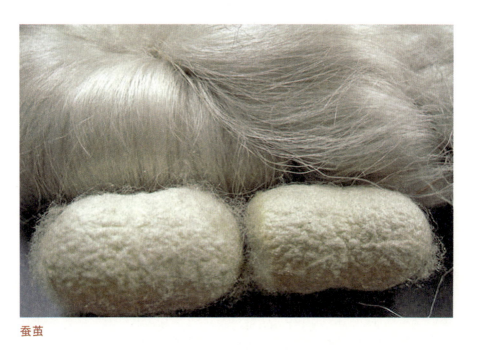

蚕茧

丝绸不仅具有较好的散热性能，还有很好的保温性。它的保温性得益于它的多孔隙纤维结构。在一根蚕丝纤维里有许多极细小的纤维，而这些细小的纤维又是由更为细小的纤维组成。因此，看似实心的蚕丝实际上有 38% 以上是空心的，在这些空隙中存在着大量的空气，这些空气阻止了热量的散发，使丝绸具有很好的保温性。

真丝纤维中含有的 18 种氨基酸，与人体皮肤所含的氨基酸相差无几。故又有"第二皮肤"的美称。穿真丝的衣服，不但能防止紫外线的辐射、抵御有害气体侵入、抵抗有害细菌，而且还能增强体表皮肤细胞的活力，促进皮肤细胞的新陈代谢，同时对某些皮肤病有良好的辅助治疗作用。另外，由于其特殊的吸湿性和透气性，因此还有调节体温、调节水分的作用。

真丝织物有很多孔隙，因而具有很好的吸音性与吸气性，所以除制作服装外，还可用于室内装饰，如真丝地毯、挂毯、窗帘、墙布等。用真丝装饰品布置房间，不仅可以使屋子纤尘不染，而且能保持室内安静。由于蚕丝具有吸湿、放湿性能以及保湿性、吸气性和多孔性，因此还可调节室内温湿度，并能将有害气体、灰尘、微生物吸收掉。

通向世界的丝绸之路

丝绸在史前文明时期就已经产生，到了现代，由于真丝纤维的保健功能，人们又赋予了它"健康纤维""保健纤维"的美称，成为既美丽又环保的衣料和装饰面料。

天虫作茧是大自然的恩赐，我们的祖先发明了蚕桑丝绸，衣被天下，福泽中华，惠及全球，在中华和世界文明史上，写下了极其光辉灿烂的篇章。

## 蚕宝西传

中国是世界上最早养蚕的国家. 中国的丝绸很早就享誉海外，受到中亚、西亚和欧洲人的喜爱。中国的养蚕技术最早大约在 4 世纪时传到了中亚、西亚，6 世纪时传到了拜占庭帝国。但是，关于养蚕技术西传的经过历来说法不一。

据拜占庭历史学家普罗柯比在《查士丁尼战史》中的记载，养蚕技术西传是这样开始的：有几个印度僧人在 6 世纪时来到了拜占庭首都君士坦丁堡。当时波斯商人以高价在那里出售丝绸，居间牟取暴利。这些印度僧人向查士丁尼皇帝献策，说他们曾在一个叫赛林达（大约是今天的新疆一带）的地方住了很久，发现产丝的是一种虫，丝从虫的口中吐出，只要想办法把虫产的卵带来孵化吐丝，就可以让拜占庭不再向波斯和其他国家购买丝绸。查士丁尼允诺只要他们能带来这种虫，事后必重赏他们。不久后印度僧人果然设法带来了虫卵，并依法孵化，以桑叶喂养，于是拜占庭境内也能养蚕缫丝了。另一个史料记载则说是波斯人为查士丁尼带来蚕

普罗柯比

种的。7世纪时，另一位拜占庭历史学家梯俄方内斯记载，查士丁尼召见曾在中国住过的波斯人，让他们寻找蚕种。波斯人绕道南高加索地区前往中国。过了两年，大约在553年或554年，波斯人把蚕种藏在空心手杖中带回了拜占庭。在他们的指导下，拜占庭成功地养出了蚕，并结出了蚕茧。至此，拜占庭帝国首次使用了在本国生长的蚕所吐的丝作为纺织丝绸的原料。在英国历史学家爱德华·吉本所著的《罗马帝国衰亡史》中也记述了与此相同的故事。

爱德华·吉本

与养蚕技术西传有关的还有玄奘在《大唐西域记》中记载的一个故

蚕种西传木板画局部——东国公主

事：在今天新疆和田（旧称于阗），古代有一个叫瞿萨旦那的国家，该国向东国（中国）求取蚕种，但是东国国王秘而不赐，还严令边关禁止蚕桑出口。于是，瞿萨旦那王想出一个巧妙的办法，以卑言厚礼向东国公主求婚，并获得了允准。迎娶公主时，瞿萨旦那王告诉迎娶公主的专使说，你告诉东国公主，我国没有丝绸，她可以把蚕卵及桑树种带来，将来为自己做衣服。公主听了专使的话，就秘密地弄了一些蚕桑种子，放在自己的帽子里。到了边关，官员虽然仔细搜查，但始终不敢检查公主的帽子。蚕桑种子就这样到了瞿萨旦那，当地人由此开始了种桑养蚕。刚开始时，桑叶不够，蚕还要吃些杂树叶子，但没几年瞿萨旦那就桑树成林，蚕宝遍地。公主还刻石为制，严令保护蚕桑。这个故事还见之于藏文文献《于阗日记》，这本书把东国称为中国，娶公主的人是于阗王尉迟舍耶。1900年，英国考古学家斯坦因在于阗丹丹乌里克遗址中挖到一块古代画板。画板上共画了4个人，中央绘着一个盛装的贵妇，头戴高冕；右侧画着一个人拿着一台纺车；左侧地上放着一个盛满蚕茧的篮子，有一个侍女，手指着贵妇的高冕。这块画块上画的就是玄奘所记东国公主秘密带蚕卵及桑种过关的故事。今天的新疆在当时是养蚕技术西传的第一站。

中国最早的"核心技术"也许就是这样被西方所窃取的吧。

丹丹乌里克遗址蚕种西传木板画

# 筚路蓝缕

丝绸的起源可以追溯到 5000 年前的新石器时代。商周时期，已出现罗、绮、锦、绣等品种。秦汉以后，丝绸生产形成了完备的技术体系。唐宋之际，随着中外文化的交流和我国经济重心的南移，丝绸的工艺技术和生产区域都产生了重大变化。明清两代，丝绸生产趋于专业化，织物品种更为丰富，图案更加绚丽多姿。

## 丝绸的起源

1958 年，浙江钱山漾遗址中出土了一个竹筐，筐内有丝线、丝带和绸片等。钱山漾遗址位于浙江杭州以北约 30 公里，湖州市以南 7 公里处，属于新石器时期晚期的良渚文化，浙江省的考古工作者对其进行了两次较为全面的发掘。钱山漾遗址的碳 -14 测定年代为公元前 2750 年左右，因此出土的丝线、丝带和绸片是当时所知最早的丝织物。丝绸专家经过悉心研究，发现出土的丝线属于家蚕丝，丝带是用捻丝并捻成丝线，辫结而成贯串在平纹组织中间的细长带子，绸片是由茧丝借助于丝胶粘合成生丝，交织而成的平纹织物，经纬线均由 20 根单蚕丝并合成一股丝线。绸片的经密度每平方厘米 52 根，纬密度为每平方厘米 45 根，专家们据此推断当时可能已有原始的织机。2005 年，浙江省文物考古研究所与湖州市博物馆对钱山漾遗址进行了第三次发掘，出土了一团长度约 7 厘米的丝带，根据同坑出土的器物判断，这一丝带属于距今约 3000 年的马桥文化。

钱山漾遗址出土的丝带

1984 年河南荥阳县青台村一处仰韶文化遗址中发现了分布在两个瓮棺内

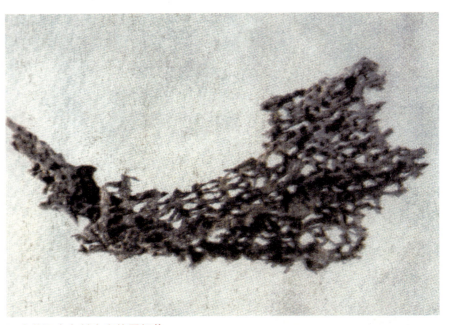

河南荥阳青台村出土的罗织物

通向世界的丝绸之路

的公元前 3500 年的丝织品，这些丝织品中除平纹织物外，还有浅绛色罗，组织稀疏，这是迄今发现的北方最早的丝织物。从丝织物残片的丝纤维来看，其单茧丝截面为 36 ～ 38 平方微米，截面呈三角形，丝线无捻度，是典型的桑蚕丝。从织物的结构来看，是由平纹织制的纱和两根经丝成组的绞纱织物。从色泽来看，出土的罗带为浅绛色，很有可能是用赭铁矿染色的。

除了丝织物外，蚕桑实证材料也屡有发现。1926 年出土的山西夏县西阴村的半个蚕茧，一直是一个重要的丝绸起源的旁证材料。1973 年，在浙江余姚河姆渡新石器文化遗址中出土了一个盅形象牙雕器，在这件器物上刻有

余姚河姆渡出土的盅形象牙雕器

雕器上的蚕纹

河姆渡蚕纹象牙端饰

四条蚕纹，仿佛四条蚕还在向前蜿蜒爬行，蚕纹头部和身躯上的横节纹也非常清晰，这应是一种野蚕。不少学者认为，这是目前所知最早的蚕形刻画。结合同一遗址出土的蝶形器来看，这在一定程度上反映了公元前5000年左右的河姆渡人对蚕的关注。在公元前3000年前后的南北各新石器文化遗址中，类似的发现举不胜举。例如，1921年，在辽宁省砂锅屯仰韶文化时期遗址中发现的大理石制作的蚕形饰；1960年，在山西芮城西王村仰韶文化晚期的遗址中发现的陶制蚕蛹形装饰；1963年，江苏梅堰新石器时代遗址出土的黑陶上也刻有蚕纹。安徽蚌埠市郊吴郢新石器时代遗址中发现的一件陶器底部有被认为是蚕在营茧的形象，因为在蚕体之外有许多直线分布，可看作是蚕在蚕蔟中吐丝；甘肃的临洮冯家坪齐家文化遗址中，发现了一件刻画有很多蚕形昆虫的双联陶罐；辽宁与内蒙古交界处的红山文化遗址中，发现了许多"玉蚕"。

出土的纺织工具也是丝绸起源的重要旁证。1986年，在杭州市北余杭良渚文化反山23号墓中出土了目前所知中国最早的最为完整的玉质织机构件，共6件3对。这组织机构件，玉色略黄，出土时相距约35厘米，专家推测，其间原应有木质杆棒相连。专家通过对玉制构件截面的分析，复原出整个织机，包括经轴、织轴和开口杆三个部分。经轴一面平直，另一面呈半圆弧形，用于固定经丝，可以用脚撑住；织轴分为两片，可以夹住织好的织物；而开口杆是织机中最为重要的部件，开关扁平，两端很薄，薄如舌簧，可以将经线分为两组，然后插入，再立起形成开口，让梭子通

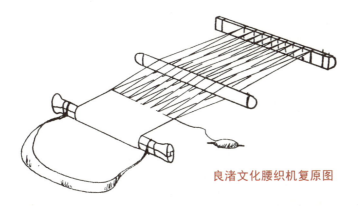

良渚文化腰织机复原图

畅地投梭。1975年，在河姆渡遗址新石器时代文化层中，不仅出土了木制和陶制的纺轮，还有引纬线用的管状骨针、打纬用的木机刀和骨刀，以及绕线棒等。其他形状各异的木机刀、卷布木轴、提综杆等，很可能也是原始织机的零部件。除此之外，在河北磁山遗址、陕西西安半坡遗址、临潼姜寨遗址等，都出土有带刻纹的纺轮，有的呈扁圆形，有的呈鼓形。在长江中下游的屈家岭文化遗址中，纺轮造型更为丰富，有些还加以彩绘。除了

玉质织机构件

大量陶质、石质的纺织工具外，各地的新石器遗址中，还出土了一些骨梭等骨制的纺织工具。有了梭，就比用手牵着纬线去穿经线容易且快捷得多。这一阶段的骨梭主要有两种，一种是扁平式的，一头有孔或两头有孔，另一种是空筒式的，一头有尖，中部有孔。

　　上述考古成果足以证明，早在新石器时代，中国已经开始了养蚕缫丝织绸，是丝绸的发源地。由于没有可靠的文字记载，丝绸起源的原因没有确切说法，起源的地点在中国的黄河流域还是长江流域，也没有定论。或许，养蚕抽丝并不是从单一的地方发源的，黄河流域和长江流域的好几个地方，都有着丝绸发源的证据。

在中国古老的传说里，丝绸的起源则呈现出生动的面貌。传说上古时代，嫘祖在野桑林里喝水，树上有野蚕茧落下掉到了碗中，嫘祖用树枝挑捞时挂出了蚕丝，这蚕丝连绵不断，越抽越长。嫘祖灵机一动，将这蚕丝编织成了绸缎，并开始驯育野蚕。经过长期的经验积累，嫘祖完全掌握了蚕的生长规律和缫丝织绸的技艺，并将这些技术毫无保留地教给当时的人们。从此人们进入了锦衣绣服的文明社会。嫘祖也被后人推崇为我国养蚕取丝的创始人——蚕神，被后世奉为先蚕，历朝历代的王后嫔妃都要祭祀她。这个美丽的传说，使很多人认为，丝绸是偶然被我们的先人发现并加以利用的。

其实野蚕进化成家蚕是一个漫长而艰辛的过程，岂止是"偶然"两个字可以解释的。古代欧洲很多地方都有发现并利用野蚕丝的记载，但是，只有中国掌握了饲养家蚕的技术。

嫘祖育蚕图

1899 年出土于河南安阳小屯村的殷墟的刻有甲骨文的"龙骨"，其中有很多都记载了与蚕、桑、丝和蚕业有关的事。甲骨文中的各种"丝"字，形状均似丝线缠绕，它们的字形或造字本义都与丝有关。甲骨文的"桑"字以桑树为形，往往用作地名，这些地方或许都因为广植桑树而得名。著名的"成汤祷雨"，说的就是商代开国君主成汤在位时，逢持续七年的大旱，成汤于桑林中以身祷雨的故事。由此可见，商代已经大量种植桑树。"蚕神"是古人崇拜的神灵之一，祭祀蚕神称为"蚕示"，祭祀时或用三牢，或用羌，十分隆重。商代后期一个叫武丁的王曾为派人察看蚕事而九次占卜。在甲骨文中还有商代任命专门领导桑蚕业生产的官员的记载。可见，无论在现实生活中，还是在精神世界里，蚕桑丝绸都是商代生产、生活的重要内容。商周的出土文物中，"玉蚕"的出现，无疑更加证实了这一时期的"蚕神"崇拜。1956年在山东益都苏埠屯发掘的殷商大墓中，出土

商代甲骨文上的桑蚕丝字

有形态逼真的"玉蚕"。临淄东周殉人墓出土了大量蚕形饰器，这些蚕形器由玉髓和玛瑙制成，形如蚕，中部有穿孔，首端有撞击痕迹，器形大小有序，最大的长11.5厘米，最小的长5厘米。

从出土文物可知，奴隶主死后，其陪葬品极为奢华，有的甚至在陪葬的青铜器外包上精美的丝织品。埋葬于地下数千年，丝绸逐渐被青铜器的铜锈腐蚀，考古出土的实物极少，后人只能从考古发掘出的粘附于商周青铜器上的丝绸印痕中窥测当时丝绸的生产水平。

珍藏于北京故宫博物院的一件商代玉戈堪称珍宝，它不仅有用朱砂染色而成的平纹织物的印痕，还粘附着回纹绮、雷纹条花绮、平纹绢、双根并丝的缣等织物的印痕，而且还有以平纹为地、呈雷纹的丝织物印痕。这类几何

《说文解字》系部开篇

纹样所有线条均等宽，是迄今为止所发现商代织物的基本特征。

商周时代的丝织品种，据河北藁城台西村商代遗址出土的粘于青铜器上的丝织物残痕分析，已有平纹的纨、绉纹的縠、经绞织的罗、三枚斜纹与平纹变化的花绮等。在安阳殷墓出土的青铜器表面，发现黏附有被铜锈渗透而残留的丝绸残片，经分析研究，这是采用高级提花技术织成的菱形花纹的暗花绸。西周时期，一种多彩的提花织物"锦"诞生了。锦的出现，大大丰富了丝绸文化的内涵。由于其制作工艺复杂，所以"锦"字从帛从金，说明锦非常昂贵。

古人用什么样的织机织出如此美丽和丰富的丝织物？根据甲骨文中的象形文字推断，商代已普遍使用一种原始的纺织机器"距织机"（又称"腰机"），至今海南岛南部的黎族妇女仍使用这种原始机器制造黎锦。根据用提花技术织成的丝绸来分析，我们知道当时已经开始使用比原始织机要进步的有提花装置的织机了。商周时是以青铜甗为缫丝锅，并发明了简易的缫丝工具进行热汤缫丝。

原始腰机的手工织造

至今黎族妇女还在使用腰机

成书于战国时期的《考工记》记载，周代纺织品染色的技法有画、缋、钟、筐、幌五种。当时是采解酶来精炼，脱去丝绞、蜡质和杂质，而后染色。"画"和"缋"一样，都是将丝织品进行艺术深加工，使之更加美化的技法。因为当时的丝织提花工艺还处于初级阶段，所以都使用手绘工艺和刺绣工艺来达到装饰的目的。手绘

和刺绣是由"画"和"绩"两道工序
完成的。在洛阳东郊一些商代的大墓
中，常常发现手绘的帷幕、旗帜等。
1974年，在陕西宝鸡茹家庄西周鱼伯
墓，发现有一批刺绣丝织品被粘叠在
淤泥中，已无法完整地分离出来，考
古学家们只得将刺绣和淤泥一起挖出
来作为标本。标本上的花纹虽然不完
整，但刺绣针法和颜色都很清晰。针
法是相对匀细的琐细辫子股绣法。颜
色有红、黄、褐、棕四色；其中红色
使用朱砂涂染，黄色是用石黄（即雄
黄）、雌黄涂染，故色彩特别鲜艳。
周代将用矿物颜料加粘着剂染色的方
法称为石染，将用植物染料染色的方
法称为草染。陕西宝鸡茹家庄西周墓
出土的刺绣残片上，其花纹用丝线修
出线条轮廓，而在花纹内绘染颜色，
纹、地色彩界划分明。这种工艺是画、
绩和刺绣工艺的结合。

深棕地红黄色菱纹锦（长沙左家塘
出土）

凤鸟凫几何纹锦面衾局部

田猎纹绦领缘

　　综上所述，我国商周时期是丝绸
由初级阶段进入发展阶段，丝织品种开始向多样化发展的时代，当时中
厚型的织物品种有绢、帛；厚型的织物有锦、缣；绉织物有縠；绞织物
有纱、罗；暗花织物有绮、绫；超薄型织物有纨、纱；多彩纹织物有锦；
深加工织物有缋、绣等。丝织品种和深加工技艺的发展，奠定了中华服
饰文明的物质基础，不仅丰富了人们的物质生活和精神生活，而且以丝
绸文化为主体的中华服饰文明，对中国文学、诗歌、绘画、雕塑、舞蹈、
民俗的形式及其内涵，也都产生了深远的影响。

通向世界的丝绸之路

## 丝绸的成熟

春秋至中唐的两千多年是我国丝绸生产的重要时期。这一时期，我国丝绸的生产重心位于黄河中下游，绢帛成为朝廷赋税的重要来源。斜织机和提花机广泛应用于丝织生产，各种织物应运而生，印花技术臻于完备，图案主题神秘并富有装饰性。

在春秋战国时期，老百姓常常要在住宅周围要种植桑树。《管子·山国轨》记载："宫中四荣，树其余者曰：'害女工'。"宫即住宅，古时百姓住宅也可称作宫。"四荣"指四方屋翼，此处借指住宅四周空闲的地方。就是说，凡百姓住宅旁侧，只准种植桑树，供妇女采桑养蚕。如果种植其他树木，则要以妨害养蚕为由加以禁止。孟子所谓"五亩之宅，树之以桑"，说的也是这种情况（只是针对齐国而言）。

《左传》和《国语》都记载着晋国公子重耳流亡到了齐国后，他的随从在桑园里密秘谋划让他早日返回晋国的故事。透过这个故事，我们可以看到，在齐国种桑养蚕是很普遍的，除了野外有大片大片的桑林外，大贵族的家里也有很大的桑园。大贵族及其弟子虽不亲自植桑养蚕，但却有专职的家奴来从事家庭桑蚕生产，从一个侧面反映了春秋时期桑蚕业的发达。

从植桑养蚕作为一个行业伊始，这份事业仿佛就成了女人的天职。《礼记》中有"岁既单矣，世妇卒蚕，奉茧示夫人"的记载，"世妇"就是负责植桑养蚕的女官。《诗经·大雅·瞻卬》有"妇无公事，休其蚕织"之句，意思是说："妇女们既不担负劳役，怎能不从事蚕织？"《吕氏春秋》和《史记》两部古书都记载了公元前518年，吴楚两国因为边境女子争桑而引发一场战争的故事。在这次战争中，吴公子光领兵占领了楚国的

吐鲁番袖片（战国）

居巢（今安徽巢县）和钟离（今安徽凤阳）。

吴楚战后不久，建都在今浙江绍兴的越国也被吴国打败。越王勾践在"十年生聚，十年教训"的复国方针中，也有"省赋敛，劝农桑"一条。后来越国终于强盛起来，灭了吴国。在齐国，蚕桑同样很受重视。据《管子》的记载，管仲曾向国君建议：百姓中有熟悉蚕桑技术，能防治蚕病的人，政府应该采纳他们的意见，并给予黄金和粮食等实物奖赏，而且予以免除兵役的优待。

蚕桑丝织业还是中国封建社会早期社会经济生活的重要组成部分。《国蓄》说："春赋以敛缯帛。"即春天给予桑农贷款，以补桑农生产资金的不足，到时，桑农只需以"缯帛"这种丝织品抵偿贷款就可以了。实际上，这就是政府与桑农签订预购合同，预付资金，计价收购。

《禹贡》成书的年代有西周至汉代各说，迄未定论，它记录了当时各州土产、名产或多产的物品。《禹贡》分天下为九州：冀、兖、青、徐、扬、荆、豫、梁、雍，出产和上贡丝物的有：兖州，"厥贡漆、丝，厥篚织文"；青州，"厥篚檿、丝"；徐州，"厥篚玄纤缟"；扬州，"厥篚织贝"；荆州，

《禹贡》书影

"厥篚玄纁玑组"；豫州，"厥篚纤纩"。《禹贡》所记载的内容大体上合于战国时代的情形，多数学者根据东汉郑玄的解释，认为所谓扬州"织贝"就是《诗经·小雅·巷伯》中"成是贝锦"所说的"贝锦"，是一种先染丝而后织成贝纹的锦。当时的徐州属于鲁国界，出产的鲁缟为一时名产，时谚"强弩之末不能穿鲁缟"，就是对鲁缟织造之精、薄的生动比喻。《禹贡》所记上贡丝物的地方有六个州，但是，迄今所发现的先秦时期的丝绸实物基本都在两湖的楚国地区，又以今天的湖南长沙市郊和湖北荆州地区为最多。1952—1994年的40多年间，长沙近郊发掘了2048座春秋战国时期的楚墓，其中有18座墓集中出土了167件丝、麻织品，其中丝织品有160件；1981—1989年发掘的湖北江陵九店578座楚墓，出土丝织品17件，另有麻织品4件；1982年发掘的

通向世界的丝绸之路

中国丝绸博物馆复制的战国对龙对凤纹锦

江陵马山 1 号墓，虽系战国中期的一座小型墓，却出土丝织品 152 件，其中完整衣物就有 35 件，几乎包括了罗、帛、纱、绫、绢、绮、纨、缟、縠、锦等先秦时期丝织品的全部品种，因数量之多，品种之全，该墓有"地下丝绸宝库"之美誉，出土丝织品的色泽花纹以及其本身反映出的织造技术都令人称奇。另外，湖北荆门包山楚墓、江陵望山楚墓、江陵腾店楚墓、荆州天星观楚墓以及随州曾侯乙墓等均出土得有丝织品的实物或遗迹。

1972 年马王堆 1 号汉墓出土单幅丝绸 46 卷，成件衣物 58 件，属于服饰类的共 27 件，丝绵袍 11 件，包括绢、缣、纱、罗、锦、绮等品种，其中的一件罗锦袍上袖缘的绒圈锦和 1 件重仅 49 克的素纱禅衣代表了西汉养蚕缫丝和织造的最高水平。长沙马王堆 1 号汉墓还出土刺绣品 40 件、丝带 3 种，据年出土的"遣策"记载，刺绣品主要有信期绣、长寿绣、乘云绣三种，这三种绣品的纹样均以变体云纹为主体。丝带是用于衣物装饰的狭长条带，有带"千金"字样的"千金绦"带，有制作精良、缝成筒状的纂组织物。马王堆 1 号

马王堆 1 号墓发掘现场

汉墓出土的丝绸数量之多，品种之全，可以说是我国汉代丝绸生产的成果汇总。同期发掘的马王堆 2 号墓和 1974 年发掘的 3 号墓以及江陵 167、168 号墓均发现有大量丝绸的实物，只是保存状况没有马王堆 1 号墓好。

1995 年，浙江省博物馆从境外购得越王者旨於赐剑，剑柄上发现了缠裹剑柄的黑色丝带和丝带下的数层平纹丝织物。2001 年，在重庆市巫山县位于长江、大宁河交汇处的江东嘴遗址发掘了一座西晋大墓，墓底发现了数层丝织物和刺绣的残片，可惜已无法起取。从包裹铜镜的丝绸印痕可以辨出包裹物有锦、绢、缣、纱 4 种。

战国时期，齐国在临淄设"三服官"，专为宫廷制作精细丝织品。《汉书·元帝纪注》引李斐语："齐国旧有三服之官，春献冠帻，縰为首服，

**T 型帛画 （马王堆 1 号墓出土）**

纨素为冬服，轻绡为夏服。""三服官"生产精美的丝织品，供宫廷春夏冬三季服装所需。三服官织厂女工多为能工巧匠，王充在《论衡》中说"齐都世刺绣，恒女无不能"，出于她们之手精心制作的高级丝织晶有"冰纨、方空縠、吹絮纶"等。"冰纨"是一种鲜明纯白的织物，"方

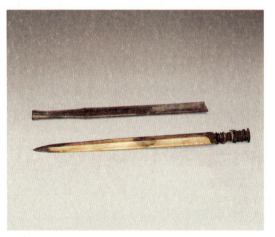

**战国越王者旨於赐剑**

空縠"是一种带有方格花纹的织物，"吹絮纶"是一种极为细致、轻柔的织物。

"三服官"初设时规模不大，每年仅生产丝织物十余箱。汉代在长安设立了官营纺织业机构东西两织室，设织室令丞主管。而"三服官"发展到汉元帝时（前48—前33年），已有织工数千人，宫廷每年投资甚巨，具备大规模生产能力，甚至与设在长安的东西织室相比也毫不逊色。

汉唐时期的丝绸产品已经有很多品种，其中刺绣和织锦是最珍贵和高档的。《国语·齐语》中，齐桓公对管仲说："昔吾先君襄公……唯女是从，九妃六嫔，陈妾数百。食必粱肉，衣必文绣。"《管子·五辅》中记载："女以巧矣，而天下寒者，其悦在文绣。"《晏子春秋·外篇》也记载："景公赏赐及后宫，文绣披台榭。""君之玩物，衣以文绣"，"文绣"就是指刺绣彩色花纹的丝织品或服饰，刺绣所用的基本针法为锁绣针法以及外观与锁绣接近的劈针，具有细致而繁琐的效果。对于织锦，《诗经》里有很多与之有关的名篇和名句。如《小雅·巷伯》："萋兮斐兮，成是贝锦。"《唐风·葛生》："角枕粲兮，锦衾烂兮。"《郑风·丰》："衣锦褧衣，裳锦褧裳。"

从春秋到中唐，这一时期的织物图案从几何纹起步，发展到动物与几何纹的结合。汉代织物最为经典的纹样是动物纹与云气纹的结合。到魏晋南北朝时依然有大量的动物纹出现，直至唐代初期，即使是在西域艺术强烈的影响下，动物纹样仍与联珠纹相结合，顽强地坚守着自己的阵地。

这一时期的染料以植物染料为主，红色染料用茜草，蓝色用蓼蓝、菘蓝进行未发酵的直接染色，黄色则用黄栌、栀子。染色工艺多采用媒染法，主要的媒染剂是草木灰和含铁物质。在以植物染料为主的同时，也有矿物染料的使用，如红色所用的朱砂。印花技术主要是手工描绘，汉代开始出现真正的印花，其工具是青铜凸纹印花版，结合手绘，这一方法一直沿用至唐宋时期。

根据《考工记》对练染技术的记载，基本上可以了解当时丝织品印染的工序。第一道工序是"练"。每到春天，练工在"幌人"（齐国专设"幌人"，负责煮练丝帛）的监督下，将生丝和绸坯放入用草木灰等泡制的碱性液汁中浸泡，"昼暴诸日，夜宿诸井"，要浸泡七天七夜，直到把纤维上的丝胶和其他杂质除去，这道工序能使丝纤维柔软漂白，易于染色。至于绸坯，因为丝线紧密地织造在一起，其中的丝胶等杂质就比生丝更难以去掉，于是人们就用碱性比较强的楝木灰和蜃（大蛤蜊）烧成的灰与水配成浓浆，用来浸渍绸坯，经过七天七夜的反复浸晒，既脱了丝胶，又漂了白。这种暴练，实际上就是印染生产过程中的预处理工艺——练和漂。第二道工序是"染"。由"染人"负责丝帛和其他纺织品的染色。染色要等到各种植物染草收获的季节即夏秋时节才正式开始。染草中采用最多的是蓝草，为了将生丝或绸坯染成各种颜色，有一染，再染，甚至六染、七染。三次入染可染成浅绛色，五次入染可染成赤黑色，七次入染可染成黑色。生丝染成不同的颜色后，可以用来织各种色彩的锦，绸坯染好后，就可以直接用来制作衣物

绛色花卉纹刺绣绢裤（新疆尉犁营盘汉晋墓出土）

人兽树纹罽袍（新疆尉犁营盘汉晋墓出土）

恩泽锦（汉晋）

等用品。如果还需要装饰，就采用第三道工序"画"和"绣"。有"画绩"专门负责管理在丝织品上画花绣花等装饰加工。

从西周到两汉，我国丝织业兴盛发达的地区一直在黄河流域。秦汉时期，封建王朝采取了保护农业与家庭手工业的政策，对纺织业发展有一定促进作用。秦时鼓励"男乐其畴，女修其业"，提倡妇女从事家庭纺织业。秦汉时期织机已普遍进入家庭，现保存在嘉祥县武梁祠的汉代石刻中有一幅"曾母投杼图"，该图是反映当时家庭纺织业生产的极好印证。

从汉代开始，国内的纺织品交易已极为盛行，大量丝织物在民间市场流通。《汉书·食货志》记载："通都大邑，一酤岁……其帛、絮、细布千钧，文采千匹，荅布，皮革千石。"说明当时纺织品的交易相当兴盛。

江南丝织业的发展是从三国时期开始的。孙吴政权中，有很多南徙的北人，带来了北方中上层人士喜着柔软舒适的丝织品服饰的习惯与风尚，从而带动了江南地区蚕桑事业的发展。而江南气候湿润温和，也很适合桑蚕生长。《三国志·吴志·陆凯传》记载陆凯上疏谏孙皓谓："先帝时，后宫列女，及诸织络，数不满百……先帝崩后……更改奢侈，伏闻织络及诸徒，乃有数千。"孙吴定都建业（今江苏南京），有官营织造机构"织络"，说明当时已有专门制造丝织品的部门。据《拾遗记》记载，孙权的夫人赵氏就是一位织作的行家里手，她"织纤罗縠……裁之为幔，内外视之，飘飘如烟气轻动"，为臣僚、百姓之表率。

魏晋南北朝至隋唐是江南蚕桑丝织发展的重要

修复后的黑色绞缬对襟上衣（北朝）

时期。魏晋以来黄河流域政局不稳，虽仍保持丝绸生产中心的地位，但发展速度相对较慢，而长江流域这一时期较为安定，中央政府赋税倚重江南，给江南丝绸生产的发展带来了机遇，蚕桑丝织业发展较快。同时，这一时期黄河流域有两次较大规模的人口南迁：一次是西晋永嘉年间（306—312），晋室南渡，北方大批士庶流寓江南；一次是唐中期受"安史之乱"的影响，北方人口大量涌向长江流域的四川、两湖和江南，江南成为全国人口最为集中地区。两次人口南迁，为江南发展经济提供了充足的人力资源和先进技术。

东晋时，恢复御府织室为宫廷服务。江南各地蚕桑生产技术有了较大的发展。《晋书·慕容廆传》记载，前燕慕容氏政权通好于东晋，"先是辽川无桑，及廆通于晋，求种于江南，平州桑悉由吴来"。公元420年，刘裕在建康称帝，史称刘宋，成立"锦署"带来了北方百工。在建康建立"锦署"，结束了江东用锦只能资于西蜀的历史，为江南织锦业带来中原先进的生产工艺，在织机上进行改良创新，生产出著名的织成纬锦"宋锦"，为后世云锦的精良工艺打下了基础。南朝齐时，漠北柔然族首领即向齐武帝求取锦工，武帝以"织成锦工，并女人，不堪远涉"为借口未予应允。辽川边地、漠北一带的少数民族向江南学习，反映了江南的蚕桑丝绸技术的发达。

隋末唐初，江南地区蚕桑生产进一步发展，尤其是太湖流域及其附近地区，发展得更快。新、旧《唐书》里都记载了这么一个故事：唐玄宗时有一个名叫韦坚的大臣，天宝初年任陕郡太守兼水陆转运使。韦坚为了方便漕运，整理了长安附近的水道，并在长安城东九里的长乐坡，开凿"广运潭"，潭边建有"望春楼"。工程完成后，举行了一个类似现代的通航典礼的仪式。为了博取皇帝欢心，韦坚预先准备了大批小船。船头分别挂上牌子，写上各个州郡的名称，船上又分别堆放了各该州郡的著名特产。在这批小船中，"广陵郡"船上堆的是锦，"丹阳郡"船上堆的是"京口绫、衫缎"，"晋陵郡"船上堆的是"官端绫绣"，"吴郡"船上堆的是"方文绫"，"会稽郡"船上堆的是"罗、吴绫、绛纱"。会稽、广陵、丹阳、晋陵、吴郡就是现在浙江的绍兴、江苏的扬州、镇江、常州、苏州等地方。这五郡船上堆着各种丝织品，就充分表明，至中唐时，这些地方生产的丝织品已经是当地著名特产了。

各种精美的丝织品需要先进的缫丝工具和织机来生产。约自汉代起人们就开始使用手摇缫丝车进行缫丝，一直到唐代未变。早在春秋战国时，丝织生产中就已经出现了两种织机及织造技术。一是踏板织机，用脚控制织机的开口；二是提花机，用花本或综片来控制经丝的提升规律。织物的组织结构亦是织造技术的重要部分，这一时期运用的主要基本组织是平纹组织，所有的起花织物组织也均由平纹组织衍生而来或是内含平纹规律。此时尚无真正的斜纹组织可言，某些斜纹组织仅是不同的平纹通过并丝织法而产生的斜纹效果。此外，提花织物尤其是织锦的显花方式通常是经显花，即通过多彩的经丝在织物表面按一定规律显露来呈现花纹。

在中国封建社会的早期和中期，丝绸是朝廷赋税的重要来源。西周土贡有皮帛、宗庙之器、绣帛、

中国丝绸博物馆复原的踏板织机

木材、珍宝、祭服、羽毛等九类，称作"九贡"，绣帛和祭服都与丝绸有关。

汉代赋主要征收货币，调则主要征收实物，实物主要就是布帛。《汉书》卷二四下《食货志》中有"大农以均输调盐铁助赋"、"令远方各以其物如异时商贾所转贩者为赋"、"诸均输帛五百万匹，民不益赋而天下用饶"等记载，反映了"以赋为调，征取实物，以代赋钱，或者地方官以赋钱购买民间布帛，以供调度"（西汉·桓宽《盐铁论·本义篇》）的情况。

课田制和户调式是西晋的赋税制度。课田指的是应向国家纳税的田地数量。户调就是户税，丁男之户每年纳绢三匹，绵三斤；丁女或次丁为户者折半交纳。北魏孝文帝太和九年（485年），颁布均田制，次年又颁布三长制和租调制，"其民调一夫一妇帛一匹、粟二石，民年十五以上未娶者四人出一夫一妇之调，奴任耕婢任织者八口当未娶者四，耕牛二十头当奴婢八"。隋的租调，继承北周旧制，其中租调，原为每户绢一匹、绵八两、粟三斛，后改为绢二丈，而妇女奴婢不收税，恢复以前丁租、丁调的完整形式。唐又继承隋制，租庸调制规定：丁男每年向国家纳粟二石，称作租。交纳绢二丈，绵三两或布二丈五尺、麻三斤，称作调。每丁每年服徭役二十天，如不服役，每天输绢三尺或布三尺七寸五分，称作庸，也叫做"输庸代役"。

纺织品作为朝廷税赋的重要的征收对象，代替钱粮成为政府的实物税收，极大地刺激了纺织品的生产。此外，在一般流通市场上，丝绸依然作为货币的重要形式之一，以支付大宗买卖和官员的薪俸。

## 丝绸的发展

从历史上我国丝绸生产发展的情况来说，隋唐及以前的丝绸生产一直以黄河流域的中原为中心。"安史之乱"后，北方人口大量拥向长江流域的四川、两湖和江南，长江中下游地区特别是江南一带的丝绸生产发展迅速。到唐后期至宋代形成了黄河流域、四川地区和江南地区三足鼎立的局面。晚唐诗人陆龟蒙有"桑柘含疏烟""处处倚蚕箔"，皮日休有"阴稀余桑间"、"停缲或焙茗"和"茧稀初上蔟……尽日留蚕母"，这些名句，歌咏江南蚕桑丝织的盛况，从中可以想见包括苏州在内的江

通向世界的丝绸之路

**印金罗衫（南宋）**

南地区蚕桑丝织生产的繁荣景象。自元代起，棉花种植开始在全国各地普及，丝绸生产区域进一步集中到江南一带，江南丝绸生产的地位日渐突出。明清时期，江南成为全国蚕桑丝织生产最兴盛的地区，除了四川外，这个行业几乎全部集中到了江南。江南官民丝织生产昌盛，丝绸品种之繁、数量之多，色彩、纹样之美，工艺技术之精以及在国内外贸易和文化交流中的地位之重要，都是其他地区所无法比拟的。

唐朝的丝织业也和过去历朝一样，主要分为民营和官营两部分。唐朝官府经营的丝织生产直属中央机构，由织染署负责管理。织染署下面又设立了二十五个"作"，各有专门的分工。这二十五个"作"是织纴（织绸叫纴）之作十个，组绶（织有花纹的丝带）之作五个，绌（chóu绸，比较厚实的丝绸），线之作四个，练染之作六个。从这许多"作"的名称，就可想见它们组织的庞大，分工的精专了。官办织造，专门生产高品质的御用贡物，如皇帝的龙袍冕衣、后妃的凤冠霞帔、宫闱幔帐、文武官员补服、宫廷坐褥靠垫等。

宋朝廷南渡以致政治经济文化重心南迁，江宁、苏州、杭州三地逐渐成为高级锦缎的生产中心。上述三地在宋金之战中遭受的破坏较少，政治地位逐渐提高。相比之下，原来经济繁荣的产锦名地扬州却因金、元屡次南侵，导致了"过春风十里，尽荠麦青青"的萧条景象。

公元 1280 年，元世祖于建康设"东西织染局"。关于明代的中央织造机构，《明史》卷八二《食货六织造》载："两京织染，内外皆置局。内局以应上供，外局以备公用。南京有神帛堂、供应机房，苏杭等亦各有织染局，岁织有定数。"这段话实际上是转录自万历《明会典》的。迄今为止，学界对于上述内容的解释，有各种说法。"两京织染，内外皆置局"意指北京和南京都有内织染局和工部织染所（外局）。内外之名，因官司隶不同而起，内织染局属宦官二十四衙门之一，内织染局大使因由太监担任，也就直称管事、织造太监等，工部织染所（外局）属工部都水清吏司，大使由工部属官出任。

清朝沿袭旧制，设立"以官领之，以授匠作"的官办织造局。官营织造则集中在南京、苏州和杭州三地，史称江南三织造。三局各有织机 700 台，并大量委派民间织机加织。由于所织制的产品是上贡给皇宫的，其生产的织物更注重装饰华美效果，尽显皇家风采。在南京、苏州、杭

刺绣团花罗枕（辽）

# 筚路蓝缕

江南三织造锦缎匹料（北京故宫博物院藏）

州等江南城市，明代集中了全国最为主要的官营织造机构，承担了大部分官用缎匹的生产。到清代，更几乎囊括了全部官营织造机构，承担了绝大部分的官用缎匹生产，成为全国无与伦比的官方绸缎生产中心。论及明清官营缎匹生产，基本就是指江南官营缎匹生产。

在晚清太平天国农民起义中，江南的丝织生产遭受了巨大损失，机户大多流寓外地，躲避战乱。战火过后丝织生产虽有所恢复，但由于元气大挫，规模大不如前。以南京为例，至清光绪三十年（1904 年），江宁织局奉旨裁撤，此后的锦缎供应完全依赖民间。

民营丝织业在清代后期，分工已相当精细，除机坊外，还有专业的络经作坊、牵经铺、挑花匠、捻坊、料房、经绒染坊等辅助行业。民营丝织业的生产组织形式，主要有四种：绸庄兼营机坊，自备织造工具，直接雇工织造；独立经营机户，自备织机和原料，部分雇佣工匠；放料代织，自备一到两台多则七八台织机，由绸庄指定花样，发放原料代为织造，或者由绸庄将织机租给机坊，再行放料代织；丝织工厂，使用木制手拉织机，生产方式介于工场手工业和家庭手工业之间。

从丝绸生产与社会经济的关系来看，由于唐代中期开始实行两税法，丝绸在中央财政中的地位大大降低，丝绸的货币作用也大大减弱，以后各代逐渐以钱、银纳税。民间的丝绸生产更趋于商品化和专业化，江南一带形成了很多以丝绸为主业的专业城镇，以及以此为依托的丝绸专业市场。

丝绸生产的商品化和专业化，必然带来生产方式的变化。自唐出现"贡绫户""织锦户""织造户"等专业丝绸生产者后，南宋时，杭州、苏州、湖州等城镇中又出现了"机户""机坊家""织罗户"等专业机户，开展丝绸商品生产。在湖州等地，不少农户从事蚕桑织绢副业生产，产品绝大部分作为商品出售，以换取口粮。按照农学家陈旉的说法，十口之家，养蚕十箔，以一月之劳，即可抵过种稻一年的收入。元代分化出

**缂丝玉兔云肩残片（元）**

"饶于财者"与"织工"。元末杭州府学教授徐一夔《织工对》中所描述的生产关系"有饶于财者，率居工以织"，"日佣为钱二百缗"，虽然还没有明后期丝织生产中的雇佣关系那样清晰，但毫无疑问显示了丝织业生产者不断分化的过程，朝着较之以往不同的生产方式迈进。明代，除官营之外，江南丝织市镇，往往是"以机为田，以梭为末"，机业"十室而九"，明代江南15000张左右的织机的生产规模，使丝织生产分化出机户和机工或织工，生产出销往全国各地的各类绸缎和销往世界各地的高档绸缎。到明后期，苏杭丝绸"大户张机为生，小户趁织为活"，"大户一日之机不织则束手，小户一日不就人织则腹枵。两者相资为生久矣"，人称"机户出资，织工出力"，织工"朝不谋夕，得业则生，失业则死"。当时"三吴以机杼致富者尤众"。苏州、杭州、南京等大城市以及吴江盛泽镇，均有因从事丝织生产致富成为手工业主的事例。明后期，地球进入小冰期，全球气候变冷，适宜种桑养蚕的地域进一步南移。太湖地区地势低洼，气候潮湿，特别适宜栽桑养蚕缫丝织绸。湖州、嘉兴、苏州、杭州等地广大农户出于收益考虑（种桑缫丝收入大约三到四倍于种稻），纷纷将种植水稻的"田"改为栽种桑树的"地"。

到清代前期，杭、嘉、湖三府各地蚕桑生产极为兴盛，湖州各县几乎"无不桑之地，无不蚕之家"；嘉兴各地"土著树桑，十

**绣花花卉缘素罗短袖夹衣（明）**

室而九"；杭州各地"遍地宜桑，春夏间一片绿云"；苏州的吴江等地"乡村间殆无旷土，春夏之交，绿阴弥望。通计一邑，无虑数十万株云"。农家将种桑养蚕所得视为种粮，蚕桑生产已经完全商品化和专业化，以至桑秧、桑叶、蚕种和蚕都逐步成为商品，在固定的地区、固定的市场出售，特别是桑叶市，交易量很大，市价涨落迅速，"人集如云，填街塞路，终日喧哗"。到清代中后期，江南各地丝织生产，已普遍采用账房领织的生产形式，机户承领商业资本主的机子和原料，雇佣织工在自己家中为商业资本生产。这样一来生产关系的性质有了根本的变化，这就是通常所说的资本主义萌芽。

从技术上来看，夏代以前就有了家养的蚕，人们从桑树害虫中选育出家蚕，创造了养蚕技术。秦汉以来对野蚕仍继续采集利用。到魏晋南北朝时，选种、制种的技术有了很大的进步，发明了低温控制家蚕制种孵化时间的方法。唐代养蚕基本沿用前代旧法，但多饲养多化性蚕（在一年内发生三代以上的蚕），以三眠蚕与四眠蚕为主，浴蚕则在谷雨前后于野外进行，与后世盆浴不同。宋代的养蚕技术趋于完善，生产过程分为浴蚕、下蚕、喂蚕、一眠、二眠、三眠、分箔、采桑、大起、捉绩、上蔟、炙箔、下蔟、择茧、窖茧等。元代对养蚕技术要求更严，并重视

蚕织图（南宋）

多化性蚕的饲育，适当控制夏秋蚕的数量。明代对蚕种选择和品种改良都很重视，浴种用天露法，利用石灰水、盐卤水等浴法留取好种，淘汰低劣蚕卵。明代还发现了杂交蚕种的优势并加以利用，有"早雄配晚雌幻出嘉种"的记载。可见明时已能用一、二化性蚕蛾进行杂交而形成体强丝多的新蚕种。浙江嘉湖地区在上蔟结茧时

御制耕织图（清）

还总结出"出口干"的成功经验，即用火加温干燥，使茧质和解舒率得到提高。江南水乡利用池塘养鱼畜牧，与栽桑养蚕的水肥相结合，形成自然循环条件下的相互促进，也是成功的范例。同时还采用隔离淘汰等措施，防止蚕脓病、软化病、白假病等传染蔓延，育蚕技术已有较完整的体系。清代江苏、浙江、四川、湖南、湖北、广东、贵州等地，都有适合当地生态条件的地方蚕品种，其中浙江余杭、新昌、萧山等地的优良品种较著名，这些地方后来也成了现代蚕种的制造基地。到了清代，技术上对上蔟采用高棚蔟，忌用地蔟，并将"出口干"又改进为"灼蚕不灼茧"。1898年杭州创办蚕学馆，学习国外育蚕经验和理论，消除微粒病，用新法选育成青柱、新圆、诸桂、轰青等一批新品种，并用轰青与诸桂杂交，育成我国最早的改良品种青桂，这一新品种在当时占有很大比重。后来各省纷纷兴办蚕校和蚕桑试验场，盛极一时。

中唐以后，蚕桑生产重心移至江南，为适应南方的环境，中低干桑成为桑树的主要类型，江南一带出现大量中低干桑密植的桑园。太湖地区所产的丝茧质地特别优良，同这一地区叶质肥美的湖桑有一定关系。"湖桑"，顾名思义，是太湖地区农民育成的桑种。宋代太湖地区的农民是否已经育成湖桑，不能肯定，但是北宋时桑树嫁接在浙江湖州已经

十分流行。桑树是异花授粉植物，用种子繁殖，其性状容易被改变，嫁接则是保存桑树优良性状的好办法。太湖流域的农民采用嫁接繁殖桑树，所以桑树的优良性状能够代代繁殖而历久不变。

古代煮茧设备极其简陋，缫丝时先将蚕茧放在盛有水的铁锅内，锅下以薪燃之，使茧膨润软化，溶解丝胶，尔后抽丝。锅内温度以"细泡微滚"为宜。后由简单的铁锅煮茧演进为行灶（老虎灶）煮茧。

秦汉以后，手工缫丝已开始利用简单的丝框缠绕丝缕。隋唐时出现手摇丝车。最迟在宋代已出现了完善的脚踏丝车。元时长江南北丝车有"南缫车"与"北缫车"之分。苏南使用的"南缫车"改变了千百年来边煮茧、边缫丝的煮缫联合方式，将煮茧锅"另立一旁"，并把煮好的茧盛在加有少量温水的盆内，然后进行缫丝，俗称"冷盆"缫丝法。在长期缫丝实践中，江浙一带的蚕农总结出："出水干"和"出口干"的缫丝"六字诀"。明代宋应星所著《天工开物》卷中有具体记载："丝美之法有六事，一曰出口干，即结茧时用炭火烘；一曰出水干，则治丝登车时，用炭火四五两，盆盛，去车关五寸许。运转如风时，转之火意照干，是曰出水干也。"

明代在缫车的结构方面也有改进，在煮茧锅或缫丝盆上方设的"钱眼"（亦称导丝眼），已由铜钱改为竹针眼，穿丝时可由豁口进入，免去穿过钱眼的麻烦。"竹眼"是现代导纱钩的雏形。清末时农村已出现了楮木制脚踏车。

宋元时期的普通织机已广泛使用两片综片。起初为单动型的双综双蹑机，元代出现互动型双综双蹑机，取代了早期的中轴式单综织机。在提花机

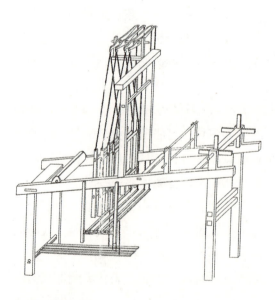

多综多蹑机图

型方面，束综提花机在宋代开始一统天下，它用线综所制花本来控制提花，其中又包括小花本和大花本提花机，是中国古代丝绸织造技术的最高标志之一。

技术的创新和变革，使织物的组织结构也有了很大变化。基本组织中陆续出现斜纹、缎纹等；纱罗组织中复绞罗逐渐变少，而大量出现有固定绞组的纱罗；起绒织物使用剪绒方法；重组织中较多地使用地络类和特结经固定的重织物；显花方式也由经显花转向纬显花；不少采用挖梭工艺的织品如缂丝和妆花得以流行。

唐代以后，红色染料以红花和苏木为主，染色工艺多为酸性染法和媒染法。蓝色染料则更多地采用石灰发酵制备靛蓝并用还原法染色。黄色染料变化较小，只是多用槐花而已。媒染剂也多用明矾来替代草木灰。唐宋时防染印花盛行，除少量其他印花术外，灰浆防染、蜡染、灰缬、夹缬等成为主流。

"安史之乱"是唐代的转折点，也是唐代工艺美术风格、具体纹样等各方面开始出现变化的根本原因。中唐和晚唐的工艺美术开始以花卉和禽鸟为主要装饰纹样，更多出现的是宝相花、卷草、莲花以及盘龙、

多踪多蹑机模型

对凤、辟邪等纹样。

宋代的染织纹样在继承前代传统的基础上，糅合了外来纹样的特征，并在特殊历史背景下形成的相对封闭、内向、秀丽淡雅的时代审美风尚的影响下，形成了不同于唐代雍容华贵的清新自然、典雅秀丽的时代风貌，更多地体现出文人的爱好，写生花卉成为丝绸装饰的主流，丝织品上广泛使用各种花卉如牡丹、莲花、梅花、菊花、桃花等，以及与此相配的蜂蝶鱼虫、鹭鸶雁鹊之类，其造型风格更趋向写实。

元代社会的文化背景相当复杂，相应的，元代丝绸纹样也呈现出繁杂的状态。波斯的鹦鹉织金锦纹样，希腊的蔓草纹，罗马的人像纹等都出现在元代丝绸纹样上，使元代丝绸纹样题材广泛，风格各异。受唐宋遗风的影响，此时团花纹及各类写生的缠枝花、朵花、龟背纹、勾连纹等都应用普遍，此外织金锦的纹样及富丽的色彩极为流行。

明代丝绸纹样在继承前代的基础上，扬长避短，"浓纤得中、修短得宜"。在纹样题材上，吉祥纹样大为流行，在表现形式上，纹样趋向大型化，组织丰富，色彩艳丽，呈现出明朗、艳丽、庄重、大方、富于装饰性的风格特色，审美趣味趋于市俗化。常用题材有云龙凤鹤、缠枝牡丹、落花流水、四合云、七巧云、海水江崖云、龙纹及具有吉祥寓意的文字等。

清代一方面继承和发展了宋明以来的纹样传统，一方面由于国内各民族纹样的进一步融合，民间纹样与宫廷纹样相互借鉴模仿，同时广泛地接受外来纹样的影响，造成了清代丝绸纹样异常繁复的文化内涵和外在形式。清代早期纹样细密，色彩淡雅，仿宋、仿明的风格较为明显，中期趋于豪华艳丽，纹样繁缛，明显受到西欧影响，晚期爱用大朵花、折枝花等题材，纹样写实，色调清新，配色讲究，风格豪放。

宋元以降，丝绸的对外贸易也有了极大的变化。西北方向的丝绸之路时有阻隔，而南方的海上丝绸之路却非常繁荣。宋元时期，南方沿海出现了大量的港口城市，丝绸产品经海路远销朝鲜、日本和东南亚各国，再转运到其他国家。至明代，江南地区已成为我国最为重要的丝绸生产基地，这里蚕桑丝绸的商品化生产起步早，程度高，丝绸以贸易为主要传播形式，成为对外影响较大的商品，在世界经济大流通中扮演了极其重要的角色。

地中海宜人的气候十分适合桑树生长，自从公元4世纪养蚕的技术传到欧洲后，桑蚕养殖业在东罗马帝国境内便迅速建立起来。泰尔和培卢特两个城市，是东罗马帝国重要的丝绸生产中心，那里的工场专门加工从波斯转运进来的中国蚕丝。他们把从波斯进口的中国绸缎分解开来，拆成一根根极细

拜占庭织物残片

的丝线，然后掺上麻线，织成绫纱；再染上色，绣上花，以高价在欧洲市场出售。有时，他们也把从波斯进口的中国素绢，直接染上颜色，绣上金线，再以极高的价格卖往欧洲、北非各地。所以，加工蚕丝所得，是东罗马帝国的一宗重要收益。8世纪的拜占庭家庭手工作坊已经能够生产出相当复杂的提花织物，丝织业迅速成为拜占庭帝国的主要工业。从前需要从东方长途贩运的丝绸，逐渐在欧洲普及，西班牙的格林纳达、

阿尔梅里亚、马拉加、托莱多等地一度因丝织业而繁荣兴旺，丝绸的价格也开始下降。12世纪，十字军东征，南意大利王罗哲儿二世俘虏了两千名丝织工人，把他们带回意大利去养蚕、缫丝、织绸，使意大利的丝绸技术得以迅猛发展。到了13世纪，意大利已经成为欧洲丝绸

13世纪的欧洲丝绸生产设备

工业的中心。时至今日，意大利仍然是世界上丝绸印、染、整技术最为先进的国家。至 13 世纪，意大利的纺织和贸易城市威尼斯、佛罗伦萨、米兰、热那亚、卢卡，佛兰德的伊普利斯、根特、布鲁日都开设了丝织作坊，生产出漂亮的花样丝绒、塔夫绸、锦缎、波纹绸、雪纺绸等，垄断了欧洲王庭的供给。15 世纪，法王路易十一为防止法国的钱财大量流入意大利，开始重视丝绸生产，他颁授皇家勋章给都尔城（Tours）的丝工，鼓励他们为法国的丝织业努力。

到了 16 世纪，经过历任国王的支持，法国的图尔、枫丹白露、里昂陆续成为丝绸中心，这里出产的产品不仅为王室及贵族提供上等的衣料，而且也是珍贵的室内装潢用料。

第三章

柔曼绚烂

丝织品按其织造工艺可分为通纬和断纬两大类，其下又可按组织结构再做细分。通纬丝织物下又可分为：平纹素织物、平纹地暗花织物、斜纹地暗花织物、缎纹地暗花织物、绞经暗花织物、单层色织物、地结类重织物、锦、起绒织物；断纬丝织物下又可分为全断纬织物和非全断纬织物。

秦汉时期的丝织品种主要为平纹类的纱、纨、缣、绡、縠，绞经类的罗，提花类的绮、锦等。到魏晋时绫等渐兴，至于唐代蔚为大观。宋代纱罗盛行，三大基本品种之一的缎在这一时期也屡见记载，并在明清时期大为发展。辽金元由于对黄金的好尚，加金织物在这一时期发展迅速。元代有起绒织物的出现，但此时尚为外来，而非国内出产。至明，已能生产起绒织物，并在中后期出现倭缎、漳绒、漳缎。清代丝织业进一步发展，出现了云锦、宋锦、蜀锦三大名锦。

## 形形色色的丝织品种

丝织物种类很多，由于织造工艺不同，各个种类有不同的结构和特点。古代丝织物中具有代表性的几大种类有纱、罗、缎、锦、绮、绢、绸等 10 多类，而每一大类中又有许多品种。

纱，古作沙，是质地最为轻薄的丝织品。南宋·吴曾《能改斋漫录》谓"一匹重二两，妇人制衣服，甚轻妙"，说的就是一种特别轻的纱。古代的纱根据其本身组织可分为两种：一种是表面有均匀分布的方孔，经纬密度很小的平纹薄形丝织物，唐以前叫方孔纱。一种是和罗同属于纱罗组织，以两根经线为一组（一地经，一绞经）起绞而成的，密度较小的织物。根据考古所见，现在可知最早的实物为 1970 年辽宁朝阳西周墓所出的方孔纱。湖南长沙马王堆西汉墓出土过一件表长 128 厘米，通袖长 190 厘米，重 49 克，用极细长丝织成的平纹素纱蝉衣。此件薄若蝉翼的纱衣，织作之精细，令人惊叹，是古代纱织物中的珍品。

由于纱薄而疏，透气性好，是各个历史时期夏服的流行用料。纱在南北朝以前都是素织，后来花织逐渐增多，到了宋代，织纱繁盛，主要产地以两浙路（北宋时期地方行政区，大致包括今天的浙江省全境，江苏省南部的苏州、无锡、常州、镇江四市和上海市及福建省闽东地区）

平纹素纱蝉衣（长沙马王堆汉墓出土）

及南方一带为主，建康、常州、湖州、越州和杭州等地皆产纱。品种有艾虎纱、天净纱、轻容纱、三法纱、暗花纱、栗地纱、茸纱等。其中建康产素纱、花纱、四紧纱，越州产茜绯花纱、轻容纱，杭州产素纱、天净纱、三法纱、新翻栗地纱等，四川绵州产巴西纱子。宋代亳州所出轻容纱，在全国最为有名，陆游在《老学庵笔记》中形容它"举之若无，载以为衣，真若烟雾"。

罗，本义为捕鸟之网，后指经丝经过绞扭而成的丝织品。罗织物质地轻巧，组织结构较为奇特，它不是靠互相平行的经纱，通过经纬交织来形成组织，而是靠互不平行的地经和绞经，有规律地绞转后与纬线交织在一起，形成网纹状的组织和外观。从织物表面看没有纵横的条纹。古代的罗织物分为通体扭绞和不通体扭绞两大类，前者多半用四根经线为一组织造，没有筘路。后者多半用两根经线为一组织造，显现筘路。今天出土的商代罗织物残片，证明中国早在3000年前就已开始生产罗。秦汉以后，罗织物日臻精美，成为流行织物。长沙马王堆汉墓出土的绫

柔曼绚烂

南宋《耕织图》中的提花罗机

纹花罗，织造方法极为复杂，反映了汉代罗织高超的技术水平。唐代罗织物生产渐盛，多为花罗，品种有瓜子罗、孔雀罗、宝罗、云罗、凤纹罗、蝉翼罗等。用作贡品的有单丝罗、瓜子罗、孔雀罗、宝花罗等。新疆吐鲁番阿斯塔那墓出土的唐代白地绿花罗，织制得极为精致，是唐代花罗中的精品。宋代织罗技术进一步发展，罗织物更是盛极一时，品种也更多。南宋地方志《嘉泰会稽志》载："近时，翻出新制（罗），如万寿藤、火齐珠、双凤、绶带，纹皆隐起而肤理尤莹洁精致。"仅仅是润州（镇江）官方设置的"纱罗务"，每年生产的贡罗就达10万匹以上。此外，成都的大花罗，蜀州的春罗、单丝罗、婺州的暗花罗、含春罗、红边贡罗和东阳花罗，越州的越罗，都精美异常，在全国享有盛名。

由于通体扭绞的罗在织造时不用箸，工艺较复杂，产量也较低，所以明清以后逐渐消失。不通体扭绞的罗却因织作方法比较简便，生产效率较高，售价便宜而在明代以后大为流行。关于制罗之法，《天工开物》卷二载："凡罗，中空小路以透风凉，其消息全在软综之中。衮头两扇大综，一软一硬，凡五梭三梭之后，踏起软综，自然纠转诸经，空路不粘。……就丝绸机上织时，两梭轻，一梭重，空出稀路者，名曰秋罗，此法亦起近代。"现代织物组织学所谓的纱、罗，均指平纹纬纱和绞扭经纱所组织的织物而言。凡每织入一根纬丝地经与绞经即绞扭一次的，通称为纱；凡织入数根奇数纬纱（如三、五、七或更多根）后绞扭一次的，称为罗。关于纱罗之别，宋以前区别的方法有两种：一为广义的，即根据密度，将其分为纱、縠、罗三种。最密者为罗，次为縠、纱，或者把縠、纱统称为纱。据此标准，经密在20根左右者为纱，在45根以上者为罗。縠则介于两者之间，也可称纱。二为狭义的，即根据结构，把四经相绞的专称为罗，把二经相绞的和三经相绞的一律叫纱。

缎，最初也叫纻丝，后来才改称为缎，指地纹全部或大部采用缎纹组织的丝织物。北京明定陵出土的纻丝，就是做工、质地均极讲究的五枚缎丝织物。缎纹组织是在斜纹组织的基础上发展起来的，它的组织特点是相邻两根经纱或纬纱上的单独组织点均匀分布，且不相连续。因单独组织点常被相邻经纱或纬纱的浮长线所遮盖，所以织物表面平滑匀整，富有光泽，花纹具有较强的立体感，最适宜织造复杂颜色的纹样。缎纹组织的这些特点与多彩的织锦技术相结合，成为丝织品中最华丽的"锦缎"。宋人张元晏对一件缎制服装作有生动描述："雀鸟纹价重，龟甲画样新，纤华不让于齐纨，轻楚能均于鲁缟，掩新蒲之秀色，夺寒兔之秋毫。"很能反映缎织物的特点和它的可贵之处。

根据出土文物来看，缎起源于唐代，唐以后发展成为和罗、锦、绫、纱等织物并列的丝织物中的一个大类。宋元以后，缎类织物日趋普及，不仅有五枚缎和各种变则缎纹，八枚缎也开始被大量应用。这时期的著名品种有透背缎、捻金番缎、销金彩缎、暗花缎、妆花缎、闪光缎等几十种。

锦，是指用联合组织或复杂组织织造的重经或重纬的多彩提花丝织物。锦字由"金"和"帛"组合而成，表明它是古代最贵重的织品。汉·许慎《说文解字》云："襄邑织文也，从帛金声。"汉·刘熙在《释名》中说："锦，金也。作之用功重，其价如金，故惟尊者得服之。"意思是说织锦工艺复杂，费工多，其价值相当于黄金，只有贵人才能穿。锦的出现，对纺织机械、织物组织甚至整体纺织技术的发展，影响都极为深远。织锦技术的高低，可反映各朝代或各地区的纺织技术水平。

采用重经组织，以经

东汉"万事如意锦"（新疆民丰尼雅遗址出土）

线起花的叫经锦。采用重纬组织以纬线起花的叫纬锦。战国、西汉以前的锦均为经锦，这种锦以两组或两组以上的经线和同一组纬线交织，经线多为二色或三色，一色一根作为一副（如颜色较多，也可使用牵色条的方法）。1959年新疆民丰尼雅遗址发现的东汉"万事如意锦"就是一种典型的经锦。纬线有交织纬和夹纬，夹纬把表经和里经分隔开，用织物正面经浮线显花。南北朝以来，纬锦开始大量生产，逐渐取代了经锦。纬锦是用两组纬线或两组以上的纬线和同一组经线交织而成。经线有交织经和夹经，用织物的正面纬浮线显花。1967年新疆阿斯塔那发现的在大红色地上起各种禽鸟花卉和行云图案的唐代锦袜，就属于这一种纬锦。

织造时，经锦只用一把梭子，纬锦用梭较多，但它不改变经线和提综程序，只改变纬线的颜色，就能织出花型相同颜色各异的图案，因此可以说纬线显花是提花技术的一大进步。古代锦的品种繁多，不胜枚举，蜀锦、宋锦和云锦是最著名的三大名锦。

织金锦，是一种把金线织入锦中而形成特殊光泽效果的丝织物。织金锦本为波斯特产，元代蒙文中称为"纳石失"，是波斯语的译音，是以金缕或金箔切成的金丝作纬线织制的锦。这种织物的组织，均为由金线、纹纬、地纬三组纬线组成的重纬组织，它的金线显花处的结构则为变化平纹或变化斜纹组织。中国古代丝织物加金最早始于何时，现尚无定论，不过可以肯定，至迟在东汉末年，就已经有给织物加金的做法，唐宋时织金技术趋于成熟，织金、捻金和其他用金方法达10多种。北方游牧民族酷爱织金锦，蒙古族、契丹族、女真族的达官贵人衣着皆崇尚用金，以此显示他们的财富和地位。元代织金锦缎大量生产，达到极盛。唐宋丝织物以色彩综合为主的艺术风格，至此也变

"纳石失"披肩（元）

通向世界的丝绸之路

成了以金银线为主体来表现。这种现象的产生一方面和蒙古民族的欣赏习惯、装饰爱好等因素有关，更重要原因的是蒙古族通过长期的战争，从被征服地区掠夺了数量巨大的黄金，这些黄金成为大量生产金锦的物质基础。元朝用金方法较多，用于织金锦的主要是片金线和捻金线。片金线是将金打成金箔，然后贴于绵纸之上切成金丝，直接用于织造；捻金线又称圆金线，是将金片包在棉线外加捻而成。元代织金锦的消耗极大，据《元史·舆服志》记载，天子冬服分 11 等，用"纳石失"制作衣帽的就有好几种，百官冬服分九等，也有很多用"纳石失"缝制。皇帝每年大庆，都要给大臣颁赐金袍。元代织金锦的实物精品，除故宫博物院有藏品数种外，各地亦有不少出土，如新疆盐湖元代墓葬出土的片金锦和捻金锦，经密分别为每厘米 52 根和 65 根，纬密分别为每厘米 48 根和 40 根。片金锦金线宽仅 0.5 毫米左右，纹样为满地花类型，穿枝莲补充其间，线条流畅，绚丽辉煌。捻金锦纹样为一菩萨像，修眉大眼，隆鼻小口，头戴宝冠，自肩至冠后有背光。

缂丝的起源很早，可以追溯到汉代，当时达官贵人祭祀天地和参加重要典礼的礼服就是用它为衣料制成的。缂丝在古代最初叫织成，后来因其表面花纹和地纹的连接处有明显的像刀刻一般的断痕，故叫缂丝。缂丝是一种以蚕丝为经线，各色熟丝为纬线，用结织技术织成的一种高级显花织物。缂丝虽属平纹织物，但它却是采用通经断纬的方法织成的。织前，先将画稿或画样衬于经纱之下，织工用笔将花纹轮廓描绘到经纱上；织时，不是只用一把梭子通投到底，而是根据花纹图案的不同颜色，把每梭纬纱分成几段，用若干把具有各

《莲塘乳鸭图》（宋）

种色彩的小梭子分织。宋代庄绰曾在他写的《鸡肋篇》中对缂丝的织造特点作过详细描述："定州织刻丝，不用大机，以熟色丝经于木栟之上，随所欲作花草禽兽状。以小梭织纬时，先留其处，方以杂色线缀于经线之上，合以成文。若不相连，承空视之，如雕镂之象，故名缂丝。如妇人一衣，终岁可得，虽作百花，使不相类亦可，盖纬线非通梭所织也。"其中所谓"盖纬线非通梭所织也"就是指断纬而言。晋以后缂丝织造技术有了较大进步，织品日臻精细，出现了一些以佛像、人物和各种物体作纹样主题的织物。同时，它在织物中的地位也大为提高，除了皇帝的衮服逐渐地改用缂丝外，在其他需要织物显示尊贵的地方也一律以缂丝充任。例如，南北朝和唐代的内府，在整理其收藏的王羲之、王献之书法时，对于上品均用缂丝装裱，较次的用锦装裱。缂丝自宋代起又叫刻

《梅鹊图》（南宋）

丝、剋丝、克丝。宋代缂丝不仅在织作技术方面达到了完全成熟的程度，在制作用途上，也起了很大变化，即从单纯制作服装用的织物，发展为兼作专供欣赏的纯艺术品。宋、元、明、清四代出现了许多缂丝名匠，其中最为著名的有南宋的朱克柔、沈子番、吴煦，明代的朱良栋、吴圻等。他们都有不少传世佳作，如朱克柔有《莲塘乳鸭图》《山茶》《牡丹》等，其作品特点是手法细腻，运丝流畅，配色柔和，晕染效果好，立体感强。沈子蕃有《青碧山水》《花鸟》《山水》《梅鹊图》，其作品特点是手法刚劲，花枝挺秀，色彩浓淡相宜。这些名家之作，不但可与所仿名人书画一争长短，有的艺术水平和价值甚至远远超过了原作，对后世影响很大。

绮是指平纹地起斜纹花的提花织物。绮的斜纹显花组织有两种一种是由提花经丝浮线形成斜纹组织。另一种则是在原斜纹组织的两根经斜纹浮线之间隔一根平纹经线，即

在花部组织上形成一根经斜纹组织点和另一根经平纹组织点的排列分布，也可以说是斜纹和平纹的混合组织。目前所知最早的绮的遗存为瑞典马尔米博物馆和远东博物馆所藏的商代青铜觯和钺上与铜锈附着在一起的平纹地起菱纹花的绮。长沙广济桥 5 号墓、五里牌 406 号墓也都发现有此类菱纹绮。夏鼐曾将汉绮的图案花纹的组织分为两类：一类似经斜纹组织，阶梯形纹显花，即将地纹平织的改变为三上一下斜纹组织，相邻两根经纬组成阶梯一样的左右斜向，由经线的浮长构成花纹图案。这类绮在新疆罗布泊、甘肃居延遗址均有出土。另一类被称为汉式组织，单元组织的地部式一上一下的平纹，中间相隔平纹的两根是三上一下的经斜纹组织，形成直条状畦纹。新疆民丰尼雅遗址所出的鸟兽纹和树叶纹绮即属此类。汉以后，绮的纹样有了进一步发展，出现了对鸟花卉纹绮，鸟兽葡萄纹绮等。从晋到宋，还时有将绮作为官服的规定，如《晋令》记载："三品以下得服七彩绮，六品以下得服杯文绮。"

绫是斜纹地起斜纹花的丝织物，是在绮的基础上发展起来的。初期的绫常和绮混称，从织物组织来看，两者有其相似之处，但又并非完全一样。相似之处在于是绫、绮织品表面都有斜纹花，质地都较轻薄。不同的是绮为经线显花织物，绫为纬线显花织物，绫与绮相比，花、色变化多得多；另外绮织品表面显类似缎织物的纹路，而绫织品表面则多半显山形斜纹或正反斜纹，因而古书《释名·释采帛》有"绫，凌也，其纹望之如冰凌之理也"的说法。冰凌的纹理与山形斜纹相似，富有光泽，以它来形容绫的风格特点极为贴切。汉代的绫织物已十分精美，是当时价格最昂贵的丝织品之一。三国时，由于马均改革简化了绫织机，绫织物的产量开始大幅度提高，织出的纹样也更加复杂。魏晋时出现了胡绫，曹魏·鱼豢《魏略·西域传》载："（大秦国）又常利得中国丝，解以为胡绫，故数与安息诸国交市于海中。"罗马帝国时期的思想家普林尼亦有类似记载。麻赫穆德·喀什噶里编纂的《突厥语大词典》中，hulin 条说明为"由秦输入的一种带色的绸布"，hulin 或即胡绫。新疆营盘 15 号墓曾出土有一绣袴，原先断为毛质，后经检验知为丝质，而其纹样又有异域色彩，故推测其为中原丝绸拆解后重纺所得，亦即"胡绫"。拆解后重纺的丝织品也见于叙利亚的帕尔米拉，有学者推论 4—5 世纪时西方可能有两种丝绸供给来源：一为私人性质的小型商队，他们在中国与西域间的商业行动完全不见于文献记载；二是西域各国以及中亚在中国对外影响减退这一时间段内取代中国而成为西方丝绸市场的主要供货商。唐代是绫生产的高峰时期，统治者不仅在官营织染署中设有专门用来生产绫织物的"绫作"，还规定不同等级的官员服装要用不同颜色、不同纹样的绫来制作。唐代的绫织物品种见于文献的有独窠、双丝、熟线、鸟头、马眼、鱼口、蛇皮等名目，被白居易誉为"不似罗绡与纨绮"的"缭绫"更是名噪一时。丝绸之路沿线有很多唐绫出土，日本的正仓院和东京国立博物馆收藏的珍品中也有唐绫。宋以后，绫除了用于服装外，开始大量用于书画、经卷的装裱。

　　缣，本义是双经双纬的粗厚织物。《释名·释采帛》："缣，兼也，其丝细致，数兼于绢，染兼五色，细致不漏水也。"《说文》解释，缣就是双丝的缯。出自春秋早期黄君孟夫妇墓的3块丝织品残片及藏于日本京都大学的春秋战国时期的丝织品残片，据考为缣的早期实物。汉以后，缣多被用作赏赠酬谢之物，或作货币。缣帛书是简策装书以后的一种用丝织品书写成的书。《墨子》中提到"书于竹帛"，就是指在用竹简的同时又有用缣帛写书。缣帛书要比竹简方便得多，因为缣帛柔软而光滑，而且书写时易着墨。缣帛的幅面不定，可随意裁之，文章小、文字少可以用小块缣帛，文章大、文字多可以用大块缣帛。帛书的形态，一般是一篇文章为一段，每段叠成一叠或卷成一束，称作"一卷"。如今的图书称"卷"，就来源于此。后来发展为在缣帛的下端或左端裹上一根木轴，作为支撑，既挺括又易查找，缣帛书实际上是卷轴装的前身，也是卷轴装的一种。

　　此外，还有纨、绡、縠、绨等品种。

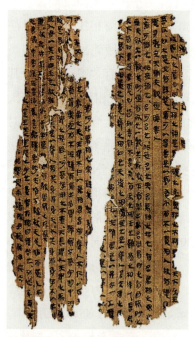

**帛书残片（马王堆汉墓出土）**

纨是一种细致洁白的薄绸，绡是一种生帛，縠是一种轻纱，绨是一种比绢厚的平纹织物。

## 埋在地下的华美丝章

西周至春秋时期的丝织品主要出自辽宁朝阳西周墓、陕西宝鸡茹家庄西周墓、河南信阳光山春秋早期黄君孟夫妇墓、山东临淄郎家庄一号东周墓、山西绛县横水西周墓、江西靖安东周李洲坳墓。出土的丝织品有锦、纱、缣、绮、刺绣及编织物等。与商代相比，西周最重要的进步就是出现了锦。辽宁朝阳西周墓中所出一片锦，是已知现存最早的织锦。

出有丝织品的战国时期墓葬主要有湖南长沙子弹库 1 号墓、陈家大山、五里牌 406 号墓、识字岭 345 号墓、仰天湖 25 号墓、左家公山 15 号墓、广济桥 5 号墓、左家塘 44 号墓、烈士公园 3 号墓、浏城桥 1 号墓，河南信阳长台关楚墓，湖北江陵望山沙冢墓、雨台山楚墓、曾侯乙墓、九店砖瓦厂楚墓、马山 1 号楚墓，湖北荆州包山 2 号楚墓，山东临淄郎家庄 1 号墓，新疆鱼儿沟、阿拉沟战国墓，安徽舒城马厂楚墓等。其中长沙左家塘 44 号墓所出丝织品有深棕色地红黄色菱纹锦、褐色地矩纹锦、褐色地几何填花燕纹锦、褐色地双色方格纹锦、朱条暗花对龙对凤纹锦、褐色地红黄矩纹锦、藕色方形纱手帕、冰黄色、褐色等绢纱类织物。锦的花纹图案有龙纹、对凤纹、方连纹、几何纹。其中几何纹包括三角形、多角形、菱形、龟背形等。江陵马山 1 号楚墓所出丝织品有：灰白色绵袍、蟠龙飞凤纹绣浅黄色绢面绣衾、亚字形夹锦衾、凤鸟鸮几何纹锦面衾、长方形丝绵、对

尉犁营盘墓地出土服饰

**柔曼绚烂**

**马王堆1号汉墓出土实物**

龙对凤纹绣浅黄绢面衾、深黄绢绵袍、龙凤虎纹绣罗单衣、凤鸟花卉纹绣浅黄绢绵袍、绢袍、龙凤蟠纹绣紫红绢单衣、绵袍、长方形锦面巾、深黄色绢裙、绵袍，夹衣、绢裙、绵裤等。

营盘墓地，位于新疆尉犁县孔雀河干河北岸，东距楼兰故城近200公里，地处丝绸之路楼兰道要冲。营盘大抵在西汉中晚期到前凉时最为繁盛。营盘墓地出土有大量的纺织品，大致有丝、毛、棉、麻四种，并以前两种居多。营盘所出纺织品中，丝织品多来自内地，其织造技法、艺术风格多属中原式。毛织品大部分产于当地，并有一些产自西方精纺的花罽。丝织品中有绢、绮、锦、绦、绣、染缬等，其中以绢的使用最为普遍，广泛使用于衣袍、覆面、香囊、枕套、衣服里衬等。

出土有丝织品的两汉时期墓葬主要有甘肃磨嘴子汉墓、马圈湾烽燧遗址，河北满城汉墓、阳原三汾沟9号墓，湖南长沙马王堆1号墓、3号墓，北京大葆台汉墓、湖北江陵凤凰山168号汉墓、荆州谢家桥一号汉墓，广州象岗南越王墓、新疆楼兰遗址、尼雅遗址、营盘汉晋墓地，江苏东海尹湾汉墓等处。其中以长沙马王堆1号墓所出数量最为集中、品类最为丰富，包括铺绒绣和菱形羽毛贴花绢、长寿绣绛红绢绵袍、印花敷彩丝绵袍、乘云绣绢单衣、信期绣罗绮单衣、茱萸纹绣绢单衣、方棋纹绣绢单衣、信期绣黄绢单衣、信期绣黄绢、乘云绣黄绢、信期绣罗绮绵袍、朱红罗绮绵袍、乘云绣黄绢、丝绵袍、酱色锦帕等。

魏晋南北朝时期的丝织品则较为集中的出土于我国西北。如新疆民丰尼雅1号墓地3号墓、5号墓、8号墓等，尉犁营盘15号墓、20号墓等、阿斯塔那177号墓、382号墓、85号墓、39号墓、186号墓、19号墓、169号墓、170号墓等，阿斯塔那北区85号墓、39号墓、303号墓、88号墓、44号墓等。其中民丰尼雅1号墓地8号墓出有"文大"锦褐袍缘饰、"宜子孙"锦褐袍下摆缘饰、"延年益寿长葆子孙"锦褐袍缘饰、"延年益寿长葆子孙"锦布裤缘饰、"韩侃吴牢锦友士"锦枕套、"千秋万岁宜子孙"锦枕、"五星出东方利中国"锦护膊、"诛南羌"锦残片、褐色茱萸纹锦帽、几何纹锦饰绢手套、蓝地瑞兽纹锦梡袋等。

隋唐时期的丝织品，墓葬出土所见仍以我国西北特别是新疆阿斯塔那墓群所出为多。如阿斯塔那 18 号墓、48 号墓、50 号墓、99 号墓、325 号墓、211 号墓、206 号墓等，阿斯塔那北区 48 号墓、99 号墓、92 号墓、134 号墓、117 号墓、29 号墓以及都兰热水吐蕃墓葬群等。

都兰吐蕃墓葬群，位于青海都兰县境内，共有墓葬 3000 余座，青海考古单位发掘了其中 60 座，所出文物数量惊人，仅丝织品一项就达 350 余件，其中图案不重复的品种达 130 余种，112 种为中原织造，18 种为中亚、西亚织造。而在中亚、西亚织品中，又以粟特锦居多。这批丝织品种类丰富，有锦、绫、罗、绢、纱、缂丝等，其中有红色绫地宝花织锦绣袜、黄地缠枝宝花绣袜、波斯婆罗米文字锦套、黄地宝花绣鞯、小窠联珠对羊纹锦、锯齿形锦幡残片、蓝地龟甲花织金锦带、黄地卷草团窠对孔雀锦、黄地团窠宝花对鸟纹锦、团窠宝花立凤锦、黄地花瓣团窠鹰纹锦、瓣窠含绶鸟纹锦、绿地鸳鸯栖花锦、褐色宝花绫、蓝黄地小花夹缬绢、绞缬葡萄纹绮、蓝地蜡缬绮、"十"字花样缂丝等。

出土有辽金时期丝织品的墓葬，辽代有内蒙古赤峰阿鲁科尔沁旗耶律羽之墓、赤峰市大营子的辽赠卫国王墓、解放营子辽墓、巴林左旗大康二年墓、哲盟小努日木辽墓、兴安盟科

新疆阿斯塔那出土的唐代绢

青海都兰吐蕃墓葬群出土实物

通向世界的丝绸之路

黑水城遗址出土的唐卡

中右旗代钦塔拉辽墓等。另外，赤峰巴林右旗辽庆州白塔塔顶天宫所出的丝织品，其编号就达上千件之多，丝织品种类也很丰富。出土有金代织物的则有黑龙江阿城齐国王墓、大同金代阎德源墓等。

黑水城遗址位于今内蒙古自治区额济纳旗达兰库布镇东南25公里处的巴丹吉林沙漠之中，因地处祁连山雪水融汇而成的额济纳河下游，黑水城遂以额济纳河得名（额济纳为西夏党项族语，意为"黑水"）。黑水城在西夏和元代最为鼎盛，是丝路上的重要城市。在黑水城内的官衙、民居、寺庙、佛塔等处遗址发掘有大量佛像、唐卡、钱币、金属碗、妇女饰物、日用器具、佛事用品以及波斯文残卷、《可兰经》和西夏文抄本残卷等物品。其中

黑水城遗址

出土了西夏至元代的丝织品约有 70 件，主要为经幡、唐卡一类，这部分藏品因是从佛塔中完整发掘而出，所以其品相较为完好，质量也较高。

蒙古兴安盟科右中旗代钦塔拉辽代墓群出土有 6 件基本完整的丝绸服饰。经鉴定，墓中所出丝绸服饰其织物种类有绢、锦、绫、绮、罗、缂丝等。其中锦有遍地花卉龟背重莲童子雁雀锦、雁衔绶带纹锦、飞雁花卉纹锦，绫有黄褐色四瓣花绫、黄褐色小团花绫、回纹地小宝花绫，绮有圆点纹绮、四点纹绮、小菱格绮、黄色雁蝶小花绮、黄色四雁纹绮、菱纹小花绮等。

出土宋代丝织品较为集中的墓葬有福建福州浮仓山黄升墓、江西德安周氏墓、江苏南京高淳县花山宋代砖室墓、江苏武进村前南宋墓、江苏金坛周瑀墓等。其中以黄升墓和德安周氏墓所出丝织品最为集中，前者所出包括平纹组织的纱、绉纱、绢，平地斜纹花绮，绞纱组织的二经绞素罗和花罗、三经绞花罗、四经绞素罗和花罗，异向或斜纹变化组织的花绫及提花缎等。后者所出包括罗、绮、绫、绢、纱、绉纱等。

出土有元代丝织品的墓葬有新疆乌鲁木齐盐湖 1 号古墓、内蒙古四子王旗耶律氏古墓、达茂旗大苏吉乡明水古墓、镶黄旗哈沙图古墓、邹

褐色牡丹花罗夹衣（福建黄升墓出土）

通向世界的丝绸之路

柔曼绚烂

折枝团花纹缎裙（江西宁靖王夫人吴氏墓出土）

城李裕庵夫妇合葬墓、甘肃漳县汪世显家族墓、安徽安庆市范文虎墓、无锡市龙王山钱裕墓、湖南沅陵双桥元墓、苏州张士诚墓曹氏墓、重庆明玉珍墓等。此外，元大都遗址、北京庆寿寺埋葬释教国师海云及其弟子的双塔、元集宁路故城遗址、河北隆化鸽子洞窖藏都出有丰富的元代丝织品。其中隆化鸽子洞窖藏出有织绣品45件，品种有绫、罗、缎、绢、纱、"纳石失"等，包括褐色地鸾凤串枝牡丹莲花纹锦被面，蓝地灰绿菱格"卍"字龙纹花绫对襟夹衫，蓝绿地黄色龟背朵花绫对襟袄面，绿暗花绫彩绣花卉饰物，白暗花绫彩绣花卉饰物，白绫地彩绣鸟兽蝴蝶花卉枕顶，白绫地彩绣花蝶镜衣，明黄绫彩绣折枝梅葫芦形针扎，白绫绣花尖翘头女鞋，褐地绿瓣窠两色锦料片，绿色云纹织锦罗带饰，红色灵芝连云纹绫，湘黄色云纹暗花缎，绿花罗等。

出土有明代丝织品的墓葬更是不胜枚举，较为集中者有山东邹城鲁荒王墓、江西南昌交通大学校园内宁靖王夫人吴氏墓、江苏泰州市徐蕃

定陵出土的丝织物

夫妇墓、宁夏盐池县冯记圈杨氏家族墓、福州西禅寺附近户部尚书马森墓等。尤为难得是的明代万历皇帝的陵寝定陵，所出丝织品质精量多。宁靖王夫人吴氏墓所出织绣文物包括包括绢、花绢、缎、暗花缎、织金妆花缎、锦、纱、罗、丝布等。仅缎料就有绿色杂宝细花缎、红色杂宝细花缎、红色骨朵云纹缎、绿色骨朵云纹缎、折枝团花纹缎、杂宝折枝纹缎、杂宝花卉纹缎、杂宝缠枝牡丹纹缎、八宝团凤纹缎、团窠双龙戏珠纹缎、菱格柿蒂花纹缎、杂宝小团狮戏球纹缎等。

清代墓葬所出丝织品也很多，但因清代丝织品存世实物众多，墓葬所出丝织品的重要性相对来说要小一些。

历史上，丝绸一直在中西方交流中扮演着重要角色，随着丝绸之路沿线地区考古发掘的进行，这些地区的墓葬、遗址等所出土的丝绸也渐为人们所知。

巴泽雷克墓群分布于哈萨克斯坦丘雷什曼河及其支流巴什考斯河之间的巴泽雷克谷地。其中处于巴泽雷克文化最繁盛时期巴泽雷克期（前5世纪—前3世纪）的巴泽雷克大墓的发现，是上世纪苏联考古学上的一个重大收获。阿尔泰地区长年冰封，使得随葬品中许多有机物得以完

巴泽雷克墓出土的毛毯

好保存。墓中出土有各种金属器、角器、木器、皮革、毛织品、丝织品、木乃伊、人骨、马骨等。其中尤以各种毛织品、丝织品、毛皮和皮革制品为大宗。

诺音乌拉墓地，位于蒙古中央省色楞格河畔，乌兰巴托以北130公里的哈拉陕山系诺音乌拉山区。诺音乌拉葬制较为特殊，墓底大多铺有圆木，或用三重棺椁，棺外有的绘漆，有的装饰金箔，有的覆盖丝织品或毛毡。有的在棺下铺毡毯，椁壁挂织物，内外椁之间放置随葬品。墓地所出陪葬品有陶罐、青铜镟、动物纹银饰牌、金箔及装在绸布口袋里的发辫，也有漆器、铜器、玉器、丝织品、毛织物、各类服饰等。其中尤为引人注目的为织有文字的10多件织锦，如"荣成君游于意"锦、"宜子孙"锦、"新神灵广成寿万年"锦、"群鹄颂昌万岁宜子孙"锦，以及灵芝云气山脉纹织锦与叙利亚帕尔米拉遗址所出类似的花卉对兽菱纹绮。

北高加索阿兰地区，分布有莫谢瓦亚·巴尔卡墓群及其东面的哈沙乌特墓群。此地海拔在1000米以上，土壤干燥，保存条件较佳。经过发掘，莫谢瓦亚·巴尔卡墓群出土各类织物143件，哈沙乌特墓群出土织物65件，其中有粟特织物、中国织物、拜占庭织物、波斯织物并当地制品。经研究，

巴泽雷克出土织物

莫谢瓦亚·巴尔卡墓群出土的联珠纹锦袍

两墓群所出丝织品多属 8—9 世纪，且多出于昭武九姓（南北朝、隋、唐时期中原对西域锡尔河以南至阿姆河流域的粟特民族和国家及其来华后裔之统称）安国附近的 Zandana 村，其次则产自中国和拜占庭。从所出织物数量判断，当地贩运丝织品的规模巨大。在全部出土物中，最引人注目的文物是联珠纹锦袍和唐代绢画及文书。

唐代四天王狩狮纹锦（局部）（日本京都法隆寺藏）

在日本，收藏有众多中国中古时期的丝织品，而收藏最为集中且最为人所知的就是正仓院和法隆寺。由于正仓院和法隆寺所藏包括丝织品在内的各类工艺美术品的大量存在，日本向来以正仓院和法隆寺所在的奈良作为丝绸之路的最东端。

正仓意为"收取正税之仓"，乃律令时代收贮各地上纳的稻米等的仓库，其后成为寺庙收藏献纳宝物之所。正仓院藏品中有大量中国隋唐

奈良法隆寺圣灵院

两代之物，都是经当时的遣隋使、遣唐使、留学生、学问僧及渡日僧等自中土（中原地区古称）带入的，也有自中土或新罗、百济、渤海东渡之工匠在日本制作的，还有日本奈良时代模仿唐制而自己制作的，同时，亦间有商船载运而来的海南产物。

正仓院中所藏丝织品已达十余万件。其中所藏丝绸包括织锦（经锦、纬锦）、绫、绮、罗、纱、织成和缂丝，染缬品有蜡缬、绞缬和夹缬，此外还有手绘品、刺绣等。

除正仓院外，法隆寺也是收藏中国中古丝织品的重地。法隆寺原名斑鸠寺，推古朝二年至十五年（594—607 年）由圣德太子发愿主持，建造在大和地方斑鸠宫附近。670 年毁，680 年以后在原址西北方新建，约在 710 年完成。法隆寺内保存有大量与皇室及与佛教有关的器物及其所用的丝织品，其所存织物的年代相对正仓院所藏要稍早一些。法隆寺所藏的染织品中的大部分现在存于东京国立博物馆中的法隆寺宝物馆，现有的件数为 319 件。其中著名的有四天王狩狮纹锦、唐草葡萄纹锦、蜀江锦幡等。

## 五彩缤纷的印染刺绣

西周到春秋时期的染色工艺已颇为发达，总的来说可分石染和草木染两类。

石染即以矿物染料染色，草木染即以植物染料染色。石染在我国起源甚早，山顶洞人的遗址中即已发现红色赤铁矿的粉末以及用它涂染的石珠、鱼骨等装饰物。商周时期的矿物染料主要有赭石、朱砂、石黄、空青、石青、铅白等，可将纤维染成红、黄、绿、蓝、白等色。

草木染较为复杂，涉及染草的采集、加工、染色以及媒染剂的使用等，因此起源较石染为晚。从文献记载看，西周至春秋时期的草木染工艺已相当成熟。《周礼·天官》记载了专设"染人"主管丝帛染色，"凡染，春暴练，夏纁玄，秋染夏，冬献功。掌凡染事"。当时所采用的植物染料主要有：茜草、蓝草、栀子、黄栌、橡斗、紫草、茛草等。湖北马山 1 号楚墓出土的丝织品，就有深红、朱红、橘红、红棕、深棕、棕、金黄、土黄、灰黄、绿黄、钴蓝、紫红、灰白、深褐、黑等数十种。

对凤对龙纹绣浅黄绢面绵袍（马山1号楚墓出土）

《齐民要术》首揭蓝草制靛之法，其载："刈蓝倒竖于坑中，下水，以木石镇压，令没。热时一宿、冷时再宿，漉去荄，内汁于瓮中。率十石瓮，着石灰一斗五升，急抨之，一食顷止。澄清，泻去水。别作小坑，贮蓝淀着坑中。候如强粥，还出瓮中盛之，蓝淀成矣。"《唐六典》载："凡染大抵以草木而成，有以花叶、有以茎实、有以根皮，出有方土，采以时月。"有专家对吐鲁番出土的唐代织物进行色谱分析，发现有20余种颜色，其中红色系有银红、水红、猩红、绛红、绛紫；黄色系有鹅黄、菊黄、杏黄、金黄、土黄、茶褐；青、蓝色系有蛋青、天青、翠蓝、宝蓝、赤青、藏青；绿色系有胡绿、豆绿、叶绿、果绿、墨绿等，均为天然植物染料染成。敦煌藏经洞所出文书记录，当时色彩名目亦多。如英藏唐写本《俗务要名林》"彩色部"录有青、黄、赤、白、红、紫、绯、绛、绿、碧、乌、皂、苏方等18种色目。俄藏西夏写本《蒙学字书》"颜色部"列有苏木、皂矾、红花、青淀、绯红、碧绿等37种矿物、植物染料，其中"苏木"即苏方，也称苏方木。明《天水冰山录》一书所录织物和成衣，其色彩有大红、红、水红、红闪色、桃红、银红、黄、黄闪色、柳黄、青、青闪红、天青、黑青、柳丝、绿、绿闪色、柳绿、黑绿、油绿、墨绿、官闪绿、沙绿、蓝、蓝闪色、

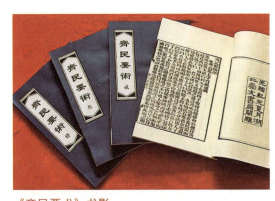

《齐民要术》书影

黄闪红、沈香色、褐色、芦花色、茶褐色、鼠色、西洋铁色褐、葱白、白、玉色、紫、紫闪色、黑、酱、茄花色诸色，达40余种。宋应星《天工开物》中更是对各种颜色的制染之法作了详细的介绍。

古时色彩名目繁多，但记载分散，较为集中的见诸东汉《说文解字》，元代《碎金》《南村辍耕录》，明代《多能鄙事》《天工开物》《天水冰山录》，清代《扬州画舫录》《布经》，近代《雪宦绣谱》诸书。其中《说文解字》录有39种色彩名目，《天工开物》、《天水冰山录》则有57种色彩名目，《雪宦绣谱》所录更多，各类色彩共计704种。诸书所录色目大

《天水冰山录》书影

致有：

红色调：大红、桃红、脂红、肉红、荸荠红、落叶红、枣红、乌红、不老红、梅红、绯红、小红、莲红、银红、水红、木红、靠红、退红、淮安红、京红、海棠红、双红、亮红、血红、牙绯、并红等；

黄色调：赭黄、杏黄、栀黄、柿黄、鹅黄、姜黄、柳黄、金黄、嫩黄、江黄、丹黄、沉香、象牙、中明、园眼、蜜黄、明黄、古铜、藩黄、松花、秧色、荷花、沙石、米色、粉黄、藤黄、老缃、墨缃、银缃、蜜色、水蜜、泥金等；

紫色掉：真紫、鸡冠紫、红青、天青、葡萄青、鸦青、金青、大紫、玫瑰紫、茄花紫、油紫、紫花、秋瑰、虾子色、青莲、荔枝、棕色、紫檀、酱色、铁色、秋色、雪紫、青豆紫、灰紫、并紫、紫绛、墨绛、红绛、福色等；

褐色调：金茶褐、秋茶褐、酱茶褐、沉香褐、鹰背褐、砖褐、豆青褐、葱白褐、枯竹褐、珠子褐、迎霜褐、藕丝褐、茶绿褐、葡萄褐、油粟褐、檀褐、荆褐、艾褐、银褐、驼褐、露褐、麝褐、山谷褐、湖水褐、棠梨褐、鼠毛褐、丁香褐、明茶褐、暗茶褐、椒褐、枣褐、藕合等；

青蓝色调：蓝青、蛋青、翠蓝、天蓝、合青、虾青、沔阳青、佛头青、大师青、小缸青、潮蓝、睢蓝、海青、蒲青、石青、京青、佛青、墨青、青扣、燕尾青、胶青、蒲蓝、赤蓝、京蓝、海蓝、宝蓝、湖蓝、月蓝、软蓝、双蓝、品蓝、

《雪宦绣谱》书影

菜青、灰青、桃青等；绿色调：天水碧、柳芳绿、鹦哥绿、官绿、鸭绿、麦绿、柏枝绿、檀柳绿、墨绿、鸭头绿、油绿、葡萄绿、苹婆绿、葱根绿、水绿、豆绿、柳绿、茶叶绿、瓜绿、京绿、明绿、竹绿等；

黑灰色：香皂、生皂、熟皂、不肯皂、油里墨、青皂、玄色、包头青、毛布青、元青、殊墨、枯灰、牛绒、羊绒、驼绒、鼠毛、粟壳色、鹰背、檀香、壳色、阡张灰、真砵墨、墨扣、红扣、青灰、老灰、水灰、银灰、桃灰、墨灰、并灰、木色等；

浅白色：月下白、玉色、月白、草白、漂白、余白、出炉银、东方亮、鱼肚白、雪白、葱白等。

除了一色印染外，还有其他一些印染的方式。

染缬，即防染印花，其工艺原理为通过某种工艺手段，让织物的某些部位无法上色。虽然染缬很早就已产生，但真正大为盛行还是在唐代。唐代最为盛行的染缬大致有绞缬、夹缬、蜡缬等。宋代染缬规模不及唐代，并在使用上多有限制。北宋·张齐贤《洛阳缙绅旧闻记》卷四云："开宝初，洛阳贤相坊染工人姓李，能打装花缬，众谓之李装花。"宋人朱胜非《秀水闲居录》载："绍圣间，禁掖造缬，有匠姓孟，献样，两大蝴蝶相对，掩以缬带，曰'孟家蝉'。民间竞服之。未几后废。"元代具体情况不详，但在《碎金》一书中尚载有九种染缬名目，即檀缬、蜀缬、撮缬、锦缬、茧儿缬、浆水缬、三套缬、哲缬、鹿胎斑，但实物遗存有限。染缬中之鹿胎，原指胎鹿。因其背脊毛色呈白色小花斑点，与深色地上起白色点子的绞缬类似，故称。据沈从文考证，鹿胎纹有红、

黄、紫三色，以色为底，白点为花。东晋·陶潜《搜神后记》卷九载："淮南陈氏，于田中种豆，忽见二女子，姿色甚美，著紫缬襦、青裙，天雨而衣不湿。其壁先挂一铜镜，镜中见二鹿。"此即以紫缬影附鹿斑。鹿胎亦作鹿胎斑，又简作鹿斑。

绞缬，即今之扎染，又称"撮缬""撮晕缬"，指用丝线对织物进行绞扎再上染以形成花纹的技艺。绞缬在魏晋南北朝时即已出现，但其兴盛要到唐代。唐代绞缬之名甚多，工艺复杂繁复。据王序研究，绞缬之法主要缝绞法、扎绞法、打结法。元人胡三省所言"缬，撮彩以线结之，而后染色。既染则解其结，凡结处皆原色，余则入染也。其色斑斓谓之缬"，所指亦为绞缬。目前已知的最早的绞缬出土实物为1959年阿斯塔那305号墓出土的大红绞缬绢。

夹缬，即镂空型版双面防染印花技术。关于夹缬，有唐玄宗柳婕妤所创而流布天下之说。《唐语林》引《因语录》云："玄宗时柳婕妤有才学，上甚重之。婕妤妹适赵氏，性巧慧，因使工镂板为杂花之象而为夹缬。因婕妤生日献王皇后一匹，上见而赏之，因敕宫中依样制之。当时甚秘，后渐出，遍于天下。"沈从文认为夹缬的制法，"是用镂空花板把丝绸夹住，再涂上一种浆粉混合物（一般用豆浆和石灰做成），待干后投入染缸加染，染后晾干，刮去浆粉，花纹就明白显出"（沈从文：《谈染缬——蓝底白印花布的历史发展》，《文物》1958年09期。）。武敏则认为"夹缬印花技术史使用两页相同的花版，把织物（印坯）夹持在中间，从两面施印。使用夹版印花，必须将织物悬吊起来进行操作。悬吊操作，也要求使用双页印花夹版，以达到完满的印花效果"（武敏：《唐

唐绀地花树双鸟纹夹缬绝（日本正仓院藏）

代的夹版印花——夹缬——吐鲁番出土印花丝织物的再研究》，《文物》1979年08期。）。赵丰等人则认为，"夹缬工艺的一般原理，是将两块表面平整并刻有能互相吻合的阴刻纹样的木板夹住织物进行染色。染色时，木板的表面夹紧织物，染液无法渗透上染，而阴刻成沟状的凹进部分则可流通染液，随刻线规定的纹样染成各种形象。待出染浴后释开夹板的捆缚时，便呈现出灿然可观的图案"。夹缬通过防染区域的隔离进行单色或是多色印花，可分为单色夹缬和彩色夹缬两大类。唐代夹缬实物在我国西北特别是敦煌所出甚多，日本正仓院等处所藏也有不少。

蜡缬，古时又称蜡染，即蜡防印花，是一种古老的防染印花技术。关于其起源，学界大致有三种说法：一为印度说。佐野猛夫《染色入门》、伊势拱子《蜡染的技法》称蜡染约产生于2500年前的印度，至5世纪经波斯西传埃及，7世纪传入中国，唐朝蜡染技术在7～8世纪时，再传入日本。二是中国说。VivianStein认为蜡染发源于东方，最早的蜡染可能产生在中国或埃及，再从当地传至波斯、印度和其他国家。三是爪哇说。ErnstMuehling认为蜡染发源于爪哇，1515年以后，由到那旅行的人将此技术传至世界各地。

1959年新疆民丰尼雅东汉墓出土了一块蜡染棉布，中心部分已经

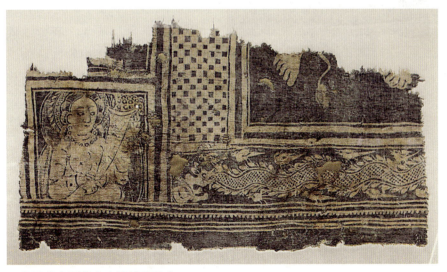

民丰尼雅东汉墓出土的蜡染棉布

缺失，其上图案只见半只赤裸的脚，一段狮尾。所幸在其左下角有一个方的方框图案，框内有一半身女神。女神胸怀袒露，侧身斜视，身后有圆形光环。其颈上臂上都有装饰品。女神手持一个角状长筒容器，容器内盛满了果实。

蜡缬用蜡进行防染印花，由于中原地区产蜡甚少，采蜡又要冒极大风险，因此蜡逐渐被碱剂所替代。又因唐代用碱多为灰，故称其为灰缬。唐人顾况《采蜡一章》说"采蜡，怨奢也。荒岩之间，有以纩蒙其身。腰藤造险，及有群蜂肆毒，哀呼不应，则上舍藤而下沈壑"，足见当时采蜡之艰难。关于唐代蜡缬和灰缬上使用防染剂的方法，有学者指出有三种：一是手绘，其图案较为自由；二是点蜡法，其图案以几何纹居多；三是镂空型板印制。

古时丝绸之上还有用黄金装饰的情况，即印金织物。印金织物的早期实物多出于我国西北，如新疆扎滚鲁克、营盘墓葬群。给织物加金的风气到唐宋时渐为盛行，如西安法门寺地宫所出织物即有加金织物，辽宋墓葬所出的加金织物更多。明人杨慎《丹铅总录》引《唐六典》中关于金饰加工的记载，证明了唐代印金、用金之盛。其中提到的工艺有销金、拍金、镀金、织金、砑金、披金、泥金、镂金、拈金、戗金、圈金、贴金、嵌金、裹金等 14 种。宋代织物饰金加工方法亦多，其工艺宋人王栐《燕翼诒谋录》载："大中祥符元年二月，诏：'金箔、金银线、贴金销金间金蹙金线，装贴什器土木玩之物，并行禁断。'非命妇不得以金为首饰……八年三月庚子，又诏自中宫以下，衣服并不得以金为饰，应销金、贴金、缕金、间金、戗金、圈金、

织金锦袍（元）

解金、剔金、捻金、陷金、明金、泥金、榜金、背金、影金、阑金、盘金、织金、金线，皆不许造。然上之所好，终不可得而绝也。"

元代织物上饰金称作褙子，褙子也就是一块块面积较小、形状（有方、圆、椭圆等形状）自由的散点饰金图案，比团窠纹样小得多。有学者指出褙子还有织金、印金之属，其中印金可能较织金档次略低。褙子常见的题材为

朵花印金绢（元）

花卉，也有个别是动物纹样和祥云纹等。元代印金织物纹样形式大致有三类：一是以朵花三点为基本特征的金褙子，朵花不限于花卉，也有的是褙子块的变形动物纹样；二是以花果杂宝组合作为服装或布边幅缘饰的，这类纹样多见以二方连续形式；三是结合服装结构装饰的大团花单元纹样或袖饰。在元代，一些地方曾一度流行用桃胶作为黏合剂。

刺绣也是一种重要的装饰手段。远古时期尚无文字，我国刺绣起于何时，无文献可考。已知关于刺绣的最早的文献记载见于《尚书·虞书》，其中舜对禹说："予欲观古人之象，日月星辰山龙华虫作绘；宗彝藻火粉米黼黻絺绣，以五采彰施于五色作服。"据此可知，刺绣工艺是因服饰的装饰功能而出现的。

目前可见的早期刺绣实物，大多为古物的附着物，要不就是出于墓葬。如河南安阳殷墟妇好墓所出的商代青铜觯上就黏附有菱纹刺绣的痕迹。又如陕西宝鸡茹家庄西周墓中所出的泥土中的刺绣印痕，目验可知所其为锁线绣，所用颜色有红、黄、褐、棕四色。至于其颜料，红黄两色乃由朱砂和黄石涂染。春秋时期对刺绣的描写多见于《诗经》的吟咏，如《国风·魏风·扬之水》云"白石凿凿，素衣朱襮……白石皓皓，素

衣朱绣"，《秦风·终南》云"君子至止，黻衣绣裳"，《豳风·九罭》"我觏之子，衮衣绣裳"。这一时期的刺绣遗物还见于巴泽雷克冻土墓所出土的刺绣凤鸟纹马鞯，其绢地上用锁线绣，卷曲的枝叶之上凤鸟或立或飞，有动有静，颇有楚风。河南信阳黄君孟墓也出土有刺绣残片，其纹样似蚕，空心钩边，乃用锁线绣绣成。

战国时期各国交往频繁，多以锦绣作为礼物。《史记·苏秦列传》载赵王"乃饰车百乘，黄金千镒，白璧百双，锦绣千纯，以约诸侯"。这一时期的出土实物有湖北随县曾侯乙墓所出花卉纹刺绣残片；长沙烈士公园三号楚墓亦出有刺绣，其为绢地，从其残存的残片上可见纹样有龙凤、鹤鹿、蔓草等，为锁线绣绣成；湖北江陵马山一号楚墓出有绣衾、绣袍等21件，绣地多以绢为主，唯有一件罗地，表现题材为龙、凤、虎、花卉等。动物纹样伴以花草、枝蔓，或为纹样的有机组成部分，或作为纹样的间隔、填充，表现了自然界的生机与和谐。

两汉刺绣与织锦齐名，开始以"锦绣"并称。西汉·王充《论衡·程材篇》谓："齐郡世刺绣，恒女无不能；襄邑俗织锦，钝妇无不巧，日见之，手狎也。"其时，刺绣被作为珍贵的礼物，在外事中发挥重要作用。《汉书·匈奴传》载：文帝前六年赠匈奴"绣十匹，赤绨绿缯各四十匹"；宣帝甘露三年赠"锦绣绮縠杂帛八千匹"；成帝河平四年"加赐锦绣缯帛二万匹"；元寿三年"加赐锦绣缯帛三万匹"。出有汉代刺绣实物的有北京大葆台西汉墓、湖南长沙马王堆一号墓、河北怀安东汉五鹿充墓、甘肃武威磨咀子东汉墓、新疆民丰大沙漠东汉墓、蒙古诺音乌拉匈奴墓等。而在诸多墓葬中，尤以马王堆西汉墓所出的绣品最为集中、华美。马王堆西汉墓中出

马王堆汉墓绣品片段

有绣衣 40 件，并有一件罩棺的绣品，其针法多用锁线绣，但已有平针、接针等针法。一号墓棺外铺绒绣用直针绣成，属于平绣。墓中所用绣品颜色达 36 种，所绣出的图案亦精美异常，最具代表性的据其遗册有"信期绣""长寿绣""乘云绣"。此外，刺绣纹样尚有卷草、山峦、树木、人物、菱纹、对叶纹、漩涡纹等。

南北朝时期佛教盛行，在此背景下，佛像佛幡的需求量大增，而绣像绣幡等亦属常见。1965 年，敦煌莫高窟 125 窟和 126 窟之间的崖缝中发现了一件刺绣佛像的残片。北魏·杨炫之《洛阳伽蓝记》载宋云、惠生（北魏人，公元 518 年二人同赴西域求经）到达西域时见到当地"悬彩幡盖，亦有万计，魏国之幡过半矣"。此类绣有佛像的幡幢，当时称"绣像"，"每讲会法聚，辄罗列尊像，布置幢幡"。

唐代刺绣实物，出于西安法门寺地宫的已知有 9 件，皆为服饰或绣袱，其上多用金线，针法则有平针、珠绣等。出于敦煌藏经洞的绣品除佛像外，属于服饰等日用品的也不在少数，有绣衣、绣袈裟、绣袋等。

大英博物馆藏有这一时期的刺绣《灵鹫山释迦牟尼说法图》。大英博物馆《中国古物记略》载："古画类：敦煌石室千佛洞藏唐绣《观世音像》一大幅，长约盈丈，宽五六尺。观世音中立，旁站善财、韦陀，用极粗之丝线，绣像于粗纱布上，色已尽褪，全幅完好如故，诚奇珍也。"该绣像中央绣制

唐代刺绣《灵鹫山释迦牟尼说法图》（大英博物馆藏）

释迦牟尼，两侧侍立二菩萨二弟子，头顶绣飞天二人，脚下为二狮子。此幅绣像用劈针绣成，其针脚粗疏，大多在 0.8 ~ 1.0 厘米之间，明显是早期劈针绣的拉长，但也因此比较适合于大型作品的绣制。

敦煌发现的早期佛像刺绣所用的几乎都是劈针绣。劈针为接针的一种，在刺绣时后一针从前一针绣线的中间穿出再前行，在外观上与锁针相似。其与锁针最大的区别在于劈针的绣线为直行而锁针的绣线呈线圈绕行，因此其针法要比锁针相对方便。这一时期佛像刺绣所用针法还有平绣，即以平针为基础针法，运针平直，只依靠针与针之间的连接方式进行变化，平绣常用多种颜色的丝线绣制，色彩丰富，因此也有人称其为"彩绣"。

唐代为刺绣针法大发展的时期，北魏以前锁线绣占统治地位的时期宣告结束。从现今唐代刺绣实物遗存看，其时的针法已有抢针、擞和针、扎针、盘金、平金、钉金箔等。抢针和擞和针的出现，使得刺绣的褪晕效果成为可能，外加平绣的配合，绣制各类物象的纹理、质感大大增。唐以后至宋，刺绣工艺的应用有两个发展走向：一是由绣制佛像转为绣

宋代绣品

制名人书画；二是服饰用绣品的增长。

两宋时期画绣大行，此时的绣品无论是人物花鸟还是山水楼阁，均用针巧妙，针法细密。宋人刺绣之精，明人董其昌颇为感叹，其《筠清轩秘录》载："宋人之绣，针线细密，用绒止一二丝，用针如发细者，为之设色精妙光彩射目。山水分远近之趣，楼阁待深邃之体，人物具瞻眺生动之情，花鸟极绰约谗唼之态。佳者较画更胜，望之三趣悉备，十指春风，盖至此乎！"

已知的北宋绣品实物有苏州虎丘塔所出的绣制经袱，其所出四块均为罗地，虽多残损，但仍可见其使用了平针、正抢、擞和针等针法。浙江瑞安仙岩寺塔所出的三块绣制经袱，为庆历前遗物，绣纹正反作鸾鸟团花。正面脱线处可见粉本痕迹，团花用粗绒线平针绣，针脚齐整。此为目前所知最早的双面绣。南宋墓葬所出绣品最具代表性的是福建黄昇墓所出的绣品。墓中共出有绣品17件，其中佩绶2件，香囊1件，荷包1件，镶于衣襟上的花边及单条的花边13件。这批绣品的纹样多为各色花卉，有玫瑰、马兰、茶花、桃花、梨花、菊花、蔷薇等，所用针法则有铺针、擞和针、直针、缠针、钉线、打籽、锁线等。

元代刺绣多用于服饰，墓葬所出亦属多见。如北京双塔寺海云和尚墓所出的龙袱和僧帽，僧帽为贴罗绣，浅沉香色地，纹样由深褐色罗裁剪而成，以如意云钩环绕四周。粘贴之后，用黄棕色双股线作钉线绣，固定纹样。这一时期的刺绣精品为集宁路故城遗址所出的夹衫。夹衫表面采用了平绣针法，以平针为主，并结合打籽针、辫针、戗针、鱼鳞针等针法。该夹衫上的刺绣图案多达99个，这是当时的吉数。其在黄棕色地上绣有凤凰、野兔、双鱼、飞燕即各种花卉水草。其最大花型位于两肩，为荷叶之下的水禽鹭鸶，此纹样为当时典型的纹样满池娇。夹衫其他部

元代棕色罗花鸟绣夹衫（内蒙古集宁路故城遗址出土）

位还绣有人物故事，有女子坐于树下凝视戏水之鸳鸯；有女子扬鞭骑驴林间；有戴帽撑伞之人荡舟湖上等等。

明清时期的墓葬出土的刺绣很多，其中不乏精品。如万历帝定陵所出百子衣即为这一时期的经典之作。百子衣上的图案以

明定陵所出百子衣复制件（局部）

升龙、行龙及百子嬉戏为主体。在前襟左右饰升龙、袖上饰行龙、坐龙，龙纹四周并饰海水江崖。在前后襟下部并衣袖上，绣有一百个童子。百子以一至六人一组，各自嬉戏，或扛旗，或打伞，或提灯，或练武，或摔跤，或蹴鞠，或斗蟋蟀，或戏金鱼，生动形象，各具韵致。百子周围并饰以八宝并各式花卉，纹样富丽。百子衣纹样繁复，用色明丽，配色以正色为主。其绣线主色为朱红色，分别配以红、蓝、绿、黄、驼色、浅褐、月白、牙白诸色。红又分枣红、朱红、木红、水红、粉红；蓝又分普蓝、藏青、浅蓝；绿又分艾绿、黄绿、茶绿、孔雀绿；黄又分中黄、宫黄、驼黄、山茶黄。整件百子衣绣线用色共二十二种，其中并有捻金线，

百子衣复制件

使得整件绣品绚烂夺目。此衣运用的针法有穿丝针、戗针、网绣、铺针、平金、斜缠、盘金、松针、打籽、扎针、擞和针十一种，其中以穿丝针绣满地的洒线绣最有特色。穿丝针在一绞一方扎纱底上绣制。百子衣选用的绣线有衣线（三股强拈）、花线、孔雀羽线、金线、包梗线五种。

工艺的完成，有赖于材料的完备。刺绣是一个对工具和不同材质地的掌握、选择、组合及应用的过程。

一是刺绣材料的准备，主要有以下诸项：1. 底料。凡是织物大抵皆可作为底料，主要有三类：植物纤维织物，如棉、麻、棉麻交织布；动物纤维织物，如丝绸、乔其纱、羊绒、呢等；化纤布。所需刺绣的画稿内容和题材的不同，决定了绣种、针法及底料的不同。如单面绣多以绫、绸、缎为底料，双面绣则以真丝塔夫绸、尼龙绸等作为底料。2. 绣线。绣线也与底料类似，种类不一。大抵有纯棉细绣线、纯棉粗绣线、合股线、麻线、真丝线、机绣线、毛线、金银线、化纤线等。马山一号楚墓刺绣所用绣线，其颜色有棕、红棕、深棕、深红、橘红、浅黄、金黄、土黄、黄绿、绿黄、钴蓝等 12 种之多。

二是刺绣工具的准备，主要由以下诸项：1. 绷框。其作用就是固定绣布，长的两根为绷轴，短的两根为插闩。绷框在形状上有方形、圆形之别。2. 绣架。绷框下面的部分为绣架，起到支撑绣绷的作用，又叫"三脚凳"。3. 针。刺绣所用的绣针据不同针法需要粗细不同。4. 剪刀。剪刀种类亦多，但总体而言，剪刀宜用小的，且要锋利。

三是刺绣工序的完成。其过程主要包括设计、勾稿、上绷、勾绷、配刺绣以及装裱几个环节。1. 设计。创作出适合进行刺绣的画稿，也就是刺绣的蓝本。以苏绣为例，其绣品多以文人画为绣稿，内容高雅，针法、色彩也讲求精致。2. 勾稿。由专人依绣品大小，从原稿中描绘绣稿，或用版印的方式将图样印于底料上。3. 上绷。上绷就是分别与绣底两边缝合，缝时把绣底拉紧，针迹要直，以免绣底起皱。4. 勾绷。将勾稿用细针钉在底料反面，透明的底料从正面呈现出稿样，此时再用铅笔或毛笔在底料上将线稿勾画下来。5. 配线。由专人依原稿原色选定色线及线径。6. 刺绣。依照样稿绣制绣品。

## 寓意丰富的丝绸纹样

战国至秦汉时期，中国丝织品纹样更多的仍是以传统的几何纹或是龙凤纹样为主，虽然受外来影响也出现了域外纹样，但域外纹样并未占据主流。这种情况一直延续至六朝时期。晋·陆翙《邺中记》中所载北齐中尚方（古代官署名，掌宫内营造杂作）辖下的织锦署所产的织锦有"锦有大登高、小登高、大明光、小明光、大博山、小博山、大茱萸、小茱萸、大交龙、小交龙、蒲桃文锦、斑文锦、凤皇朱雀锦、韬文锦、桃核文锦，或青绨，或白绨，或黄绨，或绿绨，或紫绨，或蜀绨，工巧百数，不可尽名也"。从中我们可以看到当时所产织锦纹样大抵还是以中国传统纹样为主。

到了唐代，随着中外交流的频繁和深入，域外纹样也发展至极盛。唐代宗时，《禁断织造淫巧诏》云："所织大张锦、软锦、瑞锦、透背及大𬘬锦、竭凿六破已上锦，独窠文纱四尺幅，及独窠吴绫、独窠司马绫等，并宜禁断。其长行高丽白锦、杂色锦，及常行小文字绫锦，花文所织盘龙、对凤、麒麟、狮子、天马、辟邪、孔雀、仙鹤、芝草、万字、双胜，及诸织差样文字等，亦宜禁断。"从中我们可以看到外来的规格

南京江宁织造府博物馆

作"张"的锦、高丽锦，还有以外来纹样为蓝本，由中国自行设计的陵阳公样的织锦。

宋代的缂丝并锦绫纹样花色，据宋·周密《齐东野语》卷六所载共有 15 种花色，明·陶宗仪《南村辍耕录》中载录更多，计有锦 47 种，引首与托里所用之绫 26 种，其名目如次：

缂丝：作楼阁、作龙水、作百花攒龙、作龙凤。锦：紫宝阶地、紫大花、五色簟文（俗呼山和尚）、紫小滴珠、方胜鸾鹊、青绿簟文（俗呼阁婆，又曰蛇皮）、紫鸾鹊（一等紫地紫鸾鹊、一等白地紫鸾鹊）、紫百花龙、紫龟纹、紫珠焰、紫曲水（俗呼落花流水）、紫汤荷花、红霞云鸾、青樱桃、皂方团白花、褐方团白花、方胜盘象、球路、衲锦、柿红龟背、樗蒲、宜男、宝照、龟莲、天下乐、练鹊、方胜练鹊、绶带、瑞草、八花晕、银钩晕、红细花盘鹊、翠色狮子、盘球、水藻戏鱼、红遍地杂花、红遍地翔鸾、红遍地芙蓉、红七宝金龙、倒仙牡丹、白蛇龟纹、皂木。绫：碧鸾、白鸾、皂鸾、皂大花、碧花、姜牙、云鸾、樗蒲、大花、杂花、盘雕、涛头水波纹、仙纹、重莲、双雁、方棋、龟子、方縠纹、鸂鶒、枣花、鑑花、叠胜、白毛（辽国）、回文（金国）、白鹭、花（并高丽国）。

元人费著所撰《蜀锦谱》记载了宋元时期四川成都锦院生产用以上贡和马市的织锦名目，计有：八答晕、盘球、簇四金雕、葵花、六答晕、翠池狮子、天下乐、云雁、大窠狮子、大窠马大球、双窠云雁、宜男百花、青绿云雁、玛瑙、七八行、青绿瑞草云鹤、青绿如意牡丹、真红穿花凤、真红雪花球露、真红樱桃、真红水林檎、秦州细法真红、紫皂段子、秦州中法真红、秦州粗法真红、真红天马、真红聚八仙、湖州百花孔雀、真红六金鱼、真红飞鱼等。

清代织造以江南三织造（苏州织造署与江宁、杭州织造署并称"江南三织造"）为中心，清初所产织锦纹样，据《雍正元年三处织造织来锦档》载怡亲王谕：各色花锦样二十七样，照每样颜色花纹织锦五匹（每一处织锦一百三十五匹），三处织造共织锦四百零五匹。其后开列各种锦样，计有：米色地五色流云团龙锦、秋香色地金线如意葵花锦、青地金线锁纹锦、酱色地金线万钱如意锦、黄地金线万寿灯笼锦、黄地金线锁纹锦、灰色地万字锦、酱色地五色流云寸蟒锦、紫色地夔龙如意团万字锦、桂红色地万寿锦、米色地万寿锦、绿地球门锦、月白地万字百兽锦、驼色地万喜锦、深蓝地小菱花锦、香色地大菱花锦、桂红色地五色回纹如意锦、月白地五色卧蚕万字花锦、墨色地锁纹锦、米色地夔龙团六合锦、黄地金线西番花鸟锦、紫地金线西番花锦、绿地金线西番花锦、绿地金线西番花鸟锦、蓝地金线西番花果锦、金地西番金花杏黄色花锦、白地金线西番花果锦。

清代各种织物的纹样寓意，详见于清·卫杰《蚕桑萃编》。贡货花样式：天子万年、江山万代、万胜锦、太平富贵、万寿无疆、四季丰登、子孙龙、龙凤仙根、大云龙、如意连云、朝水龙、八仙祝寿、二龙二则、八结龙云、双凤朝阳、寿山福海。时新花样式：富贵根苗、四则龙、福寿三多、团鹤、樵松长春、闻喜庄、五子夺魁、欢天喜地、松鹤遐龄、富贵白头、大菊花、大山水、大河图、大寿考、大博古图、大八宝、大八结、花卉草虫羽毛鳞介锦文诸般。官服花样式：二则龙光、高升图、喜庆大来、万寿如意、挂印封侯、雨顺风调、万民安乐、忠孝友悌、百步流芳、一品当朝、喜相逢、圭文锦、奎龙图、秋春长胜、五蝠捧寿、梅兰竹菊、仙鹤蟠桃。吏服花样式：窝兰、八吉祥、奎龙光、伞八宝、金鱼节、长胜风、三友会、秀丽美、枝子梅、万里云、水八宝、旱八宝、水八结、旱八结、花卉云、羽毛经、走兽图、佛龙图。商服花样式：利有余庆、万字不断头、如意图、五福寿、海棠、金玉、四季纯红、年年发财、顺风得云、小龙儿、富贵根雏、百子图。衣服花样式：子孙福寿、瓜瓞绵绵、喜庆长春、六合同春、巧云鹤、金钱博古、串葡枝枝菊、水八仙、暗八仙、福寿绵绵。

汉代流行"狩猎纹"，不唯丝织品上有见，铜镜、画像石上也常见，尽管纹样也有动物和狩猎者，但其含义与战国时代的狩猎

《蚕桑萃编》书影

纹有重要区别。有学者认为，此纹样在当时的意义，或可称之为"祥瑞纹"。汉代尚黄，而龙又是皇帝的象征，所以在汉代人的观念中黄龙是最重要的祥瑞。此后黄龙就成了汉朝廷的标志。战国与汉代狩猎纹的区别在于，战国时代的狩猎纹常常描绘人与兽或兽与兽之间激烈的格斗，其规模庞大，场景壮观。汉代的狩猎纹则以流畅的线条强调狩猎者的优雅姿态，再无大规模格斗的痕迹。战国与汉代狩猎纹的另一个区别在于人和动物的关系不同，突出的例子是人和龙的关系。祥瑞灾异的思想体系在战国时期已经相当完备，只是还没有像在汉代那样渗透到政治、宗教和学术思想等各个方面中去，更没有达到控制一般社会心理的程度。

辽代丝绸上较为流行云鹤纹。云鹤入画，盛于7～8世纪之际的武则天统治晚期和中宗、睿宗之世。9世纪，达官文士赏鹤成风，多见于篇什。晚唐云鹤的流行可能与道教有关。墓室壁画上的云鹤纹，于唐和五代的墓葬中都可看到，云鹤纹成为一个固定母题，它不仅装饰甬道，也装饰主墓室。到13世纪，云鹤纹开始出现在券形墓门门框上。装饰于此处的图像把门内的空间定义为道教的"洞天"——通向不朽世界的神奇入口。一旦进入这样神秘的空间，人们将得遇仙人并长生不死。当时织物上的云鹤纹，或许不一定代表"洞天"，但无疑与道教有所关联。

喜相逢纹样为明末及清代所常用。明·刘若愚《酌中志》载："按蟒衣贴里之内，亦有喜相逢色名，比寻常样式不同。前织一黄色蟒，在大襟向左后有一蓝色蟒，由左背而向前，两蟒恰如偶遇相望戏珠之意。此万历年间新式，非逆贤创造。"此类纹样实则早在唐代已有雏型。呈180度对称的对雁纹、对鹦鹉纹、对狮等纹样，在唐、辽时期的金银器、工艺镜、丝织品上也屡见。

张骞通西域后，外来物种纷纷被引进中原，葡萄亦在其列。葡萄自引进后，葡萄图案在包括丝绸在内的各

**联珠纹"胡王"织锦（阿斯塔那18号墓出土）**

通向世界的丝绸之路

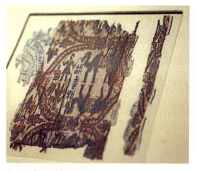

**胡人牵驼锦残片**

类装饰艺术中便为常见。

狮子本非中国所产，关于其记载最早见诸《汉书》。狮子为中国人熟知后，丝织物上也常见运用。

"胡人牵驼锦"在新疆吐鲁番阿斯塔那墓群出土有数件，丹麦大维德基金会亦有藏。"胡人牵驼锦"上近椭圆形团窠内纹样呈上下对称之状，分别填以胡人牵驼、狮子、大象、殿阁人物，并以此循环。此类织锦采用的是中原传统的经锦，而织出的却多有大象、狮子、牵驼等西域风情的图案，特别是阿斯塔那所出的胡王牵驼锦，还织有"胡王"二字。另一件收藏于中国丝绸博物馆的对波狮象牵驼纹锦上，也织有一个"胡"字。有专家推测，敦煌文书中的"胡锦"很可能并不是在胡地生产的织锦，而可能是中原地区模仿西方题材或是有着某些西方风格的织物而已，比如"胡人牵驼"这类织锦。

对波纹为中古时期丝绸纹样中一种基本骨架的名称，同时又是装饰艺术中的流行纹样。对波纹大致有两种形式：其一，相互交缠；其二，不相交缠。前者两茎蔓草交缠之后开张为相对的两个弧形，复相抱合交缠以至于不断，交缠处对生两相抱合的侧枝和叶。后者则两茎草对开对合如波浪一样不断延伸，相合处对生细蔓，或叶或花对称排列。南北朝时期，交缠或不相交缠的一对蔓草，多称"忍冬"，而所谓"忍冬纹"乃近世才采用的名称。不同来源的"忍冬纹"又曾流行于印度及中亚，并在那里融汇、发展和演变，然后东传。"忍冬纹"并非真实植物的写照，不妨概称为蔓草或卷草，或可以称之

**官窑忍冬纹大盘（清）**

为"大秦之草"。"大秦之草"东传之后，此类纹样的骨架及骨架内外图案的排列方式均被中原接受，并把骨架内外填充的诸般西方图案逐渐融入了本土元素。入唐之后，对波纹依旧盛行不衰，而更添注画意，广泛用于石刻与壁画的装饰并多见于丝绸。综观对波纹的演化史，自始至终不以写实为艺术追求，整个过程中最重要的变革在于表现风格，即由最初的或以质感或以色彩表现明暗起伏，转为用线条的回旋起落来表现花叶的阴阳向背、俯仰开合。

对波纹之外的另一种基本骨架即为联珠纹。联珠纹盛行于中国魏晋南北朝乃至隋唐时期，但其在古代西亚、中亚地区的流行则更早更甚，故一般认为其源于西亚。但人们对其纹样的含义则不甚了解。一说联珠纹象征太阳；一说联珠纹是佛珠的象征；还有说是象征世界和生命的。联珠纹可能与波斯人古老的信仰有关：用联珠形成的圆表示星象，沿圆圈外缘排列的众多小圆珠表现"众多天"。如此形成的联珠纹比喻神圣之光。这一含义由将珠圈四分的更小的联珠纹中的新月、双头斧加以强调，内填以各种主纹也都与天、神语义有关。联珠纹样不但成为信仰琐罗亚斯德教（流行于古代波斯及中亚等地的宗教，中国史称祆教、火祆教、拜火教）的波斯人普遍使用的装饰图案，同时亦象征着该信仰中光明与神明福佑的意涵。中国纺织品上的联珠纹样分为类联珠圈型、联珠圈型、花环圈型及瓣窠圈型等四种；又按各类型纹样表现、流行时间与相关史料记载分为"中国式"风格、"萨珊式"风格、"中国化"风格及"中亚系统"等四个归属。萨珊王朝的联珠纹其上下左右均嵌有小方块，它模仿自萨珊式珠链，而萨珊珠链就有在中间加一节方形饰件

联珠鸟纹锦覆面（阿斯塔那墓地出土）

的做法。唐土的联珠纹虽沿用此一做法，但多数代之以一小花朵。651年，萨珊王朝覆亡，唐锦上此类纹样表现出的萨珊因素也愈发浅淡。联珠团窠之中饰以对禽对兽，无论从织法或花纹上，都是汉代以来传统技法的继续。远在唐初，通过安排对禽对兽，已使联珠纹的图案开始中国化。完全是中国情调的团花对鹿、联珠对龙、团花宝相等就是这一发展趋势的必然结果。以萨珊或粟特的联珠团窠内一般仅有单禽单兽，而我国则习惯安排为成对的对禽对兽的情况来看，有专家认为这是联珠纹本土化之表现。

鹿本是中原文化中代表吉祥的动物，先秦两汉即为中原人所熟知，丝织品上面也常用鹿纹。但是，有一种鹿纹，与以往的不同，乃是随着域外民族的拥入而出现的。草原文化对鹿的崇拜似乎最早可追溯到古西伯利亚的萨满巫术，据称鹿在萨满教中可以通神。进入铁器时代早期，鹿的图案仍被沿用，并在欧亚草原诸民族中广为流传。鹿在当时可能代表一种高贵的地位，象征巫师萨满或军事首领，或者两者兼而有之。考古发现，鹿在高加索一带直至萨彦岭、南西伯利亚以及我国的西北地区都有广泛分布。也有学者考证认为，鹿乃是琐罗亚斯德教中战神韦雷斯拉格纳的化身，反映了祆教的影响。

织锦中的含绶鸟形象，最开始象征着王权，与佛教相结合后，还象

吐鲁番联珠对鸟纹锦童衣（美国克利夫兰博物馆藏）

**联珠对鸟纹锦局部——含绶鸟**

征再生或永生，在犍陀罗艺术中被反复描绘。一些民族将鸟看成是死者灵魂的象征。含绶鸟图案不仅象征着帝王的荣光和幸运，对于一般庶民来说，也当具有吉祥、繁荣昌盛等极广泛的含义。含绶鸟纹属于萨珊波斯纹样，此类纹样的意义，与萨珊的琐罗亚斯德教的观念有关，基本上是出自伊朗古文献《阿维斯塔》中的伊巴塔西费尔玛（成功之神）、韦雷斯拉格纳（军神、战神）、密特拉（太阳与光明之神）等神的属性。这类神在萨珊文化中，不仅出现在织物上，也雕刻于宝石、金属工艺品。

簇四云珠日神锦，出土于青海都兰，其外层卷云和内层联珠组合成圈，圈间用铺兽和小花相连，圈外是卷云纹和"吉"字，圈内是日神。日神头戴饰物，头顶有车盖，车盖两侧有带角侧面龙形纹。日神双手合十交脚而坐于莲花座上，乘奔驰的六乘有翼马车，背后有圆形身光，身光两侧分别有一侧身跪膝侍者，侍者身后为展翼扬尾凤鸟。此类日神形

**簇四云珠日神锦**

唐联珠猪头纹锦（阿斯塔那 332 号墓出土）

象还见于阿富汗巴米扬石窟壁画等。日神锦除在青海都兰有发现外，在吐鲁番等地也有过发现。这些日神锦大约是亚历山大大帝东征时带到东方的，北朝到隋之际，这种纹样开始出现在中国的织锦上。关于此锦，有专家认为，就其太阳神题材而言，乃是欧洲产物；驾车所用有翼神兽乃波斯的创造，联珠纹亦复如此；神像手持定印、交脚而坐，为当时交脚弥勒的形象，华盖、莲花座为佛教艺术中的道具；而汉字"吉"和簇四骨架中的铺兽则是中国的产物，从织造技术上看也是产自中国。都兰所出日神织锦图案同时具有古希腊、古罗马、古印度、萨珊波斯等地的艺术风格，是融合地中海、南亚、东亚三大纺织文化的代表作。

猪头纹。琐罗亚斯德教所崇尚的战神韦雷斯拉格纳（Verethraghna）有十种化身，野猪便是其中之一。韦雷斯拉格纳为阿维斯陀语，字面意思为打击抵抗，本意为胜利或胜利的赋予者。与希腊英雄赫拉克利斯相当，是大力神，象征胜利。猪头纹出现于伊斯兰化之前的中亚地区，因此，在中国发现的此类文物，也大体集中在这一时期。随着伊斯兰教势力在中亚及新疆地区的扩张，这种以在伊斯兰教中被视为不洁之物的猪的纹样逐渐消失。

日本法隆寺藏四天王狩狮纹锦，长 250 厘米，宽 134.5 厘米。经线采用 S 捻，原为红地，因褪色现呈浅茶色。锦呈长方形，锦面作联珠团窠，窠径达 43 厘米，横三纵五。团窠之间以四角的唐草纹、忍冬纹相连。团窠中心为生命树，树下两侧各有一武士骑在翼马上，正张弓搭箭准备射向狮子。此锦可能由第七次遣唐使河内鲸在天智八年至十年从中国带回，很可能是唐朝的国礼。唐朝皇帝回赐遣唐使的回赐物包括哪些物品，史料中并无记载。但唐朝回赐予新罗、渤海的物品包括锦、绫等高级织物和金银器等。丝织品可能也包括在唐朝回赐日本遣唐使的物品之内。

　　中古时期的波斯银盘、织物乃至中国织物上，常可见到骑马武士狩猎图，图上，狮子或其他猛兽在骑士身后立身反扑，骑士则作回身弯弓射箭之状。俄国史学家罗斯托夫兹夫曾对此姿势做过研究，指出这是斯基泰（斯基泰王国，建立于公元前7世纪左右的黑海北岸的古国）艺术的特色，称之为"ParthianShot"（安息射）。又有学者指出作此姿势的骑士图案早在公元前9世纪两河流域的宁禄（Nimrud）王宫的浮雕上就已见到。

四天王狩狮纹锦（日本法隆寺藏）

　　唐初，在外来丝绸纹样的基础上，窦师纶曾创造了中国化的丝绸纹样。唐·张彦远《历代名画记》对此曾有记载："窦师纶……凡创瑞锦、宫绫，章彩奇丽，蜀人至今谓之陵阳公样……高祖、太宗时，内库瑞锦对雉、斗羊、翔凤、游麟之状，创自师纶，至今传之。"隋代时，尚有仿制波斯织锦的何稠。同样值得注意的是，窦师纶本人也并非纯粹的汉人。敦煌藏经洞曾经出有吉字葡萄中窠立凤纹锦残片，主题纹样为葡萄藤叶缠绕而成的团窠内立一单脚站立的凤凰，类似的团窠立凤锦在日本正仓院也有见到。此类团窠即唐时的"陵阳公样"，此纹样风靡唐代200余年。陵阳公样的基本式样为花环团窠和动物纹样的结合，团窠环可分为三种类型：组合环，如花瓣加

《历代名画记》书影

通向世界的丝绸之路

柔曼绚烂

吉字葡萄中窠立凤纹锦残片（大英博物馆藏）

联珠，卷草加联珠，卷草加小花；卷草环，唐诗中"海榴红绽锦窠匀"所咏即为此类，吉字葡萄中窠立凤纹锦也属此类；花蕾形的宝花环，又据其蕾形分显蕾式、藏蕾式、半显半藏式，中国丝绸博物馆藏的中窠宝花立狮锦即属于此类。

# 华美致远

我国是世界上最早出产丝绸的国家，但是，丝绸又是如何传到西方的呢？

事实上，大量考古资料表明，早在公元前5世纪前后，中国丝绸就已通过游牧民族在北方辽阔的草原上开辟的最早的中西贸易通道，由驼队穿过亚欧内陆的沙漠、戈壁和荒原，销售到西方。这条通道东起蒙古高原、翻越天堑阿尔泰山，再经准噶尔盆地到哈萨克丘陵，或直接由巴拉巴草原到黑海低地，横贯东西，这条通道叫"草原丝绸之路"。

中国丝绸是这样的美丽，一传到西方就使西方人为之倾倒。据说公元前53年，古罗马执政官、"前三雄"之一的克拉苏追击安息（即波斯，今伊朗）人的军队到了两河流域。酣战之际，安息人突然展开鲜艳夺目、令人眼花缭乱的军旗，在阳光照耀下，这些军旗闪闪发光。罗马人顿时军心大乱，随即招致惨败。这就是著名的卡尔莱战役，那些鲜艳的彩旗就是用丝绸制成的。这之后，中国的丝绸在罗马很快流行开来。据记载，凯撒大帝和被称为埃及艳后的克里奥帕特拉都喜欢穿中国的丝绸。刚开始丝绸的价格很贵，每磅要黄金12两。罗马的贵族妇女都以能穿上中国丝绸缝制的衣裙为荣，中国丝绸成为罗马帝国最受欢迎的奢侈品之一，丝价竟与黄金价格相等。后来销售日增，平民百姓也纷纷穿起丝绸衣服。著名地理博物学家普林尼曾抱怨说，罗马每年至少要在印度、中国和阿拉伯半岛的丝绸与珠宝生意中丧失数以亿计的金币。

以古罗马妇女为题材的油画《阿姆菲萨的妇女》（［英］ 阿尔玛·塔德玛）

西方人最初对中国的了解，也是从认识中国丝绸开始的。古希腊人称中国为赛里斯（"Seres"希腊文意为"丝绸"）。因为有巨大的利润，西方商人竞相贩运中国丝绸，中国丝绸逐渐成为古代贸易中运销最远、销量最大、价值最高的商品。但是，对西方人而言，产丝之国"赛里斯"仍是一个遥远而神秘的国度。

中国与西方的文化交流其实早在汉代张骞"凿空"西域之前就已经长期存在。否则，张骞就不会在月氏（今阿富汗北部）的市面上发现邛杖和蜀布。后来，中西交流的官司方渠道开通之后，中国历代政府都为维护这条东西文化与经济交流的大动脉作出了不懈的努力。据《史记》记载，汉代派往各国的官方使者，"相望于道"。出使西域的团队大者数百，少者亦有百余人，所带汉地丝绸物品比张骞出使时还多。这样的使团，每年多的要派十几个，少的也有五六个。使者们携带大批丝绸物品出境，又从远方带回各种珍奇物品。

汉代，朝廷为了保护丝绸之路，在河西地区设置了张掖、武威、酒泉、敦煌四郡，在西域地区则设置西域校尉进行管理。公元前2世纪，以张骞"凿空"西域为标志，正式建立东起长安，经河西走廊到敦煌，再由敦煌分南北两路到达安息、大秦（罗马帝国，今地中海沿岸）等国的由沙漠绿洲相连而成的陆上中西交流的通道。从张骞开始，千余年间，无数的商人驼队在这条路上来回穿梭，将中国生产的大量精美的丝绸贩运到世界各地，同时也把中国先进的养蚕织绸技术传播出去。

这条传播丝绸的道路，就是驰名中外的"丝绸之路"。"丝绸之路"，首先由德国地貌学、地质学家李希霍芬（Ferdinand von Richthofen，1833—1905）提出。他对中国进行多次调查考察后，于1877年，在所著《中国》（三卷）中提出此名。他首次把汉代中国

李希霍芬

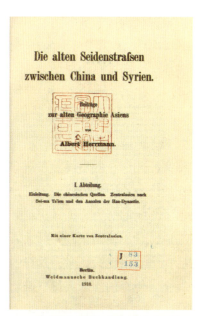

**1910 年德文版的《中国和叙利亚之间的古代丝绸之路》书影**

和中亚南部、西部以及印度之间的以丝绸贸易为主的交通路线，称作"丝绸之路"（德文作 Seidenstrassen，英文作 the Silk Road）。其后，德国历史学家赫尔曼（A. Herrmann）在 1910年出版的《中国和叙利亚之间的古代丝绸之路》一书中，根据新发现的文物考古资料，进一步把丝绸之路延伸到地中海西岸和小亚细亚，确定了丝绸之路的基本内涵，即它是中国古代经由中亚通往南亚、西亚以及欧洲、北非的陆上贸易交往的通道，因为大量的中国丝和丝织品经由此路西传，故称作"丝绸之路"，简称"丝路"。

丝绸之路并不只是一条繁荣的丝绸贸易之路，也是中西文化交流的一个重要载体，犹如一条彩带，将古代中国和世界上其他古文明国家联系在一起。在日益发展起来的国际交往中，中国大量的丝织品，经大月氏、安息、条支等国，远销大秦及当

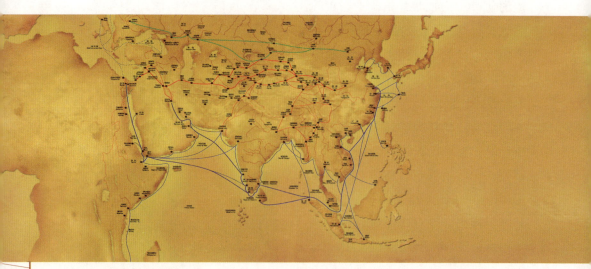

丝绸之路示意图

时的欧洲各地。中国的先进的养蚕丝织技术以及绚丽多彩的丝绸产品、瓷器、茶叶、漆器、玉器等手工艺品，以及桃、杏、梨等农副产品，也陆续西传。汉朝的先进技术，如冶铁术、井渠法、造纸术等先传至大宛，后为中亚各地广泛采用。各国人民在接受中国的技术和产品的同时，也无形中接受了来自中国的文化。同时，中外各国的使者（而所谓使者，大多是半使半商或亦使亦商的人），也通过丝绸之路，将西域出产的棉花、苜蓿、大蒜、核桃、葡萄、石榴、西瓜等十几种农作物和水果引进中国。中亚的骏马，印度的佛教、音乐、熬糖法、医药，西亚的乐器、金银器制作、天文学、数学，欧洲的舞蹈、绘画、雕塑、杂技，美洲的棉花、烟草、番薯等也渐渐传入中国，对中国古代文化艺术产生了积极的影响，使得古老的中华文明得以不断更新、发展。

唐代中叶以前，丝绸之路是丝绸外销的主要途径。但自"安史之乱"后，唐代社会、政治、经济等方面发生了巨变，"陆上丝绸之路"遭中断和阻塞，北方社会经济遭到严重的破坏。南方的海路便应时而起，成为唐朝丝绸外销的另一途径。后来，它又被称为"香瓷之路"，因为外销的货物不再局限于丝绸，还有驰名海外的瓷器、茶叶等。海上丝绸之

壁画上的唐代海船

路同时也带来了西方先进的科学技术、天文知识、香料等。在这条航线上，一艘艘海船来来往往，为东南亚各国带去了养蚕取丝的技术；为欧洲带去了中国的四大发明之一——罗盘；精美的宋瓷和青花瓷外销，给日本以及伊斯兰各国陶器的烧制带来了巨大的影响。另一方面，海上丝绸之路也为中国带来了东南亚的染料、印度的香料，还有药材、犀牛角、珠宝、钻石和许多珍禽异兽。海上丝绸之路不但加强了当时中外经济的联系，也推动了当时中外的技术文化交流活动。所以说，它是中外文化交流的枢纽，它把远隔重洋的中国人民和东南亚、南亚、西亚、非洲和欧洲各国人民，紧紧地联系在一起。

随着航海技术的发展，公元 10 世纪以后丝绸之路的重点转移到了海上。中国的丝绸不仅从陆路运往西方，而且也经由海路，由我国东南沿海的港口出口至世界各地，更伟大的时代在哥伦布环球航海后来到，世界贸易由此进入一个新的阶段，丝绸之路开始谱写新的篇章。在李希霍芬提出"丝绸之路"的概念不久，法国汉学家沙畹（Edouard Chavannes，1865—1918）在其所著的《西突厥史料》中提出"丝路有海陆两道"，"海上丝绸之路"一说由此而来。

## 张骞"凿空"西域

"西域"一词，最早见于《汉书·西域传》，和张骞的名字是分不开的。西汉时期，狭义的西域是指玉门关、阳关（今甘肃敦煌西）以西，葱岭以东，昆仑山以北，天山南北，巴尔喀什湖以南，即汉代西域都护府的辖地，也就是今天的新疆地区。广义的西域包括我国新疆天山南北、葱岭以西的阿富汗、伊朗、乌兹别克、印度、高加索、罗马帝国等地，甚至到达今至地中海沿岸一带。

西域以天山为界分为南北两个部分，那里的人民大都居住在塔里木盆地周围。天山南麓由甘肃出玉门关、阳关南行，傍昆仑山北麓向西，有楼

张骞像

兰（鄯善，在罗布泊附近）、菇羌、且末（今新疆且末）、于阗（今新疆和田）、莎车（今新疆莎车）等，习称"南道诸国"。因北阻天山，南障昆仑，"南道诸国"气候特别干燥，仅少数水草地宜于种植，除生产谷物以外，有的地方如且末，又盛产葡萄等水果和最好的饲草苜蓿。居民多以农业为生，兼营牧畜。出玉门关、阳关后北行，由姑师（后分前、后车师，今吐鲁番）、尉犁，沿天山南麓向西，经焉耆（今新疆焉耆）、轮台（今新疆轮台）、龟兹（今新疆库车），至温宿、

汉武帝

姑墨（今新疆阿克苏）、疏勒（今新疆喀什）等，习称"北道诸国"。"北道诸国"多数位于沙漠绿洲，或位于山谷和盆地，有天然的优良的牧场，畜牧业发达。此外，那里还有玉石、铜、铁等矿产，有的地方的居民已懂得用铜、铁铸造兵器。南北道诸国之间，横亘着一望无际的塔里木沙漠。这些国家居住着氐、羌、突厥、匈奴、塞人等民族，人口总计三十余万。这些国家虽然面积不大，却大都有城郭，国王以下设有官职和占人口比重很大的军队。

　　自春秋以来，戎狄杂居泾渭以北。秦始皇虽北却戎狄，筑长城，以护中原，但其西界不过临洮，玉门之外的广阔的西域，尚为我国政治文化势力所未及。西汉建国时，北方即面临一个强大的游牧民族的威胁。这个民族，最初以"猃鬻""猃狁""俨狁""荤粥""恭奴"等名称见于典籍，后统称为"匈奴"。春秋战国以后，匈奴跨进了阶级社会的门槛，各部分别形成奴隶制小国，其国王称"单于"。楚汉战争时期，冒顿单于乘机扩张势力，相继征服周围的部落，灭东胡、破月氏，控制了中国东北部、北部和西部广大地区，建立起统一的奴隶制政权和强大的军事机器。张骞出使西域以前，天山北路当时已为匈奴所有，属匈奴右部，归右贤王和右将军管辖。西北部伊犁河一带原住着一支塞人，后

通向世界的丝绸之路

**匈奴骑兵**

被迁来的月氏人所驱逐。而大月氏后又被乌孙赶走。天山南路诸国也已被匈奴所征服，在焉耆等国设有"僮仆都尉"，常驻焉耆，往来诸国征收粮食、羊马等繁重的赋税，"赋税诸国，取畜给焉"，南路诸国实际已成匈奴侵略势力的一个重要补给，各族人民遭受着匈奴贵族的压迫和剥削。葱岭以西，当时有大宛、乌孙、大月氏、康居、大夏诸国。由于距匈奴较远，尚未直接沦为匈奴的属国。

不仅如此，匈奴奴隶主贵族还经常率领强悍的骑兵，侵占汉朝的领土，骚扰和掠夺中原居民。西汉初年，匈奴骑兵经常在今陕西、山西、河北北部及河套一带袭扰掠夺，甚至逼近京师长安，给西汉王朝造成很大威胁。由于当时西汉政权尚未巩固，中原地区社会经济尚未恢复，西汉王朝只有对匈奴采取妥协政策。汉武帝继位时，汉王朝历经了汉初奉行轻徭薄赋和"与民休息"的政策，特别是"文景之治"，使政治的统一和中央集权进一步加强，社会经济得到恢复和发展，汉朝进入了繁荣时期，国力已相当强盛，"鄙都庾廪尽满，而府库余财"，"京师之钱，累百巨万，贯朽而不可校；太仓之粟，陈陈相因，充溢露积于外，腐败不可食"，以至"众庶街巷有马，阡陌之间成群，而乘字牝者摈而不得与聚会，守闾阎者食粱肉。"有了雄厚的物力财力，汉武帝把反击匈奴的侵扰，从根本上解除来自边患的历史任务，提上了日程。

汉武帝从来降的匈奴人口中得知，在敦煌、祁连山一带曾住着一个游牧民族大月氏，中国后来的古书上称"禺氏"，这是一个著名的"行国"，有 40 万人口。最后一次被匈奴打败后，匈奴杀了月氏王，"以其头为饮器"。大月氏人经过这次国难以后，被迫西迁，赶走当地的塞人，于现今新疆西北伊犁一带，重新建立了国家。他们对匈奴痛恨万分，把匈奴视为"世敌"，始终不忘故土，时刻准备对匈奴复仇，并很想得到外来力量的帮助，共击匈奴。汉武帝根据这一情况，萌生了联合大月氏，东西共同夹击匈奴的想法。从整个形势来看，联合大月氏，沟通西域，在葱岭东西打破匈奴的控制局面，建立起汉朝的威信和影响，确实是孤立和削弱匈奴，进而彻底战胜匈奴的一个具有战略意义的重大步骤。

汉代匈奴人造型灯

考虑到西行的必经道路河西走廊还处在匈奴的控制之下，汉武帝于是公开征募能担当出使重任的人才。建元三年（前139年），汉武帝下达诏令后，满怀抱负的年轻的张骞，"以郎应募，使月氏"，毅然挑起的重任，勇敢地走上了征途。张骞为陕西城固人，从小生长在汉江边，虽然只是一个普通的文官，却怀有超凡胆识，期待为国效力。"郎"，是皇帝的侍从官，没有固定职务，又随时可能被委以重任，张骞是在公元前140年获得这个官职的。

张骞作为大汉正使，带着一百余名随从护卫出发了。一个归顺汉朝的匈奴人堂邑父（甘父），成了张骞的向导和翻译。一行人就此北出长安，踏上了未知的旅程。他们先到达陇西（甘肃临洮），再折道一直向西缓缓行进。当时河西走廊及处在其南部的羌族部落都在匈奴的控制之下，为避免与匈奴人遭遇，张骞他们行踪非常隐秘。然而，他们出陇西不久就被匈奴的巡逻兵发现并俘虏了。匈奴骑兵得知他们是汉朝使者后，立即把他们押送到匈奴王庭（今内蒙古呼和浩特附近），交给当时的军臣单于处置。

来到匈奴王庭大帐，张骞毫无畏惧地坦言他们要前往西域出使大月氏。军臣单于勃然大怒，把张骞等人扣留起来。后来军臣单于为拉拢张骞，打消他出使的念头，使出了无数绝招。他们给张骞娶了匈奴女子为妻，逼着他过放羊牧马的匈奴人生活。

通向世界的丝绸之路

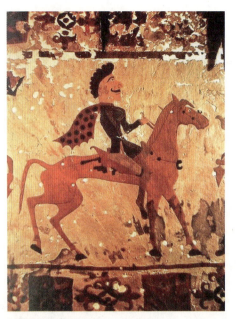

**骑马的大月氏士兵**

华美致远

春去秋来，物换星移，不知不觉，张骞在草原上一住就是10年。公元前129年，张骞趁匈奴人的监视有所放松，暗中挑选上好的马匹准备逃亡。一天夜晚，张骞趁匈奴人不备，借口出帐大解，果断地离开妻儿，带着甘父逃出了匈奴。

此时，大月氏原本占据的伊犁河一带已经成了乌孙国的地盘。大月氏被迫南迁到中亚地区的大夏人活动区域，也就是今天的阿姆河以南诸地。张骞被困匈奴之地时，已经知道乌孙是受匈奴支持的一股势力，于是他们经过车师后没有向西北进发，而是折向西南，通过焉耆顺着塔里木河西行，过库车、疏勒等地，翻越葱岭，经过数十天的艰难跋涉，来到大宛（今乌兹别克共和国境内费尔干纳盆地）。

张骞高举小心珍藏的汉使符节，向大宛国王说明了自己出使大月氏的使命和沿途种种遭遇，希望大宛能派人相送，并表示今后如能返回汉朝，一定奏明皇帝重重酬谢。大宛国王早听说汉朝是一个富饶的大国，但苦于路途遥远，一直未能主动联系。因此，他热情地接待了张骞，并请张骞参观了大宛国的"汗血宝马"。经过大宛国数日热情款待，张骞和甘父消除了一路的疲劳。大宛国王又派了向导和翻译，将张骞送到康居（今哈萨克共和国东南巴尔喀什湖和咸海之间）。康居王又遣人将他们往南安全送至大月氏。

但是，由于大月氏新国土地十分肥沃，物产富饶，并且距匈奴和乌孙很远，他们已经无意向匈奴复仇了。张骞在大月氏逗留了一年多，不时进入王宫劝说，但始终未能奏效，他只得动身返回。在此期间，张骞曾越过妫水南下，抵达大夏（今阿姆河流域）的蓝氏城（今阿富汗的汗瓦齐拉巴德）。

　　归途中，张骞为绕开匈奴控制区，改变了行走路线。计划通过青海羌人地区，以免匈奴人的阻留。于是重越葱岭后，他们不再走来时沿塔里木盆地北部的"北道"，而改行沿塔里木盆地南部，循昆仑山北麓的"南道"。从莎车，经于阗、鄯善，进入羌人地区。但出乎意料的是，羌人此时也已沦为匈奴的附庸，张骞等人再次被匈奴骑兵所俘，又被扣留了一年多。

　　元朔三年（前126年）初，军臣单于死了，其弟左谷蠡王自立为单于，进攻军臣单于的太子于单。于单失败逃汉。张骞便趁匈奴内乱之机，带着自己的匈奴族妻子和甘父，逃回长安。

　　这是张骞第一次出使西域。从武帝建元二年（前139年）出发，至元朔三年（前126年）归汉，共历十三年。出发时是一百多人，回来时仅剩下张骞和甘父二人。所付出的代价是何等高昂！

　　张骞第一次出使西域，尽管没有达到联合大月氏夹击匈奴的目的，但足迹遍及大宛、康居、大月氏、大夏等国，他带回了西域各国的地理状况、国家民族分布、习俗、兵力等方面的重要信息，这是中国人第一次对中亚、西亚等地有具体的认识。从这些地方又初步了解到乌孙（巴

张骞出西域图（敦煌壁画）

尔喀什湖以南和伊犁河流域）、奄蔡（里海、咸海以北）、安息（即波斯，今伊朗）、条支（又称大食，今伊拉克一带）、身毒（又名天竺，即印度）等国的情况。回长安后，张骞将其见闻向汉武帝作了详细报告，对葱岭东西、中亚、西亚，以至安息、印度诸国的位置、特产、人口、城市、兵力等，都作了说明。这个报告的基本内容被司马迁在《史记·大宛传》中记录下来，也是《汉书·西域传》资料的最初来源。这是我国和世界上对于这些地区第一次最翔实可靠的记载，至今仍是世界上研究上述地区和国家的古地理和历史的最珍贵的资料。汉武帝对张骞的西域之行甚为满意，任命他为太中大夫，任命甘父为奉使君，以表彰他们的功绩。

张骞第一次通使西域，使中国的影响直达葱岭东西。自此，不仅现今我国新疆一带同内地的联系日益加强，而且使中国同中亚、西亚，以至南欧的直接交往建立和密切起来。后人正是沿着张骞的足迹，走出了誉满全球的"丝绸之路"。

在中国产品和技术西传的同时，"殊方异物，四面而至"。在物产方面，在张骞通西域前，中国没有葡萄，一般史家认为中国的葡萄种子，就是由张骞或者他以后的汉使从大宛带来的。又如，随着大宛"汗血宝马"的输入，养马的苜蓿也自大宛东来。胡椒来自天竺，石榴来自安息。此外，自张骞通使后，胡桃（核桃）、胡蒜（大蒜）、胡麻（芝麻）等等，也都从西域各地进入我国中原地区"安家落户"了。在艺术方面，据说有一种名叫"横吹"的乐器，就是张骞从西域带回中国的，并同时传入了名叫"摩诃兜勒"的曲子。后来汉武帝的乐师李延年加以改进，创造新声二十八解，汉武帝称之为"武乐"（即军乐）。西方的胡琴、杂技、魔术、舞蹈等等也相继传入我国。甚至古希腊的文化，此时也通过西域间接传入我国。张骞作为中西交通和中外经济文化交流的一个伟大开拓者和先行者，功垂史册。之后，由于张骞随卫青出征立功，"知水草处，军得以不乏"，被武帝封为"博望侯"。

"闻道寻源使，从天此路回。牵牛去几许？宛马至今来。……"这是唐代诗人杜甫，于"安史之乱"中避难秦州（今甘肃天水）时，写下的一首诗。诗中所歌颂的"寻源使"，就是西汉的张骞。在唐代，张骞通西域的故事，早已家喻户晓，并带上了某些神话色彩。时逢战乱，国

**霍去病墓（拍摄于 20 世纪初）**

家动荡，人民流离，忧国忧民的诗人站在中西古道上，不禁想起这位"凿空"西域、远播国威、造福后世的名臣。

在张骞通使西域返回长安后，汉朝抗击匈奴侵扰的战争，已进入了一个新的阶段。大将卫青、霍去病率军连战告捷，汉军已经逐步控制了河西和漠南大片地区。公元前 119 年，卫青、霍去病分别出定襄、代郡，出塞两千余里，歼敌 10 余万，霍去病"封狼居胥"威震漠北，匈奴王庭远迁大漠以北。为了巩固这前所未有的胜利，"扬威德于四海"，汉武帝接受张骞结好乌孙以"断匈奴右臂"的建议，任命张骞为中郎将，率领副使及随从 300 余人，每人配 2 匹马，携带牛羊万头（只）及大量的金银及丝绸，第二次出使西域。

张骞第一次出使西域时了解到，乌孙与大月氏原本都是居住在祁连、敦煌一带的小国，大月氏曾进攻乌孙并杀掉其国王。后来乌孙国王的儿子昆莫得到匈奴的支持，恢复了国土，并率军追击已西迁于塞人土地的大月氏，迫使大月氏西徙大夏。乌孙名义上虽然还附属于匈奴，事实上已成为西域的一个独立强国。张骞分析当时的西域形势，认为西域只有乌孙可以同匈奴抗衡，乌孙如能同汉朝合作，葱岭以西的大宛、康居、大月氏和大夏等国，定会望风归顺，可以进一步打通西域。

张骞一行很顺利地经敦煌到楼兰，再经塔里木河西行至龟兹，一路北上到达位于伊犁河谷的乌孙王都赤谷城（位于今吉尔吉斯斯坦伊塞克湖东南）。张骞携带着丰厚的礼物，去见乌孙国王昆莫。他向昆莫说明来意，提议乌孙和汉朝缔结同盟，共击匈奴。当时昆莫年事已高，对汉朝的国势又不够了解，加之内部意见不一，未敢应允两国结盟共击匈奴一事。张骞看到同乌孙的交涉暂时无法获得圆满的结果，即派遣副使们持节分别去大宛、康居、大月氏、大夏、安息、身毒等国，代表汉朝同这些国家建立直接的友好往来和外交关系，以进一步扩大汉朝在葱岭以西的影响。当时西域各国都已了解到汉朝为一大国，汉使所到之处，无不受到热烈欢迎。据说，当汉使到达安息时，安息国王曾派大臣率二万骑兵到距离都城数千里的东部边界迎接，中间经过数十座城市，夹道欢迎和围观汉使的群众，络绎不绝。元鼎二年（前115年），张骞返回长安。乌孙国王昆莫派数十人组成的使团，携带良马数十匹，随同来汉，表示答谢。汉武帝为酬报张骞的功勋，特拜张骞为大行令，位列九卿。

楼兰古国遗址

元鼎三年（前 114 年），由于过度劳累，张骞病故，归葬故乡城固，与开国元老萧何、樊哙等人墓葬共处一隅。一年多以后，张骞所派遣的副使，陆续回到长安，带来了西域各国的使者。这是西域各国，包括大夏、安息，第一次

同汉朝直接通使往来，大大加深了汉朝在西域的影响，汉朝与中亚、西亚开始频繁往来。随张骞来到中原的乌孙使者感受到汉朝的辽阔富庶，回乌孙后将这些情况禀报国王，从此"其国乃益重汉"。数年后，乌孙国王昆莫终于主动提出归心汉朝，与汉和亲，同中国结为昆弟，就此揭开了新疆与内地交往的崭新一页，张骞的遗愿完全实现了。

汉武帝于元封六年（前 105 年），派遣江都王的女儿细君出嫁昆莫（后人称"乌孙公主"），两国正式联姻，结成同盟夹击匈奴。细君死后，汉又以楚王刘戊的孙女解忧公主嫁给乌孙王。解忧公主的侍者冯嫽深知诗文事理，作为公主的使者常持汉节行赏赐于诸国，深得尊敬和信任，被称为冯夫人。她的活动进一步巩固和发展了汉同乌孙的关系。

与此同时，匈奴内部分裂，匈奴对西域的控制瓦解，汉王朝在葱岭东西和天山南北的势力大大加强。汉武帝先后设河西郡，置玉门、阳关二关，戍兵屯守，保护西通道路。至神爵二年（前 60 年），汉宣帝任命卫司马郑吉为西域都护，驻守在西域都护府乌垒城（今新疆轮台东），统辖西域三十六国。这是我国古代在巴尔喀什湖以南、葱岭东西广大地区设置行政机构，行使管理权的开始。班固在《汉书》中说："汉之号令班西域矣，始自张骞。"

张骞第二次通西域后，随着中西交通道路的开辟，东西方经济文化的交流日益发展和加强，汉朝同葱岭以西各国的关系也更加密切。汉朝和各国使节、商团来往，络绎不绝。一年之中，多者达十余批，少者五六批，每一批人数，多时可达数百人，少时也是百余人。司马迁在《史

记》中说：张骞通西域，"于是西北国始通于汉矣。然张骞凿空，其后使往者皆称博望侯，以为质（诚信）与国外，外国由此信之"。张骞对于我国领土的统一，多民族国家的形成和开辟从中国通往西域的丝绸之路，所做出的贡献是不可磨灭的。

## 丝绸之路的形成和发展

张骞不畏艰险，两次出使西域，虽然起初是出于军事目的，但西域开通以后，沟通了亚洲内陆交通要道，与中亚、西域诸国正式开始了友好往来，开拓了从我国甘肃、新疆到今阿富汗、伊朗等地的陆路交通。它的影响，远远超出了军事范围。从西汉的敦煌，出玉门关，进入新疆，再从新疆连接中亚细亚的一条横贯东西的通道，就是后世闻名的"丝绸之路"。"丝绸之路"把西汉同中亚许多国家联系起来，促进了它们之间的政治、经济和军事、文化的交流。以张骞凿空西域为标志，由沙漠绿洲相连而成的陆上丝绸之路正式建立起来了。

丝绸之路的基本走向形成于公元前后的两汉时期。它东面的起点是西汉的首都长安（今西安）或东汉的首都洛阳，经陇西或固原西行至金城（今兰州），然后通过河西走廊的武威、张掖、酒泉、敦煌四郡，出玉门关或阳关，穿过白龙堆到罗布泊地区的楼兰。汉代西域分南道和北道，《汉书·西域传》云："自玉门、阳关出西域有两道。从鄯善傍南山北，波河西行至莎车，为南道；南道西逾葱岭则出大月氏、安息。自车师前王庭随北山，波河西行至疏勒，为北道。"

《汉书》书影

北道出玉门关西行，沿天山南麓，经楼兰、车师、焉耆、乌垒、龟兹、姑墨，与南道在疏勒会合，直到罗马。周穆王和汉代的张骞基本上是走的北道，一千三百多年前的我国唐代高僧玄奘，西去印度取经，来去的时候都是沿着北道而行。

南道沿塔克拉玛干大沙漠南缘，经鄯善、且末、精绝、于阗、皮山、莎车至疏勒。从疏勒西行，越葱岭至大宛。由此西行可至大夏、粟特、安息，最远到达大秦的犁靬。公元 399 年，65 岁的东晋和尚法显大体上是沿着这条路线越过风雪弥漫的帕米尔高原的，800 多年以后，意大利的旅行家马可·波罗，也是顺这条路线前往我国内地的。

另外一条道路是从皮山西南行，越悬渡（今巴基斯坦达丽尔），经罽宾（今阿富汗喀布尔）、乌弋山离（今锡斯坦），西南行至条支（在今波斯湾头）。如果从罽宾向南行，至印度河口（今巴基斯坦的卡拉奇），转海路也可以到达波斯和罗马等地。这是自汉武帝时张骞两次出使西域以后形成的丝绸之路的基本干道。

在南北朝后期，随着楼兰城的神秘消失，新开辟了一条丝绸之路的新道，即沿着天山北麓走向"天马之乡"。这条通道从长安出发，经河西走廊、哈密、吐鲁番（高昌）、昌吉、伊犁、碎叶等地到达中亚各国。人们把这条新道，称为丝绸之路北道，而把汉朝时的北道，称之为丝绸之路中道。

陆上丝绸之路所经过的欧亚大陆（Eurasia），是连接中国和欧洲的内陆地区。这一地区的地理特征是气候异常干燥，降雨量极其稀少。在丝绸之路的中部地带，是帕米尔高原，以帕米尔高原为中心，向四周延续出喜马拉雅山、昆仑山、喀喇昆仑山、天山、阿尔泰山、阿赖山、兴都库什山等山脉，其间冰峰峡谷，行走艰难。这里另一富有特色的地貌和景观是沙漠和戈壁，如新疆的塔克拉玛干大沙漠、里海东部的卡拉库姆沙漠、伊朗的卡维尔沙漠等，这些地方对于旅行者来说，更是干渴难行。此外，由盐壳沉积而形成的崎岖起伏、犬牙交错的雅丹地形，也是一个很大的地理障碍。唐代诗人所描写的"映雪峰犹暗，乘冰马屡惊"（杨师道《陇头水》），"黄沙西际海，白草北连天"（岑参《过酒泉忆杜陵别业》），正是对这些地理景观的生动写照。而西行取经僧人笔下所描写的"上无飞鸟，下无走兽，复无水草"（《大慈恩寺三藏法师传》），则是亲履其地的感受。

历史上的丝绸之路也不是一成不变的，随着地理环境的变化和政治、宗教形势的演变，不断有一些新的道路被开通，也有一些道路的走向有所变化，甚至被废弃。比如敦煌、罗布泊之间的白龙堆，是一片经常使行旅迷失方向的雅丹地形。东汉初年汉军打败北匈奴，迫使其西迁，中原王朝牢固地占领了伊吾（今哈密）以后，开通了由敦煌北上伊吾的"北新道"。从伊吾经高昌（今吐鲁番）、焉耆到龟兹，就和原来的丝路北道会合了。南北朝时期，中国南北方处于对立的状态，而北方的东部与西部也时分时合。在这样的形势下，宋齐梁陈四朝与西域的交往，大都是沿长江向西到益州（今成都），再北上龙涸（今四川松潘），经青海湖畔的吐谷浑都城，西经柴达木盆地到敦煌，与丝路干道汇合；或向西越过阿尔金山口，进入西域鄯善地区，与丝路南道汇合，这条道被称作"吐谷浑道"或"河南道"，今天人们也叫它"青海道"。还有从中原北部或河西走廊向北到蒙古高原，再西行天山北麓，越伊犁河至碎叶（今吉尔吉斯斯坦托克马克附近），进入中亚地区的一条通道。这条道路后来也被称作"北新道"，它在元朝时期最为兴盛。

　　丝绸之路的几条古道都在沙漠、高山和高原之间蜿蜒穿行，自西汉张骞开通西域以来，在丝绸之路上，商队、使节、军队、僧侣、探险家等说着不同的语言，翻过帕米尔高原，穿过沙漠戈壁，越过沼泽草地。而耸立在沙漠边缘的一座座雪山上流下来的河水，灌溉滋润了大漠中的

白龙堆雅丹地貌

一片片绿洲，填补了流沙世界的"生物真空"，也提供了中西往来路途中的中间站，使者们可以得到西域各个绿洲王国的供应，东西通行变得更加容易。《后汉书·西域传》中说："驰命走驿，不绝于时月；商胡贩客，日款于塞下。"描述的就是这种情况了。千余年间，伴随着他们的足迹，中国生产的大量精美的丝绸和先进的养蚕织绸技术被贩运、传播到世界各地，同时一些西方的宝石、香料、玻璃器具等物品和技术、文化也被带入中原，随着东西方文化不断地进行交流碰撞，遥远的东西两个世界连接起来了。

莲座双翼树纹锦（北朝）

联珠树纹锦（北朝）

西汉末年，王莽专政，中原与西域的关系一度中断。东汉初，汉明帝派班超经营西域，重新恢复了西域都护对塔里木盆地的管辖。与此同时，匈奴分裂为南北两部，北匈奴在南匈奴和汉朝的联合打击下，西迁到黑海北岸，带动了西亚和欧洲许多民族的迁徙。

在丝绸之路的历史上，甘英的西行是中国人的又一壮举。公元 97 年，西域都护班超派遣部下甘英出使大秦。甘英一路来到幼发拉底河和底格里斯河入海处的条支，准备渡海西行，但安息人为了垄断东方与罗马的贸易，向甘英夸大了阿拉伯海航行的艰险，阻止了甘英进一步西行，甘英最终自条支而还。甘英虽然没有达到原定的目的地，但他仍可以说是中国第一位走得最远的使臣，是一位让人崇敬的时代英雄。他亲自走过了丝绸之路的大半段路程，还了解到从条支南出波

通向世界的丝绸之路

斯湾，绕阿拉伯半岛到罗马帝国的航线。

张骞的凿空和甘英的远行，使东西方世界直接联系起来，这是时代英雄的创举，也是历史发展的必然。丝绸之路就像一条绚丽而坚韧的纽带，把欧亚大陆的中国、安息与希腊、罗马等联系起来，把人类最古老的几种文明连接起来。

彩绮缘两面织锦覆面（北朝）

魏晋南北朝时期，中原大乱，不少大家族和有文化的士人纷纷迁居河西以避战乱，促使中西交往的孔道河西走廊的文化得到前所未有的发展。隋朝统一南北，中国封建社会开始走向全盛时期。隋炀帝时，黄门侍郎裴矩往来于张掖、敦煌之间，通过西域胡商，联络各国首领。从今天保存的裴矩撰写的《西域图记》中，我们可以了解到当时丝绸之路通向东罗马、波斯、印度的情况。

进入唐代，民族的进一步融合，疆域的进一步开拓，政治制度与思想文化的整合，使得唐王朝凝聚了极大的力量。这一时期生产发展，商业繁荣，文化昌盛，唐朝以博大的胸怀，大量接受外来文化，使之融会到中国文化的整体当中。从唐太宗到武则天，唐朝的势力不仅直接牢固地控制了塔里木盆地的西域诸王国，而且成为天山以北、葱岭以西广大区域内许多王国的宗主国，中西往来更加畅通无阻，当时的文化交流也呈现出令人眼花缭乱的景象。唐朝的两京长安和洛阳以及丝绸之路上的一些大城市如凉州，都纷纷呈现出国际都市的风貌。在吸收外来文化的同时，借助唐朝强大的政治力量，中原文明也传入西方，深浅不等地影响了西方各国。

公元 10 世纪中叶以后，宋王朝先后与北方的辽、西夏、金处于敌对的状态中，陆上丝绸之路受到影响。南宋建都于杭州，加之中国经济、文化重心的南移，海上丝绸之路因此更加繁荣起来。

横亘欧亚大陆的丝绸贸易通道，使大量的丝绸制品从中原地区涌入西域，让这一地区的织造技术发生了巨大变化，这种变化在织锦上

无极锦（汉晋）

的表现最为明显。汉代，中原地区的织锦仍以经显花的平纹经重平组织为主，汉晋之际，这类织锦大量进入今天的新疆地区，而当地则据此进行了仿制，首先仿制的织锦是平纹纬锦，其中有两种类型，一种是采用破茧纤维纺绵成线作为经纬织成，主要流行于4～5世纪，另一种是用平直的丝线织成，主要流行于5～6世纪。其图案既有模仿汉锦的纹样，也有模仿波斯的纹样。

魏晋南北朝时期，是中国历史上一个文化大碰撞、民族大融合的重要历史阶段，特别是随着丝绸之路上东西文化交流的日益频繁，使得这一时期的文化、艺术、技术等各方面都有了很大的发展。这种现象反映在丝绸上，就是为秦汉以来的传统丝绸技术体系注入了许多西方的元素，此时秦汉时期极为流行的传统云气动物纹样已僵化并衰退，而来自西方的各种织物图案设计元素开始影响内地的丝绸设计，在当时的织锦、织绮、刺绣等各类丝绸文物中，或直接引入，或主动模仿，大量受西方影响的图案题材继之而起，给当时的丝绸纹样设计带来一股炽烈的胡风。

大约从公元5世纪起，粟特地区的织锦开始兴起，其特点是斜纹纬锦，但我们对它的了解仅限于史料，或者是中亚地区的壁画。粟特织锦在中国西北地区的大量出现是在唐代以后，如今在这一地区出土了大量唐代早期

云气动物纹绵线纬锦（汉晋）

通向世界的丝绸之路

陕西省乾县唐章怀太子墓壁画《观鸟捕蝉图》中着装受胡风影响的宫女

的联珠动物纹锦。事实上联珠纹并不是主题纹样，而是一种骨架的形式，动物、花卉等纹样被填充在这骨架中，而当时联珠动物纹锦中的主题纹样往往具有较强的异域色彩。此后，又出现了以花卉或变形的联珠纹等作团窠环，中间则以狮子和立鸟等题材为代表作主题的式样，窠外则是较为稚拙的十字宾花，还有一种类型的织物虽然没有团窠，但其他的技术特征却与之基本相同。

隋唐之际，中原织锦的平纹经锦向斜纹经锦转变，其织造技术开始采用四方连续纹样进行设计。一是模仿西方的联珠纹样，从而形成唐朝的联珠纹锦，这类织锦不仅在技术上与粟特锦有所不同，在纹样设计上也比粟特锦更为精致；二是从联珠团花发展到大型的宝花纹样；三是创造了大唐新样特别是史载的陵阳公样，这是唐代宝花或卷草纹样与联珠团窠锦纹的完美结合，也是魏唐织锦从汉锦西去，经历胡风影响最终形成大唐新样这一乐章的完美结束。

立鸟纹饰背面的阿拉伯文字（唐）

几千年来，欧亚大陆的人民沿着这条长达几千公里的重要通道，进行了极为丰富的政治、经济和文化交流。这条古老的东西方通道，曾经繁荣兴盛了千年之久，一直到海上交通的建立，才逐渐退出了历史的舞台。

团窠联珠纹对鸟纹锦（唐）

随着中外文化交流的日渐深入，西方的珍禽异兽、珠宝香料、玻璃器皿、金银货币纷纷传来，中亚、西亚的穿着、饮食以及音乐、舞蹈等文化娱乐活动都源源不断进入中原，佛教越来越盛行的同时，祆教、摩尼教、景教以及新兴的伊斯兰教也传入中国内地。多少年来，有不少研究者想给这条道路起另外一个名字，如"玉石之路""珠宝之路""佛教之路""陶瓷之路""香料之路"等等，但是，这些名字都只能反映这条道路的某个局部，而终究不能取代"丝绸之路"这个名字。

## 海上丝绸之路

所谓"海上丝绸之路"是相对陆上丝绸之路而言的，由日本学者三杉隆敏在他 1967 年出版的专著《探索海上丝绸之路》中初次提及，随即被学术界所普遍接受。海上丝绸之路的发展过程，大致可分为这样几个历史阶段。一是从周秦到唐代以前为形成时期；二是唐、宋为发展时期；三是元、明为极盛时期。海上丝绸之路作为中国古代对外贸易的重要通道，将中国生产的丝绸、陶瓷、香料、茶叶等物产运往西亚、非洲和欧洲的国家，将毛织品、象牙等带到中国。

日文原版的《探索海上丝绸之路》

公元前1112年，周武王封箕子于朝鲜，箕子便"教其民田蚕织作"，中国的养蚕织绸技术在那时就已传入朝鲜。同一时期还有"倭人贡畅草"之说，可见交流是双向的。到战国时期，山东沿海已出现了琅琊（今山东胶南）、芝罘（今山东烟台）等几个大港口，并有人自此出海的记载。朝鲜及日本的考古发现证实，在春秋战国时期就已开辟了一条自齐国东渡渤海，经朝鲜半岛而达日本的航线。这条航线也叫北方海上丝绸之路，即东海航线，具体路径大体上是自琅琊、芝罘、蓬莱一带出发，沿山东

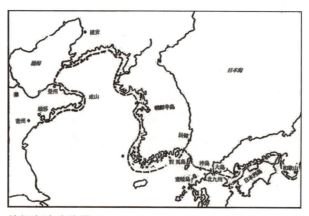

徐福东渡路线图

海岸北行，渡过长山列岛，先驶入辽东半岛，再转向东南，沿朝鲜西海岸南下，最后渡过对马海峡进入日本九州沿海一带。即便在当时尚不算大的斥由港（今山东石岛一带），也出现了中朝商人们在此转手文皮（虎豹等兽皮）的交易活动。

秦时，齐人徐福率数千童男童女自这条航线东渡日本，成为较大规模的移民集团，为海上丝绸之路的发展和繁荣奠定了基础。公元199年，中国蚕种自朝鲜的百济传入日本。此后不久的秦汉之际，由于国内政治局势动荡，战乱频繁，成千上万的山东居民携带家口沿北方海上丝绸之路迁徙到朝鲜半岛，其中一部分又转赴日本。《三国志·魏志》记载："陈胜等起，天下叛秦，燕、齐、赵民避地朝鲜者数万。"成千上万的山东半岛居民辗转迁居到朝鲜半岛和日本列岛，把山东的各种物产和生产技术带往新的家园，先进的纺织技术和精美的纺织品很快地在朝鲜半岛和日本列岛流传开来。内田星美在其所著的《日本纺织技术史》中也提到，中国秦代江浙一带有兄弟二人东渡黄海至日本，向日本人民传授养蚕、织绸和制衣方法。由于当时船只的简陋和航海技术的落后，自山

东沿海东渡必须要依靠左旋回流的漂流并要沿海岸而行，以便随时获取粮食和淡水的补给。这一条海上交通线，从时间上看，它的形成要早于汉代通往西域的丝绸之路。从形成的方式看，它不像张骞通西域那样，得益于中国封建王朝与外国政府使节之间的往来，而是因民间百姓大规模向海外迁徙形成的。

在汉武帝（前140—前87年）统治期间，汉朝通过北方的东海丝绸之路继续与日本、朝鲜交往，日本已有30余国与汉通使。他们把明珠、璧、琉璃等奇石异物运到中国，而中国运往这些国家的主要是黄金器物和各种丝织品，而丝织品则被用于异国贵族、官僚的服饰。与此同时，我国商人从另一路用海船携带黄金和大批"杂缯"，即各种丝绸，从今天我国雷州半岛的徐闻和广西的合浦出发，经今越南、泰国、马来半岛、缅甸等国的海岸线西行，绕过马来半岛后进入孟加拉湾，最后远航到印度的黄支国（今印度康契普拉姆），然后从今斯里兰卡经新加坡返航，带回了沿途各国的特产。《汉书·地理志》记载了这次远洋航行，这是中国丝绸从海路传入今东南亚一带国家的明确记录。这条航线也就是海上丝绸之路的南海航线，中国丝绸由此间接传入欧洲。由于中国丝绸的巨大吸引力，东南亚、南亚乃至西亚、欧洲各国都派使节到中国通好，献上礼品以求赏赐丝绸并进行贸易交换。至此，东海与南海两条起航线的海上丝绸之路初步形成。

我国东南沿海有18000多公里的海岸线，有许多终年不冻的良港，很多地方又是丝绸的直接产地和造船、航海技术最发达的地区，海船的运输量比骆驼要大很多，且运费低廉，陆路不能到达的海岛国家，从这些地方起航都可到达，而且不受别国的牵制，可以自由通航。正是这些原因，丝绸之路就由陆地转向海洋，而且日益兴盛。三国时正处在海上丝绸之路从陆地转向海洋并最终形成的关键时期。这一时期，孙权雄踞江东，主张"国以民为本，民以食为天"，"不更通伐，妨损农桑"，发展经济，开创造船业，训练水师，派遣航海使者远航日本、朝鲜和南亚地区，也曾到过台湾、琉球，对海上丝绸之路起了承前启后的开拓作用。

三国时期，孙吴出于同曹魏、刘蜀在长江上作战与海上交通的需要，积极发展水军，船舰的设计与制造较之以前有了很大的进步，船的规模也越来越大。孙吴的造船中心，在建安郡侯官（在今福建闽侯）、临海郡永宁县（今浙江温州）、横屿船屯（今浙江平阳）、南海郡番禺县（今广州）等港口。孙权设置典船都尉，专门管理造船工场。孙吴所造的船，主要为军舰，其次为商船，数量多，船体大。航行在南海上的商船，"大者长二十余丈，高出水二三丈，望之如阁楼，载六七百人，物出万斛"。当时孙吴的造船业已经达到了世界领先的水准，从船首到船尾有八根横梁。八根横梁说明有八副舱板，它们把船体分成九个严密的分舱（船舱）。船在航行时，即使有一两个船舱受到破坏进水了，水也不会流入其他船舱中，船不会马上沉没。海船还采用多帆技术，在多帆桅船上，斜移的帆面各自迎风，后帆不会挡住前帆的受风，大大加快了船速。康泰《吴时外国传》称，这种船自南海乘风航行至大秦只需一月，吴人万震《南州异物志》也说，多帆海船上通过斜移帆面到合适角度，充分地利用风力，"斜张相取风气，而无高危之虑，故行不避风激波，所以能疾"。武装船队随行将士万余人，北上辽东、高句丽（今朝鲜），南下夷州（今台湾）和东南亚今越南、柬埔寨等国。孙吴发达的造船业对于贸易与交通的发展、海上丝路的进一步形成起了积极的推动作用。

　　三国时期，孙吴还出现了一批杰出的航海人才，朱应、康泰就是其中的代表。朱应任宣化从事，康泰为中郎。吴黄武五年（226年），交州（今广州）刺史吕岱奉令征讨交趾太守士燮，平定之后，孙吴为了睦邻友好关系，派遣朱应、康泰出使扶南（今柬埔寨）等国。他们沿林邑（今越南南部）南下，首先访问了暹罗（今泰国）、扶南，然后渡暹罗湾沿马来半岛到达今天缅甸和中南半岛沿岸的一些国家，"所经及传闻有百数十国"，往返达十余年。朱、康二人回国后著《扶南异物志》和《吴时外国传》，介绍其所见所闻，两书虽佚，但部分的段落保留在《水经注》和《太平御览》等书之中，给后人留下了可以追寻的踪迹。此外，还有出使夷洲、亶洲（今日本）的将军卫温、校尉诸葛直；经略辽东的将军周贺，校尉裴潜；远征海南的聂友、校尉陆凯等。自朱应、康泰访问扶南等国后，东南亚国家也纷纷派出使节到吴国访问，密切了中国与这一地区的关系，进一步推动了海上丝绸之路的拓展。

　　西行求法，始于三国时期的朱士行。南北朝时期，僧人的游学之

華美致遠

风很盛。东晋末年、南朝初年的高僧法显，于后秦弘始元年、东晋隆安三年（399年），从长安出发前往天竺求法，当时他的年纪至少已在58岁以上（有的甚至说他已65岁）。东晋义熙八年（412年），法显自海路返回，由印度多摩利底经狮子国（斯里兰卡古称）、耶婆提（古国名，今印度尼西亚爪哇岛或苏门答腊岛）抵达山东崂山，翌年到达建康。

法显

他从长安到中印度花了六年，在印度各地游学六年，从斯里兰卡回国又有三年。前后十五年，陆路西行，海路东归，艰苦卓绝。义熙十二年（416年）冬，法显应邀写出西行求法的经历，是为著名的《法显传》，通常亦称《佛国记》。这部游记，记录了公元4～5世纪西域、印度与斯里兰卡的佛教状况以及中西交通的实况，具有极高的史料价值。

三国两晋南北朝时期我国与日本的交往更加深入和频繁。日本传统的服装"吴服"，系用三国时由杭州输入的丝绸和方法制作的，吴服的名称即起源于此，而且丝绸提花和刻板印花技术也在此时从江南传入日本。《日本书纪》"雄略纪"还比较完整地记载了江南织工吴织、汉织和衣缝兄媛、弟媛等去日本传授种桑养蚕和织绸制衣技术的情况。

中唐之后，西北丝绸之路受阻塞，华北地区经济逐渐衰弱，华南地区经济日益发展，海上交通开始兴盛。当时与中国通商的国家有拂菻（东罗马帝国）、大食（阿拉伯）帝国、波斯、天竺、狮子国、丹丹（今马来半岛北岸）、盘盘、三佛齐（今马来半岛东岸）等。公元9世纪，阿拉伯著名的地理学家伊本·库达拨在他所著的《道程及郡国志》一书中，更将泉州与交州、广州、扬州并列为中国对外贸易的四大港口。唐人杜佑还对历代南海交通作了总结："元鼎（前116—前111年）中遣伏波将军路博德开百越，置日南郡，其徼外诸国自武帝以来皆献见。后汉桓帝时，大秦、天竺皆由此道遣使贡献。及吴孙权，遣宣化从事朱应、中郎康泰奉使诸国，其所经及传闻，则有百数十国，因立记传。晋代通中国者盖鲜。及宋、齐，至者有十余国。自梁武、隋炀，诸国使至逾于前代。大唐贞观以后，声教远被，自古未通者络绎而至，又多于梁、隋焉。"

　　隋唐时期，中国丝绸特别是江浙一带的丝绸更是源源不断地输往日本，杜甫《昔游》诗句"吴门持粟帛，汎海凌蓬莱"便是当时江南丝绸东渡日本的真实写照。日本僧侣还在浙江得到了许多珍贵的绫、锦，并

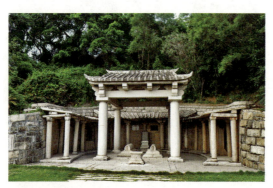

泉州伊斯兰教圣墓

将其带回日本作为生产的样板，这对日本丝织品的改良起了积极的作用。至今，日本的正仓院、法隆寺还藏有我国唐代产自江南的绫、锦以及四川蜀锦等珍贵实物。

　　宋元间正是海上丝绸之路的巅峰时期。当时，海路贸易量十分庞大，为中国带来了丰润的经济利益，于是朝廷大力提倡。宋哲宗元祐二年（1087年），朝廷成立市舶司，"掌蕃货海舶征榷贸易之事，以来人，通远物"，是专门处理海上贸易事务的衙门。宋朝先后在广州、临安府（杭州）、庆元府（明州，今宁波）、泉州、密州板桥镇（今胶州营海镇）、嘉兴府（今秀州）、华亭县（今松江）、镇江府、平江府（今苏州）、温州、江阴军（今江阴）、嘉兴府（秀州）、澉浦镇（今海盐）和上海镇（今上海市区）等地设立市舶司专门管理海外贸易。其中以广州、泉州和明州最大，中国的丝绸和瓷器由东南地区的港口出口至世界各地。商船来来往往，有的从南海来中国经销货品，有的扬帆启船，满载货物，要驶往东北亚的朝鲜半岛和日本。码头上进口的香料、珠宝，出口的丝绸、瓷器、杂货山积。据史书记载，那时与泉州有海上贸易往来的国家和地区达100多个，遍及东南亚、南亚、西

华美致远

亚乃至非洲东岸和地中海尽头的西班牙。马可·波罗曾在游记中称泉州"香货远物、异宝珍玩之所渊薮，殊方别域、富商巨贾之所窟宅，号为天下最"。泉州在南宋后期更一跃成为世界第一大港和海上丝绸之路的起点。泉州城内，各种肤色和操各种语言的人们，摩肩接踵；琳琅满目的中西货物，堆积如山；港湾里停泊着来自世界各地的各种各样的大小船只。

宋代与中国通商的国家总计有 58 国。自北宋太平兴国三年到政和六年（978—1116 年），日本和宋朝的商船往来，非常频繁，几乎年年不绝。与此同时，宋朝使者还将丝绸等物带往东南亚各国。

元代官方海外贸易更是发达，与元朝通商的有 200 多个国家和地区。东南亚各国"每岁望唐舶贩其地"，中国商人将苏杭色缎、青缎与青白瓷器等商品载往其地，海外商人也来江南购买丝绸，可谓"蚕乡丝熟海商来"。

明朝初年农业经济得到恢复，手工业也有了很大的发展。尤其是造船业的发达，航海技术的进步（包括罗盘的使用，航海经验的积累，航海知识的提高），大批航海水手的养成，以及明初工商业的恢复和发展，宋、元以来中国海外贸易的发达，对外移民的增加，所有这一切，都为郑和下"西洋"准备了坚实的基础，提供了较为雄厚的物质条件。明初这种强盛的国势、发达的贸易，本身具有加强同海外各国的联系，扩大海外的贸易和来往的要求。于是，明成祖朱棣决定组织一支强大的船队，前往"西洋"诸国。

明永乐三年（1405 年），明成祖命太监郑和率领由 240 多艘海船、27400 名船员组成的庞大船队远航，开辟了贯通太平洋西部与印度洋等大洋的直达航线，加深了大明帝国和南海（今东南亚）、东非的友好关系，史称郑和下西洋。郑和的船队每次都从苏州浏家港出发，一直到明宣德八年（1433 年），一共远航了有 7 次之多，航线从西太平洋穿越印度洋，直达西亚和非洲东岸。他的航行比哥伦布发现美洲大陆早 87 年，比达·伽马早 92 年，比麦哲伦早 114 年。

郑和到达了占城、爪哇、旧港、满拉加、哑鲁、苏门答腊、那孤儿、勃泥、小葛兰、彭亨、锡兰山、三岛、苏禄、吕宋、溜山、打歪、八都

通向世界的丝绸之路

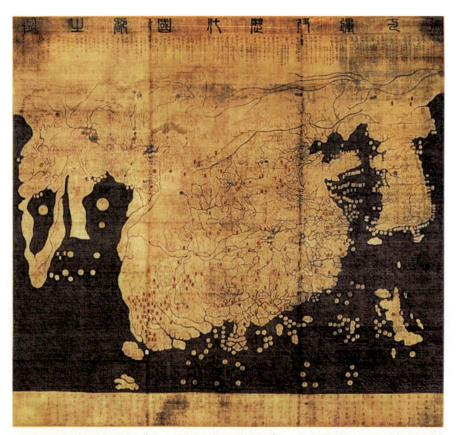

15世纪初，朝鲜所制的《混一疆理历代国都之图》，显示郑和时代的明朝及其藩属国

马、柯枝、南巫里、古里、坎八叶、木克郎、甘巴里、阿拨巴丹、阿丁、天方、米息、麻林地、忽鲁模斯、祖法儿、木鲁旰、木骨都束、抹儿干别、不剌哇、慢八撒、木兰皮等等30多个国家，最远达非洲东部。郑和率领的庞大船队，就其活动的性质来说，既不是一般的商船队，也不是一般的外交使团，而是由封建统治者组织的兼有外交和贸易双重任务的船队。他出使的任务之一，就是招徕各国称臣纳贡，与这些国家建立起上邦大国与藩属国的关系。郑和每到一个国家，第一件事便是宣读皇帝朱棣的诏书，第二件事是赠送礼物，第三件事是进行贸易活动，第四件事是与这些国家建立友好关系。明朝政府"强大却不称霸，播仁爱于友邦，宣昭颁赏，厚往薄来"，郑和的航行加强了中国明朝政府与海外

各国的联系，向海外诸国传播了先进的中华文明，加强了东西方文明的交流。这是中国古代历史上最后一件世界性的盛举。

郑和7次下西洋还留下了《郑和航海图》，此图在明代晚期被茅元仪收录在《武备志》中。原图呈一字形长卷，收入《武备志》时改为书本式，有图20页，共40幅，最后附"过洋牵星图"二幅。海图中记载了530多个地名，其中外域地名有300个，最远的东非海岸有16个。图中标出了城市、岛屿、航海标志、滩、礁、山脉和航路等。其中明确标明了南沙群岛（万生石塘屿）、西沙群岛（石塘）、中沙群岛（石星石塘）。《郑和航海图》是世界上现存最早的航海图集，该图与同时期西方最有代表性的波特兰海图相比，涉及的范围更广，内容更丰富，虽然精度较低，但实用性胜过波特兰海图。

明清时期，我国丝绸通过海路行销日本、南亚、东南亚各国，并通过菲律宾马尼拉中转远销美洲、欧洲，海上贸易的范围和数量大大增加。中国对外贸易以丝绸为最大宗商品，而输回的是金、银硬通货及铜。据日本官方记载，仅自1648年到1704年的60年中，从日本流出的黄金

郑和宝船模型

近 240 万两，白银达 374 000 余贯，从 1662 年到 1708 年的 46 年中，铜流出达 1 亿 1 千万两多。金银的输入给中国带来了经济长期的繁荣。与此同时，我们可以从江西的明墓中找到西洋布，也可以在葡萄牙的教堂中找到中国仿制的天鹅绒。还有大量欧洲织锦作为交流的实证被留在中国，这种交流在民间和宫廷都存在。在清代丝绸的设计中，出现了一类被称为大洋花的织物，其中包括从欧洲进口的、中国仿制的和中国为出口欧洲定制的各种各类的西方风格的织物。

直到 19 世纪末，丝绸仍旧在中国对外出口商品中长期占有重要地位，是中国通过海上丝绸之路对外出口的最大宗商品。在输出的物资中，除了丝绸之外，通过海上丝绸之路往外输出的商品还有瓷器、茶叶和铜铁器等，运往国内的主要是香料、花草及一些供宫廷赏玩的奇珍异宝，于是海上丝绸之路又有海上陶瓷之路、海上香药之路之称。

1683 年清军攻占台湾后，康熙接受东南沿海的官员请求，停止了清前期的海禁政策。但是康熙的开海禁是有限制的，其中最大的限制就是不许与西方贸易。康熙曾口谕大臣们："除东洋外不许与他国贸易。"而且此时日本的德川幕府为了防止中国产品对日本的冲击，对与清朝的贸易也采取严格的限制。因此，此时的海外贸易与明末相比，已经大为衰弱。到了乾隆以后，清廷开始实行全面的闭关锁国政策，一开始是四口通商，到后来只有广州开放对外通商，且由十三行垄断其进出口贸易。清廷的闭关锁国政策不仅阻碍了中国与西方世界的接触，使中国丧失了与世界同步发展的最佳时期，而且也使我国的航海业走向衰败，这条曾为东西方交往做出巨大贡献的海上丝绸之路也就逐渐消亡了。

# 丝礼文章

## 尊神循礼

中国古代社会是以礼仪为中心的礼制社会。《礼记·曲礼上》载："道德仁义，非礼不成；教训正俗，非礼不备；分争辨讼，非礼不决；君臣上下父子兄弟，非礼不定；宦学事师，非礼不亲；班朝治军，莅官行法，非礼威严不行；祷祠、祭祀，供给鬼神，非礼不诚不庄。"而礼仪之中又以祭祀为大，《左传·成公十三年》谓："国之大事，在祀与戎。"这种观念一直持续到近代。祭祀在礼制中的重要性乃是源于中国上古先民对天地自然的特殊认识。早在商代，各类祭祀就已极度发达，这从殷墟出土的刻有卜辞的甲骨中可以得到验证。发展到周代，祭祀的体系更趋完善，其时的祭祀系统分为天神、地示、人鬼三个系统，天神系统又分郊天之祭、祭日月、祭星辰；地示系统又分祭社稷、祭山川、五祀、蜡祭；人鬼系统则又分为祭宗庙、祭厉鬼诸类。关于祭祀的意义，《礼记·祭义》中说："因物之精，制为之极，明命鬼神，以为黔首则，百众以畏，万民以服。"《礼记·祭统》也说："凡治人之道，莫急于礼。礼有五经，莫重于祭。夫祭者，非物自外至者也，自中出生于心也，心怵而奉之以礼。是故，唯贤者能尽祭之义。"

而祭祀，除了人的参与，还需祭器的辅助，即所谓的礼器。而礼器又据祭祀的场合、种类的不同有所不同，玉器类大致用于祭祀天地，青铜类则大抵陈于宗庙，当然，两者也非绝对。礼器之上还需各类附属物品，这其中就有丝绸。殷墟甲骨上的文字大多为祭祀前后占卜应验与否的相关记事，其中蚕、桑、丝等字即已多见，可见当时丝绸已广泛用于祭祀活动。《礼记·礼运》中说："治其麻丝，以为布帛，以养生送死，以事鬼神上帝，皆从其朔。"《礼记·祭统》中也说：

刻在胫骨上的甲骨文

青铜盆

"王后蚕于北郊，以共纯服……夫人蚕于北郊，以共冕服……王后夫人非莫蚕也，身致其诚信，诚信之谓尽，尽之谓敬，敬尽然后可以事神明，此祭之道也。"《尚书·舜典》载舜承尧禅之后，巡守四岳，"岁二月，东巡守，至于岱宗，柴；望秩于山川，肆觐东后……修五礼、五玉、三帛、二生、一死贽。如五器，卒乃复。"据孔颖达疏，三帛指纁、玄、黄三种颜色的丝绸，乃是用于祭天之礼。这是文献中的关于丝绸及其制品用于祭祀的记载。考古发掘所出的商周青铜器和玉器上的丝绸遗存，使文献上的记载得以验证。祭祀之中，参与祭祀的人应据不同的祭祀场合穿着用丝绸制成的祭服，而祭服平时是不能穿的。所以《礼记·曲礼下》上说："君子虽贫，不粥祭器；虽寒，不衣祭服。"

商代青铜器上，多附着有丝帛。1929 年安阳殷墟第三次发掘所出戈形兵器，其上有"极显著的布纹"；1934—1935 年殷墟 HPKM1001 号大墓所出铜爵、铜觚、铜戈，其上除席纹麻纹外，尚有细布痕迹；1950 年安阳武官殷代大墓所出三铜戈，其上皆有绢帛的痕迹，有的"裹有极细绢纹"，有的"裹布纹"；1955 年，郑州所出商代铜盆上，亦有绢布的痕迹；1973 年藁城台西村商代 38 号墓出土的铜觚上发现残存有丝织物。传世商代青铜器上也有附着丝帛的痕迹。如故宫博物院藏铜斧，其上就有丝织物的痕迹；中国历史博物馆所藏铜片，其上也带丝织残痕；瑞典马尔米博物馆所藏商代青铜觯及远东古物博物馆所藏商代青铜钺上，皆有丝帛痕迹。郑振铎说："今日铜器上尚常常见到绢的遗迹。绢的织纹是有各种形式的。当时把铜器作为殉葬物，恐怕其外面常是包有绢帛之类的。"

古时丝绸亦多用于随葬。关于此，古代文献多有记载。有缠尸以币

**粘有平纹绢残迹的商代铜片（中国国家博物馆藏）**

帛的，如《汉书·杨王孙传》"裹以币帛，支体络束"，又《后汉书·礼仪志》下记大丧云"守宫令兼东园匠将女执事黄绵缇缯、金缕玉柙如故事"。或以纩绵，如《后汉书·张奂传》在奂遗命曰："地底冥冥，长无晓期，而复缠以纩绵，牢以钉密，为不喜耳。"或以衣物，如《汉书·龚胜传》云："胜因敕以棺敛丧事：'衣周于身，棺周于衣'。"贵者以锦衣，《后汉书·邓骘传》云"弘初疾病，遗言，悉以常服，不得用锦衣玉匣"；俭者以常服，《汉书·朱云传》载"云年七十余终于家，遗言以身服敛，棺周于身，土周于椁"。或以被，《汉书·原涉传》云"具记衣被棺木"。这些记载，均有考古发现所出实物使其得到验证。如乐浪汉墓所出棺内发现的绢布，尚留缝时针脚，均有丧葬所用衾被之遗存。又，马王堆1号墓尸体脸上覆盖有丝织物两件，一为酱色织锦，一为素绢，两手握绣花绢面香囊。尸身外严密包裹各类衣衾共20层。马王堆3号墓死者尸身外则严密包裹有衣衾18层。稍早的例子又见于马山1号楚墓，此墓棺饰有由黄色纱束串连的琉璃管，黄色纱束由两长条纱拧在一起组成，一端打结，尾端散开，另一尾端打结。有荒帷，由深棕色绢制成，由四整幅和两条长绢拼缝而成，周边饰大菱形纹锦缘。有帛画，置于荒帷之上，由白绢制成。棺内塞满衣衾和衣衾包裹，衣衾包裹由13层衣衾裹成，死者尸体在最内层。打开衣衾包裹后，死者双手拇指由一根朱红色组带的两端用套口系住，双脚拇指则被黄色组带系住，手中并各握一件长条状绢团。

吐鲁番墓群墓葬出有众多衣物疏，其中所记各类陪葬丝织品名目亦多。据统计，吐鲁番墓群所出衣物疏共58件。衣物疏中，大多详细开列随葬之物，而其中多有丝织品。如阿斯塔那170号墓所出高昌章和十三年（543年）孝姿（衣物疏物主，生前信佛，孝姿为其法名）随葬衣物疏，其中所载丝织名目甚多，其疏文如次："故树叶锦面衣一枚，故绣罗裆一枚，故锦襦一枚领带具，故锦褶一枚领带具，故绯绫襦二枚领带具，故紫绫褶二枚领带（具），故绯绫襖三枚领带具，故白绫大衫一枚领带具，故白绫小衫一枚领带具，故黄绫裙一枚攀带具，故绿绫裙一枚攀带具，故合蠡文锦袴一枚攀带具，故白绫中衣二枚攀带具，故脚靡一枚，故绣靴二枚，故树叶锦丑衣二枚，故金银钏二枚，故金银指环六枚，故挬扮耳抱二枚，故绫被褥四枚，故绯红锦鸡鸣枕一枚，故波斯锦十张，故魏锦十匹，故合蠡大绫十匹，故石柱小绫十匹，故白绢四十匹，故金钱百枚，故银钱百枚，故布叠二百匹，故手把二枚，攀天系万万九千丈。章和十三年水亥岁正月任（壬）戌朔，十三日甲戌，比丘果愿敬移五道大神，佛弟子孝姿持佛五戒，专修十善，以此月六日物故。迳涉五道，任意所过，右上件悉是平生所用之物。时人张坚固、季定度。若欲求海东头，若欲觅海西辟（壁），不得奄遏停留。急急如律令。"

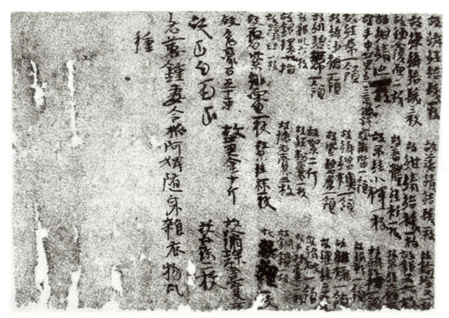

一份随葬衣物疏（阿斯塔那408号墓出土）

此墓亦有大量丝织品出土，这些丝织品种类丰富并能与同出衣物疏上的记载对应。其中包括平纹经锦、平纹纬锦、绮、纱、绢等。锦的图案相当复杂，其中不仅发现有大量的树叶纹锦，还有吹奏人物纹锦、彩条纹花卉大王锦等不多见的织锦。有学者将墓中所出丝织品与衣物疏上所载织物进行对比研究后，发现其中不少名物可以找到对应实物。如丑衣就是手套，合蠡文锦袴就是红地人面对鸟兽纹锦裤，绯红锦就是彩条花卉大王锦，石柱小绫就是石柱联珠纹绮。

衣物疏中提到海东头、海西壁，在其他衣物疏中出现共计40多次，提到五道大神，共计14次。海为魂归之所。五道之名源自佛教，是佛教常用的一个术语。在高昌，五道大神具有阎罗一样的地位。文书中的张坚固、季定度，其他衣物疏中并作李坚固、张定杜或张坚固、李定度等，皆为当时常见的神仙名。又，衣物疏中提到攀天系（丝）万万九千丈，反映了丝绸通天之功用的遗存。与此相关的，汉唐之间，丝路上所出骆驼载物俑甚多，关于其所表现的观念，有学者认为所驮物品并非丝路贸易中真实物品的写照，只是代表一种概念。除表示富有外，其驮载的物品主要提供给墓主作为陪葬品。中国早期随葬品中有人牲，后随着丝路贸易的畅通，骆驼地位渐为重要，也成为精神供品的驮载者，而其驮载的丝可能是为死者灵魂攀天而用。

吐鲁番墓群所出覆面亦多，据考证，最早的是4世纪后半叶的覆面，见于墓志纪年为384年的阿斯塔那305号墓出土的随葬衣物疏。已知最晚的墓葬出土覆面，纪年则为710年。在随葬品中发现的多为4～7

联珠对孔雀纹锦覆面（阿斯塔那墓出土）

世纪的覆面。吐鲁番文书中提及覆面（面衣）亦多，如阿斯塔那205号墓所出文书《高昌重光元年缺名随葬衣物疏》载有"面衣一具"，阿斯塔那173号墓所出文书《高昌延寿十年元儿随葬衣物疏》载有"波斯锦面依（衣）一具"。有学者认为覆面葬俗源于中原，并以此作为早期中原文化对新疆影响的史证。20世纪60年代长沙马王堆发现了公元前

汉代玉覆面（山东双乳山出土）

175—公元前145年墓葬，墓主面部覆有一黑色覆面，国内考古学家以这一发现为覆面葬俗源于中原提供了史证。

覆面，除中国新疆阿斯塔那、哈拉和卓墓群有发现外，在俄罗斯卡拉布拉克墓地，乌兹别克费尔干纳盆地的波罗克拜孜墓地、蒙恰特佩墓群都曾有考古发现。

中国西部及费尔干纳盆地的覆面都有眼罩，其中阿斯塔那出土的眼罩以金属制成，卡拉布拉克墓地出土的眼罩则以布做成小枕头的形状，覆于眼部。比较而言，费尔干纳盆地蒙恰特佩墓群出土的覆面在材质上与新疆阿斯塔那的相似，但在制作方式

眼罩（阿斯塔那墓出土）

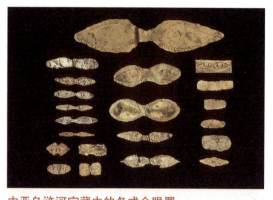

中亚乌浒河宝藏中的各式金眼罩

与形态上，与卡拉布拉克出土的更接近。通过材质的比较，研究者认为目前已知覆面中最早的样式是卡拉布拉克出土的，而费尔干纳地区的覆面则与中国西部地区出土的为同期或在其晚期。

卡拉布拉克和蒙恰塔特出土的方形覆面、眼罩，都应该是丧葬习俗中的重要组成部分。与费尔干纳所见不同，新疆发现的覆面与眼罩是同时使用，而卡拉布拉克出土的眼罩则是制作成小枕头的形状。比较来看，阿斯塔那和卡拉布拉克的覆面形制较特殊，中部为锦，四边缘以素绢。就时间先后来看，阿斯塔那、蒙恰塔特使用的覆面、眼罩源自卡拉布拉克。就功能而言，覆面和眼罩具有宗教性和阶级性两种含义。其宗教性含义即在超度死者，而所谓阶级性则指以覆面材质的不同来显示死者社会地位的不同。从这一角度来看，织物覆面与贵金属所制覆面具有同样的功能。

## 显辨名分

自古以来，中国服饰就不单是掩体御寒之物，同时也是族群文化的象征，有着深刻的文化内涵。孔子说："微管仲，吾其被发左衽矣。"这表明当时的服装就已具有区分族群的功用。典章服饰，不但具有外形上的华美，更具深刻的内在意蕴。《后汉书·舆服》载："仰观象于天，俯观法于地，以五采章施于五色作服。"孔安国疏曰："以五采明施于五色，作尊卑之服。"《荀子》君道篇云："修冠弁衣裳、黼黻文章，雕琢刻镂皆有等差，是所以藩饰之也。"贾谊《新书·服疑》载："贵贱有级，服位有等……天下见其服而知贵贱，望其章即知其势。"《南齐书·舆服志》上也说："文物煌煌，仪品穆穆。分别礼数，莫过舆服。"明人余继登《典故纪闻》载："太祖尝谓廷臣曰：'古昔帝王之治天下，必定礼制，以定贵贱，明等威。是以汉高初兴，即有衣锦绣绮縠，操兵乘马之禁，历代皆然。近世风俗，相承流于僭侈，闾里之民，服食居处与公卿无异，而奴仆贱隶往往肆侈于乡曲，贵贱无等，僭礼败废，此元之失政也。中书其以房舍服色等第，明立禁条，颁布中外，俾各有所守。'于是省部定职官自一品至九品房舍、车舆、器用、衣服各有等差。"又载，"太祖尝命儒臣历考旧章，上自朝廷，下至臣庶，冠婚丧祭之仪，服舍器用之制，各有等差，着为条格。"贵贱有级、服位有等就是一种礼制上的秩序。

穿右衽交领深衣的彩绘陶仪卫俑
（江苏徐州西汉墓出土）

　　服饰的等级主要通过色彩来表现，等级不同，所用的色彩亦不同。《周礼·考工记》载："画缋之事，杂五色。东方谓之青，南方谓之赤，西方谓之白，北方谓之黑，天谓之玄，地谓之黄。"这是文献中关于五色观念最早的记载。五色观念又与阴阳五行的观念有关。阴阳五行中的阴指山之背面，阳指山之南面，这些观念影响着国人长久以来居住方位的选择；五行则指金、木、水、火、土五种元素，五行存在相生相克之理。阴阳五行观念表现在色彩上即为五色。"先秦时代，产生了中国独特的五色与间色的色彩区分思想……西汉时期，董仲舒以儒家思想阐发阴阳五行说，并将五色与五方、五时等组合联系，运用于衣色制度的色彩搭配，构成了区分贵贱的服色标志"（金成熺《染作江南春水色》）。《明史·舆服志》载："历代异尚。夏黑，商白，周赤，秦黑，汉赤，唐服饰黄；旗帜赤。今国家承元之后，取法周、汉、唐、宋，服色所尚，于赤为宜。"中国很早就产生了色彩上的等级观念，古书上说孔子有"三恶"，其中之一便是"恶紫之夺朱"，厌恶间色混淆正色。色彩上的等级，在汉代的绶

戴长冠、着深衣的侍者彩绘木俑（马王堆汉墓出土）

身着紫、绯、绿、青、黄常服圆领袍的内侍（唐懿德太子墓壁画）

带上即表现明显。汉制，皇帝黄赤绶，四采，黄赤缥绀，淳黄。太皇太后、皇太后、皇后绶制如皇帝；诸侯王赤绶，四采，赤黄缥绀；诸国贵人、相国皆绿绶，三采，绿紫绀；公、侯、将军紫绶，二采，紫白。九卿、中二千石、二千石青绶，三采，青白红；千石、六百石黑绶，三采，青赤绀；四百石、三百石长同；四百石、三百石、二百石黄绶，一采。

到了北周时期，开始出现官吏按各自品级穿各色衣服的制度，即"品色衣"制。这一制度出现后，相沿甚久。《周书·宣帝纪》载："（大象二年）诏天台侍卫之官，皆着五色及红紫绿衣，以杂色为缘，名曰品色衣。有大事，与公服间服之。"北周立国很短，以官品为别穿着各色衣物的制度还是到了隋唐时期才稳定下来。李当岐谓："大抵以紫、绯、绿、青四色为定官品之高卑者，实始于隋唐。"孙机也说："自唐迄明，皆沿袭这种做法，成为我国古代官服之一重大变革。""从这时起，历唐、宋、元、明各代，原则上都采用这一制度了。"唐制，品官服色一品至三品紫，四品深绯，五品浅绯，六品深绿，七品浅绿，八品深青，九品浅青，庶人黄白。宋代袭用唐制但稍有别，品官服色为一品至四品紫，五品六品绯，七品至九品绿，庶人皂白。

元代品官公服服色则一品至五品紫，六品七品绯，八品九品绿。又不同品级花纹及其尺寸不同。一品大独科花，花径五寸；二品小独科花，花径二寸；三品散答花，无枝叶；四品五品小杂花，花径一寸五分；六品七品小杂花，花径一寸；八品九品无纹样。明代品官公服服色一品至四品，绯袍；五品至七品，青袍；八品九品，绿袍；未入流杂职官，与八品以下同。公服花样，一品，大独科花，径五寸；二品，小独科花，径三寸；三品，散答花，无枝叶，径二寸；四品、五品，小杂花纹，径一寸五分；六品、七品，小杂花，径一寸；八品以下无纹。

品色衣之外，又有所谓的禁色，也就是禁止一定人穿用的颜色，这也是等级上的一种表现。如唐总章元年（668年），始一切不许着黄。《元典章》中规定民间禁用的颜色即有9种，为柳芳绿、天碧、真紫、鸡冠紫、迎霜合、栀红、红白闪色、胭脂红、赫黄。明洪武五年（1373年），令民间妇人礼服惟紫绡，不用金绣，袍衫止紫、绿、桃红及诸浅淡颜色，不许用大红、鸦青、黄色，带用蓝绢布。天顺二年（1459年）又令，官民衣服不得用玄黄、紫及玄色、黑、绿、柳黄、薑黄、明黄诸色。

服饰上的等级之别也表现在纹样上，其中最为典型的例子就是冕服

《步辇图》（唐·阎立本）

明定陵黄缂丝衮服复制件十二章纹样局部

上的十二章纹。《周易·系辞下》载:"黄帝尧舜垂衣裳而天下治,盖取诸乾坤。"《通鉴·外纪》载:"(黄)帝始作冕垂旒,充纩,元衣黄裳,以象天地之正色。旁观羽翟草木之花,变为五色为文章而著于器服,以表贵贱,于是,衮冕衣裳之制兴。"据《周礼》,冕服有六种,分别为大裘冕、衮冕、鷩冕、毳冕、希冕、玄冕。《周礼·春官·司服》载:"司服掌王之凶吉衣服,辨其名物,与其用事。王之吉服,祀昊天上帝,则服大裘而冕,祀五帝亦如之;享先王则衮冕;享先公飨射,则鷩冕;祀四望山川,则毳冕;祭社稷五祀,则希冕;祭群小祀,则玄冕。凡兵事,韦弁服。视朝,则皮弁服。凡甸,冠弁服。"周天子六冕皆备,而其下公侯伯等依其等级所备不同和祭祀场合的不同而服用的冕服也有所不同。同书其后又载:"公之服,自衮冕而下,如王之服。侯伯之服,自鷩冕而下,如公之服。子男之服,自毳冕而下,如侯伯之服;孤之服,自希冕而下,如子男之服。卿大夫之服,自玄冕而下,如孤之服;士之服,自皮弁而下,如大夫之服。"

此外,因冕服的不同,冕服上所饰的十二章纹样及其他物事也有数量上的增减,大抵周天子可以十二章具备,而公侯伯等依次递降。又因冕服种类的不同,其上的十二章纹样亦有多少之别。大裘冕无章、衮冕九章、鷩冕七章、毳冕五章、希冕三章、玄冕一章。十二章纹样最早见于《尚书》。《尚书·益稷》也载:"帝(舜)曰:'予欲观古人之象,日、月、星辰、山、龙、华虫、作会、宗彝、藻、火、粉米、黼、黻、絺绣,以五采彰施于五色,作服。'"关于十二章纹样,沈从文说:"王室公卿为表示尊贵威严，在不同礼仪场合顶冠既要冕弁有序，穿衣着裳也许采用不同形式、颜色和图案。……十二章中，日、月、星辰寓意照临，山寓稳重，龙寓应变，华虫寓文丽；宗彝寓忠孝，藻寓洁净，火寓光明，粉米寓滋养，黼寓决断，黻寓明辨。十二章纹遂成为历代帝王的服章制度，一直沿用到清帝逊位。"

关于十二章纹样的意义，《尚书·益稷》孔颖达疏曰："天之数不过

十二章纹

通向世界的丝绸之路

十二，故王者制作，皆以十二象天也。顾氏取先儒等说，以为日月星取其照临，山取其兴云雨，龙取变化无方，华取文章，雉取耿介，藻取有文，火取炎上，粉取洁白，米取能养，黼取能断，黻取善恶相背。"贾公彦则曰："然古人必为日月星辰于衣者，取其明也；山取其人所仰；龙取其能变化；华虫取其文理。作绘者，绘画也。衣是阳，阳至轻浮，画亦轻浮，故衣绘也。宗彝者，据周之彝尊有虎蜼，因于前代，则虞时有雉彝，虎彝可知。若然，宗彝是宗庙之彝尊，非虫兽之号，而言宗彝者，以虎蜼画于彝，故此亦并为一章也。虎取其严猛，蜼取其有智，以其仰鼻，长尾，大雨则悬于树，以尾塞其鼻，是其智也。藻，水草，亦取其有文象；衣上华虫，火亦取其明。粉米共为一章，取其洁，亦取其养人。黼谓白黑为形，则斧文近刃白，近上黑，取断割焉。黻，黑与青为形，则两色相背，取臣民背恶向善，亦取君臣有合离之意，去就之理也。"五代学者聂崇义在其《三礼图》"衮冕条"中也说："以日月星辰画于旌旗，所谓三辰旌旗，昭其明也……龙能变化，取其神，山取其人所仰

也，火取其明也，宗彝古宗庙彝尊，名以虎、蜼，画于宗彝，因号虎蜼为宗彝，虎取其严猛，蜼取其智，遇雨以尾塞鼻，是其智也。""黻冕条"中说："藻，水草也，取其文，如华虫之义，粉米取其洁，又取其养人也……黼诸文亦作斧，案绘人职据其色而言，白与黑谓之黼，若据绣于物上，即为金斧之文，近刃白，近銎黑，则曰斧，取金斧断割之义也。青与黑为黻，形则两已相背，取臣民背恶向善，亦取君臣离合之义。"

因所服之冕服不同、所服冕服之人等级不同，冕冠上所饰的旒数也有不同。《礼记·礼器》说："天子之冕，朱绿藻十有二旒，诸侯九，上大夫七，下大夫五，士三。"大裘冕无章无旒，其余五冕都有旒。天子衮冕十二旒，鷩冕九旒，毳冕七旒，希冕五旒，玄冕三旒，旒均十二玉；至于诸侯和诸臣，公九旒九玉，侯伯七旒七玉，子男五旒五玉，孤四旒四玉，三命之卿三旒三玉，再命之大夫二旒二玉，一命之大夫冕而无旒。

周礼制度的冕服，一经儒生们的推衍确立，后世相沿。虽然略有改变，但其立意大致皆源出周礼。《宋书·礼志五》云："上公、卿助祭于郊庙，皆平冕，王公八旒，卿七旒，以组为缨，色如其绶。王公衣山龙以下，九章也，卿衣华虫以下，七章也。"《晋书·舆服志》载："平冕，王公、卿助祭于郊庙服之。王公八旒，卿七旒。以组为缨，色如其绶。王公衣山龙以下九章，卿衣华虫以下七章。"《南齐书·舆服志》亦谓："旧相承三公以下冕七旒，青玉珠；

卿大夫以下五旒，黑玉珠。永明六年，太常丞何諲之议，案《周礼》命数，改三公八旒，卿六旒。尚书令王俭议，依汉三公服山龙九章，卿华虫七章。从之。"冕服历隋唐亦然。至于宋代又稍有变更。九旒九章之祭服，亲王、中书门下、三公奉祀服之；七旒五章者，九卿奉祀服之；五旒无章者，四品五品为献官服之；无旒无章者，太祝奉礼服之。明朝时，冕服只限于皇室使用，并废弃五冕，只用衮冕，但其等级之别亦然。天子十二旒十二章皇太子、亲王衮冕九旒九章，亲王世子八旒七章，郡王七旒五章。冕服制度最后的余波是在民国初年，民国三年（1914年）颁行的《祭祀冠服制》和《祭祀冠服图》，衣上所饰就依大总统、各级官员的等级不同。

纹样上的等级之别，还表现于明清两代所用的补子上。补子，即明清两代用于服饰上区别等级的，位于前胸和后背的两块织物，其上或织或绣或用缂丝饰以各种飞禽走兽。不同官阶的官员，其服饰上装饰各色飞禽走兽，早在武则天延载元年（694年）时即已执行。其时文武三品以上官员、左右监门卫将军等袍衫饰以对狮，左右卫饰以麒麟，左右武威卫饰以对虎，左右豹韬卫饰以豹，左右鹰扬卫饰以鹰，左右玉钤卫饰以对鹘，左右金吾

缂丝斗牛补子（明）

三品文官补子（清）

五品武将缂丝补子（清）

通向世界的丝绸之路

卫饰以对豸，诸王饰以盘龙及鹿，宰相饰以凤池，尚书饰以对雁。到了开元十一年（724年），千牛卫为瑞牛，左右卫为瑞马，骁卫以虎，武卫以鹰，威卫以豹，领军卫以白泽，金吾卫以辟邪，监门卫以狮子。但唐代的这类制度，后来并未沿用，其所执行的范围也较为狭窄，与明清时严格区分等级的补子并无直接渊源。

明清时代的补子源自元朝的胸背，而元朝胸背并无等级之别，只是纯粹作为服饰上的装饰。到了明代，才将补子严格对应官阶。《大学衍义补遗》卷九十八载："我朝定制，品官各有花样，公、侯、驸马、伯服绣麒麟、白泽，不在文武之数。文武一品至九品皆由应服花样，文官用飞鸟，象其文采也；武官用走兽，象其猛鸷也。"明·谢肇淛《五杂俎》载："国朝服色以补为别，皆用鸟兽，盖取古人以鸟纪官之意。文官惟法官服豸，其余皆鸟，武官皆兽。"《明史·舆服志》载："（洪武）二十四年定，公、侯、驸马、伯，服绣麒麟、白泽。文官一品仙鹤，二品锦鸡，三品孔雀，四品云雁，五品白鹇，六品鹭鸶，七品鸂鶒，八品黄鹂，九品鹌鹑，杂职练鹊，风宪官獬豸。武官一品、二品狮子，三品、四品虎豹，五品熊罴，六品、七品彪，八品犀牛，九品海马。"元朝胸背上无等级差别的龙、凤、麒麟及鹿等其他动物至此有了等级上的差别。除了严格区分品官等级的补子之外，明代尚有作为赐服由皇帝专门赐给特定人物的赐补，如蟒、斗牛、飞鱼等也具有一定的等级。每逢节庆，又有所谓的各色应景补子。如元宵，用灯笼补子；端午，用五毒补子；七夕，则为鹊桥相会补子；中秋，为月兔补子；千秋万寿节，则服"寿"字、双喜补子等。明清易代，补子仍被袭用。据《清史稿·舆服志》所载，清代补服制度如下：文一品仙鹤，武一品麒麟；文二品锦鸡，武二品狮子；文三品孔雀，武三品豹；文四品雁，武四品虎；文五品白鹇，武五品熊；文六品鹭鸶，武六品彪；文七品鸂鶒，武七品犀牛；文八品鹌鹑，武八品如武七品；文九品练雀，武九品海马；都御史、副都御史、按察使、给事中、御史等用獬豸。

## 美好祝愿

两汉织物显著的特征是云气动物纹和吉语文字的大量使用，此与两汉的祥瑞观念和修仙思想密切相关。汉人对祥瑞的信仰既强烈又普遍。如公元前110年武帝封禅泰山时，要求将得自远方的珍禽异兽放满山野，如此就好像是许多祥瑞从天而降。又因珍禽异兽所处的环境是丛林、山谷和边远之地，受祥瑞思想影响，汉人又崇拜山和云气。有汉一代，无论是日常用的车、镜、香炉、妆奁、酒器、木器，还是住房或坟墓，都普遍装饰着祥瑞的形象。不仅许多水平很高的工艺品上饰有祥瑞动物的图案，连普通百姓也愿用此类图案来装饰他们粗糙的陶制用器。这一切都源自当时人们一种简单的想法，即在日常用品和衣服上描画祥瑞的图像可引出真的祥瑞，这也就是所谓的"发瑞"。两汉时人们狂热追求成仙，热衷寻找仙气，而祥瑞的出现也就常有云气相伴。他们认为动物是上天的使者和吉祥之兆，可以佑护人们安宁幸福、羽化成仙。

吉语文字锦始见于西汉晚期，盛行于东汉中后期至魏晋时期。关于织锦上的文字，有学者将其分为四类：一为一般意义上的吉语；二为政治术语；三为弘扬儒教理念及其社会文化价值的文字；四为根据绿洲城邦国家的贵族审美和功利目的而专门设计的汉语—胡语双语文字。也有将学者吉语文字分为反映祈寿延孙、祈福求仙、历史政治事件的三类。

楼兰—尼雅地区所出的带吉语文字的锦包括韩仁绣文衣右子孙无极锦、延年益寿锦、"乐"字锦、登高明望四海锦、"永"字锦、长乐明光锦、"续世锦宜"锦、延年益寿大宜子孙锦、万世如意锦、"阳"字

千秋万岁宜子孙锦枕

锦、长寿明光锦、望四海贵富寿为国庆锦、登高贵富锦、广山锦、延年益寿长葆子孙锦、永昌锦、"泽"字锦、续世锦、"孙"字马纹锦、"年"字禽兽纹锦、"万"字禽兽纹锦、登高锦、"寿"字锦、"王"字锦、王后合昏千秋万岁宜子孙锦、五星出东方利中国锦、安乐如意长寿无极锦、登高明望四海贵富寿为国庆锦、世毋极锦宜二亲传子孙锦、安乐绣文大宜子孙锦、千秋万岁宜子孙锦、"金池凤"锦、"讨南羌"锦、受右锦、韩侃吴牢锦右二（亲）锦、恩泽下岁大熟长葆二亲子孙息兄弟茂盛寿无极锦、德宜子生锦、大明光受右承福锦、元和元年锦、子孙锦、宜吉锦等。

　　汉设西域都护后，对西域绿洲各国实行"可安辑，安辑之；可击，击之"的政策。汉王朝对西域绿洲国家之一的精绝国的安辑政策有实施屯田、"财赂怀诱"、和亲三项。精绝国墓地出土的丝绸、漆器、铜镜就属于"财赂怀诱"的见证。而尼雅95一号墓地三号墓墓主夫妇身上盖的"王侯合婚千秋万岁宜子孙"锦被，有学者认为即为和亲而由汉朝工房专门织造。而尼雅墓地所出五星出东方利中国锦，其上"五星出东方利中国"几个字，专家们认为实为古代星占中的"五星占"，而古时五星占又多与用兵有关，具兵阴阳的性质。兵阴阳的特征为"顺时而发，推刑德，随斗击，因五胜，假鬼神而为助也"。与此织锦相关的占文，史载有两条。《史记·天官书》载："五星分天之中，积于东方，中国利；积于西方，外国用兵者利。"《汉书·天文志》载："五星分天之中，积于东方，中国利；积于西方，夷狄用兵者利。"此锦上的动物图案，有世乐鸟、鸵鸟、天禄辟邪类翼兽、狮子。世乐鸟，《临海异物志》言其"五色，头上有冠，丹喙赤足，有道则见"。《汉书·武帝纪》载元狩二年"南越献驯象、能言鸟"，颜师古注云："即鹦鹉也，今陇西及南海并有之。"万震《南州异物志》云有三种，一种白，一种青，一种五色。并载"交州以南诸国尽有之。白色及五色者，其性尤慧解，盖谓此也。"鸵鸟产自非洲，经西亚传入我国，典籍多称"大鸟""大爵（雀）"，或称"安息雀""条支大鸟"。翼兽为羽翼和禽兽的合体，这一翼兽的形象受到了西亚艺术影响。狮子原产非洲、西亚，非中国所有。总之，织锦上的四种动物皆为域外纳贡或被神化的珍禽异兽。

古代织锦上的吉语文字大多以汉字形式存在，也有部分双语文字的织锦出土。如1999年营盘墓地出土的汉文—佉卢文双语织锦，其上织有汉字"王"字并织有佉卢文。佉卢文经释读意为"悉（一切的）"，纹样为外来的狮子纹。有专家认为此锦应是西域绿洲城邦诸国王族或朝贡使团、质子（古代派往敌方或他国去的人质）请中原织匠根据其审美、功利意愿而设计生产出来的。

寓意纹样在清代发展至极致，"图必有意，意必吉祥"是这一时期丝绸图案的主要特征。这时的寓意纹样多以动物、植物和吉祥文字作载体，或取其形，或取其音，表现美好的寓意。如：鹤鹿同春，纹样为鹤鹿与松树。鹤、鹿两者与松代表了富贵长寿。鹿与禄、陆同音，鹤与合谐音，又有"六合"同春之意。松鹤延年：纹样为松树和仙鹤。松，寓意长寿，并为志节的象征。仙鹤表长寿。二者的组合既有延年益寿也含志节高尚之意。喜上眉梢：纹样为梅花和喜鹊。古人认为鹊能报喜，故

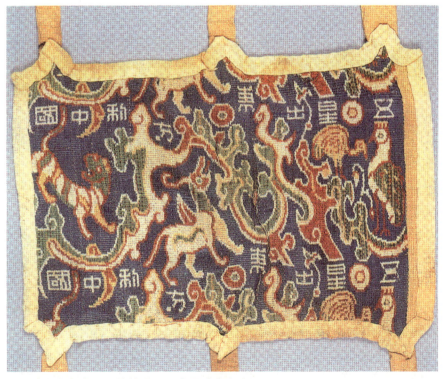

五星出东方利中国织锦护膊（民丰尼雅墓出土）

称喜鹊。梅与眉同音，借喜鹊立于梅花枝头，寓意喜上眉梢。马上封侯：纹样为猿猴站立于马上。猴与侯谐音，寓意立即封侯、荣登富贵。麻姑献寿：纹样为麻姑手捧寿桃。麻姑是神话中的仙女。旧时给女性祝寿多以绘有麻姑献寿图案之器物为礼品。福禄寿喜：纹样为蝙蝠、鹿、寿桃和喜字。蝙蝠之"蝠"谐音为"福"，"鹿"谐音为"禄"，寿桃寓意为"寿"，加以"喜"字，表示对幸福、富有、长寿和喜庆的向往。长命富贵：纹样为雄鸡引颈长鸣，并牡丹花一枝。雄鸡长鸣喻长命，牡丹乃富贵之花，喻富贵。五福捧寿：纹样为五只蝙蝠围绕一个寿字。蝙蝠与福谐音，五福为寿、富、康宁、攸好德、考终命。福寿双全：纹样为蝙蝠、寿桃。寓意幸福、富有和长寿之意。福寿三多：纹样为蝙蝠、寿桃、石榴或莲子。石榴多子，莲子为连生贵子之意。三多乃多福、多寿、多男丁之谓。三多九如：纹样为蝙蝠、寿桃、石榴、如意。九如为《诗·小雅·天保》中所说如山如阜，如冈如陵，如川之方至、如月之恒，如日之升，如南山之寿、如松柏之茂。数者组合为祝愿福寿延绵不绝之意。年年有余：纹样为鲶鱼。鲶与年、鱼与余谐音，表示年年有节余，生活富余。一路平安：纹样为鹭鸶、瓶、鹌鹑。鹭与路，瓶与平，鹌鹑与安谐音，为祝愿旅途安顺之意。一路荣华：纹样为鹭鸶和芙蓉，鹭与路，蓉与荣谐音，寓意一路荣华富贵。龙凤呈祥：纹样为一龙一凤。龙凤为瑞兽灵禽，两者的组合既有男女和睦也有天下太平的寓意。岁寒三友：纹样为松、竹、梅。松、竹、梅三者都有坚贞的品格，在严寒的环境下也不凋落，故有岁寒三友之称，寓意高尚的气节、品格。太师少师：纹样为大狮子和小狮子。大狮子即大师、太师，大师为三公之最；少师，亦官名，其尊下于太师。此纹样表示辈辈高官的愿望。除却上述所论，尚有玉堂富贵（牡丹、玉兰、海棠）、富贵长春（蝙蝠、寿桃、牡丹）、五谷丰登（五谷、峰、灯）、太平有象（瓶、象）、瓜瓞绵绵（瓜果、蝴蝶）等。

在由动物、植物与文字组合而成的寓意纹样之外，尚有八吉祥和暗八仙纹样，也含有美好的寓意。八吉祥，即佛教八宝。由宝轮、宝螺、宝伞、宝罐、宝花、宝盖、盘长、双鱼组成。宝轮，佛说大法圆转万劫不息之谓；宝螺，佛说菩萨果妙音吉祥之谓；宝伞，佛说张弛自如曲复众生之谓；

宝罐，佛说福智圆满具完无漏之谓；宝花，佛说出五浊世无所染着之谓；宝盖，佛说编复三千净一切药之谓；盘长，佛说回环

八吉祥图案

贯彻一切通明之谓；双鱼，佛说坚固活泼解脱坏劫之谓。暗八仙，即八仙所执的八种物件，即张果老所执的鱼鼓，吕洞宾所持的宝剑，韩湘子所持的洞箫，何仙姑所执的荷花，铁拐李所背的葫芦，汉钟离所执的小扇，曹国舅所持的玉板，蓝采和所携的花篮。八仙为道教中的神仙，其所执物件类于法器，各有功用。"鱼鼓频敲有梵音"，能占卜人生；"剑现灵光魑魅惊"，可镇邪驱魔；"紫箫吹度千波静"，使万物滋生；"手执荷花不染尘"，能修身养性；"葫芦岂只存五福"，可救济众生；"轻摇小扇乐陶然"，能起死回生；"玉板和声万籁清"，可净化环境；"花篮内蓄无凡品"，能广通神明。

## 丝文辉映

中国最早可考的文字为商代的甲骨文，最早的字书为东汉时期许慎所著的《说文解字》。在已知的甲骨文及《说文解字》所收的字中，与丝绸、纺织相关的文字不少。

《说文解字》中与丝绸相关的最为突出的无疑是糸部字，书中糸部收字248字，重文31字，其中所收之字多为描述蚕丝状态、特性，如"继，续也"、"续，连也"、"纾，缓也"、"纤，细也"、"细，微也"、"致，密也"、"缭，缠也"、"缠，绕也"、"绕，缠也"、"纱，转也"、"缳，落也"、"缩，乱也"、"辫，交也"、"结，缔也"、"缔，结不解也"、"绊，止也"，等等。糸部所收之字亦有表现蚕丝色彩的，如"绿，

帛青黄色也"、"缥，帛青白色"、"缙，帛赤色也"、"綪，赤缯也，以茜染，故谓之綪"、"缇，帛丹黄色也"、"紫，帛青赤色"、"红，帛赤白色"、"绀，帛深青扬赤色"、"缲，帛如绀色"、"缁，帛黑色"、"缟，鲜色也"、"絑，纯赤也"、"绛，大赤也"、"绾，恶也，绛也；又绡也"，等等。糸部所收之字亦有与纺织原料、成品相关者，如"经，织也"、"织，作布帛之总名"、"纨，素也"、"缣，并丝缯也"、"缯，帛也"、"绨，厚缯也"、"䌷，大丝缯也"、"縩，致缯也"、"缦，缯无文也"、"绣，五采备也"，等等。糸部所收之字亦有表现丝绸加工工艺者，如"绚，《诗》云：'素以为绚兮'"、"缛，繁采色也"、"绘，会五采绣也"、"绣，五采备也"，等等。

糸部所收之字亦有与纺织品用途相关者，如"绔，胫衣也"、"衿，衣系也"、"缘，衣纯也"、"缞，丧服衣"、"缕，线也"、"线，缕也"、"绦，线也"、"绅，大带也"，等等。

与丝绸相关的文字中，表示丝绸丝织印染颜色的字无疑是最为丰富

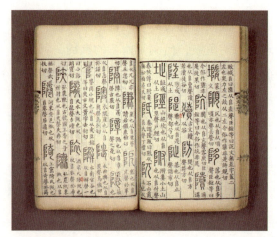

《说文解字》书影

的。《说文解字》中与色彩相关的字大约分布于 25 个部首中，其中黑部收字 24 字，白部收字 11 个，而糸部收字最多，达 30 多个，且色彩各异，不过绝大部分为间色。依据古文献记载，很多表现色彩的文字，和古代丝帛或服制有一定关联。《周礼·考工记》云："青与白相次也，赤与黑相次也，玄与黄相次也。青与赤谓之文，赤与白谓之章，白与黑谓之黼，黑与青谓之黻，五采备谓之绣。"

汉代疆域广阔，国力雄厚，对后世影响深远。与其社会状况相应的，当时的丝绸生产消费也进入到全新的一个阶段。其时官府在中央不仅设有东西织室，并在各盛产丝绸的地方设立专门的织造机构。如于齐郡临

丝礼文章

淄设立三服官，于河南襄邑设立服官等。中央之外，民间织造也很发达，一些豪门富户有属于个人的织造工场，且颇具规模，如张汤之子张安世即以其私人织造工坊致富，贵于王侯。

汉代的丝绸产地也较之前有所增多。

《史记·货殖列传》载"山东多鱼、漆、丝、声色"，"齐带山海、膏壤千里，宜桑麻、人民多文采布帛鱼盐"，"齐冠带衣履天下，海岱之间敛袂而往朝焉"，"燕、代田畜而事蚕"，可见齐鲁燕代之地蚕桑丝织之盛。同时，随着丝绸产地的增多、生产规模的扩大、织造技术的改进，汉代丝织品的品种也渐趋于多样。《盐铁论·散不足》云："今富者缛绣罗纨，中者素绨冰锦。常民而被后妃之服，褒人和居婚姻之饰。"据此可见，当时不仅丝绸品种丰富，且普通百姓亦多有使用，不仅限于富室。

汉代的强盛表现于文学上即汉赋的大兴。汉赋所表现的内容广泛，有殊方异域的珍禽异兽、珍物宝玩，也有汉地的品物之盛、田猎之乐等。两汉社会兴盛发达的丝绸文化自然也在其题咏之中。司马相如论作赋之法且引织锦为喻，其谓："合纂组以成文，列锦绣而为质。一经一纬，一宫一商，此赋之迹也。"汉赋之中所涉及的丝绸文化殆有两类：一为纯以丝绸文化为主旨；二为以丝绸文化意象作素材。而两者之中尤以第二类数量为众。

都邑为汉赋主要题材，扬雄、班固、张衡等皆有赋作，此类皆以铺陈排比，极尽各种手法表现都邑之壮丽华美，而丝绸又乃其中不可或缺之一项。如扬雄《蜀都赋》云："百华投春，隆隐芳芬，蔓茗荧郁，翠紫青黄，丽靡蠴烛，若挥锦布绣，望芒兮无幅。"蜀都之繁丽，以锦绣为喻，放眼所及，无有尽头。又云："尔乃其人，自造奇锦"，"发文扬采，转代无穷"，此二句赞扬蜀锦工人技艺之巧，蜀锦文采之美。如

《史记》书影

班固《西都赋》云："周庐千列，徽道绮错。茂树阴蔚，芳草被堤，若摛锦与布绣。"五彩芳草开满堤岸，有若灿烂的锦绣文采。又如张衡《西京赋》云："故其馆室次舍，采饰纤缛，总以藻绣，文以朱绿。翡翠火齐，络以美玉。流悬黎之夜光，缀随珠以为烛。""北阙甲第……木衣绨锦，土被朱紫。"土木皆覆以朱紫绨锦，其奢华如此。锦绣所用之广之遍，无非为突出都城之繁丽奢华。汉赋之中，丝绸出现于各种对着装的描述中。如《子虚赋》云："于是郑女曼姬，被阿缎，揄紵缟，杂纤罗，垂雾縠，飞襳垂髾，扶舆倚靡，错翡翠之葳蕤。"四种丝织品杂出，尽显郑女穿着之华丽。又如傅毅《舞赋》云："眉连娟以增绕兮，目流睇而横波兮。珠翠灼烁而照耀兮，华袿飞髾而杂纤罗……罗衣从风，长袖交横。"华袿飞髾、罗衣从风，不唯写尽舞女衣着之丽，亦现舞女舞蹈技艺之精。

除却上述诸类，汉赋中还有一类专门描写丝绸文化中的蚕桑丝织。其中最为人所熟知的就是东汉王逸的《机妇赋》："舟车栋寓，粗工也。杵臼碓，直巧也。盘于缕针，小用也。至于织机，功用大矣。素朴醇一，野处穴藏，上自太始，下讫羲皇。帝轩龙跃，庶业是昌，俯覃圣思，仰览三光。悟彼织女，终日七襄，爰制布帛，始垂衣裳。于是取衡山之孤桐，南岳之洪樟，结灵根于盘石，托九层于岩旁。性条畅以端直，贯云表而剀良。仪凤晨鸣翔其上，怪兽群萃而陆梁。于是乃命匠人，潜江奋骧，逾五岭，越九冈，斩伐剖析，拟度短长。胜复回转，克像乾形，大匡淡泊，拟则川平。光为日月，盖取昭明。三轴列布，上法台星。两骥齐首，俨若将征。方员绮错，极妙穷奇。虫禽品兽，物有其宜。兔耳跧伏，若安若危。猛犬相守，窜身匿蹄。高楼双峙，下临清池。游鱼衔饵，爵其陂。鹿卢并起，纤缴俱垂。宛若星图，屈伸推移。一往一来，匪劳匪疲。于是暮春代谢，朱明达时，蚕人告讫，舍罢献丝。或黄或白，蜜蜡凝脂，纤纤静女，经之络之，尔乃窈窕淑媛，美色贞怡。解鸣佩，释罗衣，披华幕，登神机，乘轻杼，揽床帷，动摇多容，俯仰生姿。"全赋是较早描述当时织造过程和工序的文学作品，赋中"方员绮错，极妙穷奇。虫禽品兽，物有其宜"乃指提花机上所织织物的图案纹样而言，"兔耳"指卷布轴的左、右托脚，"猛犬"指打纬的叠肋木，其下半部在机台下，故曰"窜身匿蹄"。"高楼双峙"乃指用以提花的花楼和束综的综口而言，挽花工坐于花楼之上，依照设计好的纹样提综。挽花工俯瞰万缕经丝，正如"下临清池"一般。"游鱼衔饵"则指挽花工在花楼上牵动束综的衢线，衢线下连衢脚，挽花工提综迅速，有如鱼儿争食一般。全赋对汉时的织机构造及其织造程序作了生动的描摹。

关于蚕桑丝绸本身的赋作，其实在汉代以前即已出现。战国时荀子就有关于蚕本身的赋作。其《蚕赋》言："有物于此：儵兮其状，屡化如神，功被天下，为万世文。礼乐以成，贵贱以分。养老长幼，待之而后存。名号不美，与暴为邻。功立而身废，事成而家败。弃其耆老，收其后世。人属所利，飞鸟所害。臣愚而不识，请占之五泰。五泰占之曰：此夫身女好而头马首者与？屡化而不寿者与？善壮而拙老者与？有父母而无牝牡者与？冬伏而夏游，食桑而吐丝，前乱而后治，夏生而恶暑，喜湿而恶雨。蛹以为母，蛾以为父，三俯三起，事乃大已。夫是之谓蚕理。"

唐代是继汉代之后又一个强盛的时期。这一时期，疆域较汉代有了更大的拓展，境内外各民族之间的交流日益频繁，蚕桑的种植区域与丝绸的产地更为广阔，丝织技术更为发达且丝织品种和纹样也日趋丰富。无论是在社会经济文化，还是在文学创作上，唐代都达到了一个前所未有的高峰。而这一时期最具代表性的文学式样即诗歌，唐代是中国古典诗歌最为繁盛的时期。唐代诗歌等中反映唐代丝绸文化的文学作品也为数甚多。

唐代诗歌中有专门吟咏当时丝织品种的，如李峤的《锦》："汉使巾车远，河阳步障陈。云浮仙石日，霞满蜀江春。机迥回文巧，绅兼束发新。若逢楚王贵，不作夜行人。"诗中用了几个与锦有关的典故，有石崇斗富以紫锦为步障，绵延数十里；苏蕙在锦上织成回文诗最终让丈夫回到身边；《史记·项羽本纪》中项羽的"富贵不归故乡，如衣锦夜行"之类。全诗连用诸典，表现了当时织锦的丰富和着用的普遍。李峤的《罗》："妙舞随裙动，行歌入扇清。莲花依帐发，秋月鉴帷明。云薄衣初卷，蝉飞翼转轻。若珍三代服，同擅绮纨名。"全诗主要突出了罗这种丝织物轻薄的特点。李峤的《绫》："金缕通秦国，为裘指魏君。落花遥写雾，飞鹤近图云。马眼冰凌影，竹根雪霰文。何当画秦女，烟际坐氤氲。"全诗主要描写了绫这种丝织品上的各类纹样。题咏当时丝织品种的诗歌中最为脍炙人口的当数白居易的《缭绫》。"缭绫缭绫何所似？不似罗绡与纨绮。应似天台山上明月前，四十五尺瀑布泉。中有文章又奇绝，地铺白烟花簇雪。织者何人衣者谁？越溪寒女汉宫姬。去年中使宣口敕，天上取样人间织。织为云外秋雁行，染作江南春水色。广裁衫袖长制裙，金斗熨波刀剪纹。异彩奇文相隐映，转侧看花花不定。昭阳舞人恩正深，春衣一对值千金。汗沾粉污不再着，曳土踏泥无惜心。缭绫织成费功绩，莫比寻常缯与帛。丝细缲多女手疼，扎扎千声不盈尺。昭阳殿里歌舞人，若见织时应也惜。"这首诗从侧面生动地反映了唐代丝织品所到的惊人水平。"异彩奇文相隐映，转侧看花花不定"，说的是从不同角度看缭绫，就呈现出不同的奇纹异彩，这绝非夸张。

唐诗中有专门吟咏各类织物的织造的。如施肩吾《江南织绫词》："卿卿买得越人丝，贪弄金梭懒画眉。女伴能来看新蕌，鸳鸯正欲上花枝。"章孝标《织绫词》："去年蚕恶绫帛贵，官急无丝织红泪。残经脆纬不通梭，鹊凤阑珊失头尾。今年蚕好缲白丝，鸟鲜花活人不知。瑶台雪里鹤张翅，禁苑风前梅折枝。不学邻家妇慵懒，蜡揩粉拭谩官眼。"全诗描绘了去年和今年的新旧两番场景。去年因蚕丝不好，故而绫帛

《簪花仕女图》局部（唐·周昉）

踊贵，官府急着催要，而因无丝可织只能暗自垂泪。即便是织就的织物，也是经纬不齐，纹样不清。而今年的光景则不同，蚕好丝好，织就的丝织品也花鸟鲜活、富有灵气。又如杜甫《白丝行》："缫丝须长不须白，越罗蜀锦金粟尺。象床玉手乱殷红，万草千花动凝碧。已悲素质随时染，裂下鸣机色相射。美人细意熨帖平，裁缝灭尽针线迹。春天衣著为君舞，蛱蝶飞来黄鹂语。落絮游丝亦有情，随风照日宜轻举。香汗轻尘污颜色，开新合故置何许。君不见才士汲引难，恐惧弃捐忍羁旅。"全诗以衣喻人，奉劝当政者当惜才爱士。

唐诗中亦有吟咏丝织品上的纹样的。其中有咏"新样""新花样"的，如韩常侍《寄织锦篇与薛郎中（时为补阙，谢病归山）》："锦字龙梭织锦篇，凤凰文采间非烟。并他时世新花样，虚费工夫不值钱。"王建《酬于汝锡晓雪见寄》："劳动更裁新样绮，红灯一夜剪刀寒。"王建《留别田尚书》："不看匣里钗头古，犹恋机中锦样新。"王建《宫词》："春池日暖少风波，花里牵船水上歌。遥索剑南新样锦，东宫先钓得鱼多。"皮日休《鸳鸯二首》："双丝绢上为新样，连理枝头是故园。"方干《赠进士章碣》："织锦虽云用旧机，抽梭起样更新奇。何如且破望中叶，未可便攀低处枝。"张鷟《益州新样锦留赠五嫂》："今留片子信，可以赠佳期。裁为八幅被，时复一相思。"张祜《送走马使》："新样花纹配蜀罗，同心双带蹙金蛾。惯将喉舌传军好，马迹铃声遍两河。"张籍《酬浙东元尚书见寄绫素》："越地缯纱纹样新，远封来寄学曹人。便令裁制为时服，顿觉光荣上病身。应念此官同弃置，独能相贺更殷勤。三千里外无由见，海上东风又一春。"唐诗中所谓的"新样"，最早的设计者可能是开元年间的皇甫恂。蜀地的织锦有花、葵、凤、蝶、莺等花鸟纹饰，应该就是王建等人诗歌中所描绘的"新样"。有学者对唐代的纹样作过探讨，认为唐代丝绸设计的程式有三：一为宫中设计，天上取样；二为地方委托设计，无需京中审批；三为民间设计，但需官府审批。丝绸从图样设计到织成成品，须经过三个程序：一是图案设计，二是提花程序的制作，三是织造生产。而前两者均需有样，其"样"可是画稿，也可是实样。关于当时所出现的新样实物，有学者认为，新疆阿斯塔那唐墓所出的花鸟纹锦就是一件新样锦的实例。其中也有吟咏具

通向世界的丝绸之路

体图案纹样的。如张说《安乐郡主花烛行》："……珊瑚刻盘青玉尊，因之假道入梁园。梁园山竹凝云汉，仰望高楼在天半。翠幕兰堂苏合薰，珠帘挂户水波纹。别起芙蓉织成帐，金缕鸳鸯两相向。罽茵饰地承雕履，花烛分阶移锦帐。织女西垂隐烛台，双童连缕合欢杯。……"杜甫《奉和严中丞西城晚眺十韵》："花罗封蛱蝶，瑞锦送麒麟。"而这之中又有对所谓"新样"的具体纹样。如王建《织锦曲》："红缕葳蕤紫茸软，蝶飞参差花宛转。"王建《和蒋学士新授章服》："瑞草唯承天上露，红鸾不受世间尘。"秦韬玉《织锦妇》："合蝉巧间双盘带，联雁斜衔小折枝。"白居易《弟行简赐章服诗》："荣传锦帐花联萼，彩动绫袍雁趁行。"白居易《和春深》："通犀排带胯，瑞鹘勘袍花。"司空图《戏题试衫》："朝班尽说人宜紫，洞府应无鹤着绯。"刘兼《宣赐锦袍设上赠诸郡客》："将同玉蝶侵肌冷，也遣金鹏遍体飞。"此类所咏的具体纹样皆折枝花鸟，此类纹样盛唐已为人所重视，中唐更盛，发展到宋代蔚为大观。

唐代花鸟纹锦（阿斯塔那墓出土）

霓裳羽衣

# 历代织造机构及丝织业分布

古时官府的服饰，历朝历代皆由专门的织造营作机构制作。汉代丝绸生产有官营民营之别。西汉时，长安即设有织染机构，《三辅黄图》载："织室在未央宫，又有东西织室，织作文绣郊庙之服……暴室，主掖庭织作染练之署。"东汉时亦设织室，《后汉书·和熹邓皇后纪》载"又御府尚方织室，锦绣冰纨玩弄之物，皆绝不作"，可见当时有织室织造锦绣冰纨。两汉还在京师之外的齐郡临淄设有"三服官"（汉官名，主作皇帝冠服）。《汉书·元帝纪》载初元五年夏四月"罢……齐三服官、北假田官、盐铁官、常平仓"，颜师古引李斐注云："齐国旧有三服之官，春献冠帻，缝为首服，纨素为冬服，轻绡为夏服。"在另一丝织重地襄邑，两汉也设有服官，《陈留风俗传》云："襄邑县，南有涣水，北有睢水。传曰睢涣之间文章，故有黼黻藻锦日月华虫，以奉天子宗庙御服焉。"官营之外，两汉的民营织造也很发达。《汉书·张安世传》载"安世尊为公侯，食邑万户，然身衣弋绨，夫人自纺绩，家童七百人，皆有手技作事，内治产业，累积纤微，是以能殖其货，富于大将军光"，可见张安世因有丝织作坊，以致富于当时"行周公之事"的霍光。

唐朝官营染织业承袭隋朝制度，在少府监下设染织署，其中有十个作专司织造，织纴之作有：布、绢、绝、纱、绫、罗、锦、绮、绸、褐等；有五个作专司组绶，组绶之作有：组、绶、绦、绳、缨；有四个作专司编织，绅线之作：绅、线、弦、网；有六个作专司练染，练染之作六个：青、绛、黄、白、皂、紫。共设有二十五个"作"。又据《新唐书》记载，少府监有短番匠 5029 名，绫锦坊巧儿 365 名，内作使绫匠 83 名，掖庭绫匠 150 名，内作巧儿 42 名，配京都诸司、诸使杂匠 125 名。唐代民间丝织作坊也很多，以至于有专门的丝织业行会，有的作坊中或已出现雇佣关系，民间作坊也能生产缭绫等高档织物。

宋代官营织造机构，在京师有少府监下的绫锦院、染院、文思院、文绣院等。此外，尚有设于宫廷内司的织造机构。南宋时，宫廷内诸司中亦有丝织作坊，《咸淳临安志》屡有提及内司织物。当时内诸司有内藏库、东西库、御服所、裹御所、丝帛所、腰带所、织染所等，其中的

霓裳羽衣

织染所织造锦、绫、绢等。宋代除在京师设有织造作坊，于丝织业发达的地方也设有作坊。如在西京、真定、青州、益州、梓州设有场院，在江宁府和润州设有织罗务等。当时的地方场院规模也很大，如成都锦院，据《锦官楼记》《蜀锦谱》记载，早期有厂房 127 间，织机 154 张，日用挽综工 164 人，用杼之工 154 人，练染之工 21 人，纺绎之工 110 人。两宋民间织造亦盛。

元代织造机构分属工部、户部，将作院、中政院、大都留守司、武备寺诸系统。工部职掌丝染的部门有：大都人匠总管府，其下置有四局，分别为绣局、纹锦总院、涿州罗局、尚方库；随路诸色民匠都总管府，其下置有五司，分别为织染人匠提举司、杂造人匠提举司、大都诸色人匠提举司、大都等处织染提举司、撒答刺欺提举司；此外还有诸司局人匠总管府，晋宁路织染提举司，冀宁路织染提举司、真定路织染提举司、南宫、中山织染提举司。此外，尚有别失八里局、深州织染局、纳石失毛段二局、云内州织染局、大同织染局、恩州织染局、保定织染提举司、永平路纹锦等局提举司、大宁路织染局、云州织染提举司、顺德路织染局、彰德路织染人匠局、怀庆路织染局、宣德府织染提举司、东圣州织染局、阳门天成织染局。将作院系统的织染机构有：异样纹绣提举司、绫锦织染提举司、纱罗提举司、纱金颜料总库。又，大都等路民匠总管府辖下的尚衣局、御衣局、御衣史道安局、织佛像提举司等，与织染稍有相关。中政院下的局院有玉列赤局、织染局；徽政院下有织染局；储政院下有藏珍、文成、供须三库。

秦汉时期丝织业主要分布于中原、蜀地和关中地区。中原地区自古多有蚕桑，故丝织业最为发达，当时的齐郡临淄、陈留襄邑都是生产丝织

《丝绣笔记》书影

品的重地。蜀地为生产丝织品的另一要地，"盖春秋时，蜀未通中国，郑、卫、齐、鲁无不产锦，皆禹贡兖州厥篚织文之地。自蜀通中原而织事西渐"（朱启钤《丝绣笔记》）。秦汉时期，蜀地丝织业渐盛，其所产的"蜀锦勃兴，几欲夺襄邑之席，于是襄邑乃一变而营织成，遂使锦绫专为蜀有"（朱启钤《丝绣笔记》）。关中地区因水利条件较好，遍植桑麻，"源泉灌注，陂池交属，竹林果园，芳草甘木，郊野之富，号曰近蜀"（朱启钤《丝绣笔记》），所以丝织业也并不落后。

　　魏晋南北朝时期，丝织业分布格局与秦汉时期大致无别，重心仍在中原和蜀地，唯江南地区稍有兴起。汉末之乱，在北方很快被曹操敉平，继而为丝织业的发展提供了稳定的环境，当时又有马钧对织机进行了改革，中原地区丝织业因此颇有规模。西晋代魏而起，也曾一度"天下无事，税赋均平，人咸安其业而乐其事"。西晋·左思《魏都赋》中有云"锦绣襄邑，罗绮朝歌，绵纩房子，缣总清河"，道出了各地的所产。又，西晋·石崇《奴券》中有谓"常山细缣，赵国之编，许昌之总，沙房之绵"，可见当时织造之盛。至北魏时，亦有官营织造作坊，史载河间王元琛府库中"锦罽珠玑，冰罗雾縠，充积其内。绣、缬、紬、绫、丝、彩、越葛、钱、绢等不可数计"，可见当时丝织品种之丰富。至北齐时，太府寺下中尚方"领别局、泾州丝局、雍州丝局、定州紬绫局"四处织作作坊，司染署"又别领京坊、河东、信都三局丞"，主管染色。

　　当时蜀地所产蜀锦闻名天下，诸葛亮谓"今民贫国虚，决敌之资，唯仰锦耳"，当时魏、吴都向蜀买锦。左思《蜀都赋》云："阛阓之里，伎巧之家。百室离房，机杼相和。贝锦斐成，濯色江波。黄润比筒，籯金所过。"可见当时蜀地织造之盛。魏晋南北朝时，江南得到进一步开发，丝织业开始兴起。及至南朝宋时，"扬部有全吴之沃，鱼、盐、梓之利，充仞八方，丝绵布帛之饶，覆衣天下"。

　　唐代前期，丝织业分布格局与前朝无异，重心仍在北方。《颜氏家训》谓："河北妇人织纴组紃之事，黼黻锦绣之工，大优于江东。"据当时贡赋，可知中原地区的河南、河北二道，川蜀地区的剑南、山南二道负担最大，江南道则次之。"安史之乱"后，北方地区的丝织业遭受沉重打击，而江南较少被波及，渐渐成为政府财赋所出的要地。唐·李肇《国史补》卷下载："初，越人不工机杼，薛兼训为江东节制，乃募军中未有室者，厚给货币，密令北地娶织妇以归，岁得数百人，由是越俗大化，竞添花样，绫纱妙称江左矣。"事实或有出入，但其时江南已工于织造当属不假。

唐代丝织业兴盛，在北方地区尤以定州为发达，并以其为中心。定州所织丝织品种类丰富，尤以罗、绸绫、瑞绫、独窠绫、两窠绫、二色绫知名，每年上贡朝廷的丝织品有1500匹之多。在南方，丝织业也渐为兴盛，开元年间，越

《颜氏家训》书影

州已能入贡吴绫、白编绫、交梭绫三种高级丝织品。贞元年间，越州更有吴绫、异样吴绫、花鼓歇纱、吴朱纱、宝花花纹罗、白编绫、交梭绫、十样花纹绫、轻容兰鄱、花纱、吴绢等数十种丝织品之贡。

又据史料所载，因各地织造技艺各有等差，故所产丝织品也质量不一。以作为国家税赋首项的绢为例，就有八个等次。《唐六典》卷二十"太府寺"条云："凡绢布出有方土，类有精粗，绢分为八等。"第一等为宋、亳州；第二等为郑、汴、曹、怀州；第三等为滑、卫、陈、魏、相、冀、德、海、泗、濮、徐、兖、贝、博州；第四等为沧、瀛、齐、许、豫、仙、棣、郓、深、莫、洺、邢、恒、定、赵州；第五等为颖、淄、青、沂、密、寿、幽、易、申、光、安、唐、随、黄州；第六等为益、彭、蜀、梓、汉、剑、遂、简、绵、襄、褒、邓州；第七等为资、眉、邛、雅、嘉、陵、阆、普、壁、集、龙、果、洋、渠州；第八等为通、巴、蓬、金、均、开、合、兴、利、泉、建、闽州。据此可知，绢之所产最上等者大抵都在今河南、河北、山西境内，次为今四川、福建境内。

唐代以前，丝织业生产重心在江淮以北的北方地区，后来随着时间的推移和南北方技术的交流，南方丝织业逐渐得以发展，并在唐代中后期成为财赋所出的重地。

丝织业发展到宋代，南方的地位愈显突出，其时丝织业已遍布长江流域各地。出产丝织品的州军，据《元丰九域志》、《宋史·地理志》等记载，已多达46个，分别为两浙路的杭、越、润、婺、明、常、处、衢、秀州；两淮路的亳、宿、海、泰、泗、滁、庐、和、濠州，无为军；江南东路、西路的太平州、临江军、建昌军；荆湖南路、北路的江陵府，鼎、澧、诚州；成都府路的成都府，蜀、彭、绵、简州；梓州路的梓、遂、昌、渠州，怀安军、广安军；利州路的洋、阆、巴、蓬州；夔州路的达、忠、涪州，云安军、梁山军、南平军。

《宋会要辑稿》记载，宋代各路所产的丝织品有罗、绫、绢、绡、绌、丝、绵七种。从地域分布上看，产地与唐代大体一致，仍主要分布于今河北、河南、山东的黄河下游平原和四川盆地、太湖流域、钱塘江流域。但上贡的丝织品数量上已显变化。

在绢的数量上，南方地区已占优势。两浙路为六十七万余匹，江南东路为三十八万余匹，二路居首。京东东路、京东西路、河北西路、两浙路、江南东路、梓州路六路在二十万匹以上。京东东路、京东西路、

《清明上河图》反映的宋代繁华景象

京西北路、河北西路、两浙路、江南东路、江南西路、荆湖北路、梓州路、利州路十路在十万匹以上。

在绌的数量上，两浙路、江南东路二路居首，前者十万余匹，后者六万余匹，其他各路均在五万匹以下。在丝绵数量上，两浙路二百万两，江南东路一百一十万两，仍居首位。其他各路均在一百万两以内，不及两浙路一半。北方各路丝织品生产虽然仍有一定规模，但颓势已显，已不能与江南地区抗衡。

关于唐宋以降黄河流域蚕桑丝织业的衰落，其原因大抵有四个方面。一是"安史之乱"后黄河流域生产力遭受破坏，五代时又迭经少数民族入侵；二是由于棉花种植业的发展和传播，势必对蚕桑丝织业造成影响；三是西北丝绸之路的阻塞和东南海上丝绸之路的兴盛；四是南方蚕桑丝织业技术水平的后来居上，黄河流域的优势尽失。

明代丝织业的格局以江南三织造——江宁、苏州、杭州织造为中心，此外，山西潞安，四川保宁，广东广州，福建福州、泉州、漳州诸地也是著名的丝织品生产地。明代官府在工部下设织染所，内府监下设织染内局和织染外局。内局掌染造御用及宫内应用缎匹绢帛；外局织造官府公用丝绸。南京除设内外织染局外，司礼监又设有织造祭祀用丝绸的神帛堂。两京之外，各省地方官府也多设有织染局，据《大明会典》记载，设局织造的地方有浙江杭州、绍兴、严州、金华、衢州、台州、温州、宁波、湖州、嘉兴诸府，江西布政司，福建福州府、泉州府，四川布政司，河南布政司，山东济南府，直隶镇江府、苏州府、松江府、徽州府、宁国府、广德州。其中尤以苏州、杭州两局的织造规模最大。北方诸省虽然有的未设织染局，但也有官府的丝织作坊。如明人陈汝明《甘露园短书》记载："曾见陕西抚院贾待问疏称，该省应造万历二十五年龙凤袍共五千四百五十匹，额设机五百三十四张，该织匠五百三十四名，挽花匠一千六百二名；新设机三百五十张，该织匠三百五十名，挽花匠七百五十名；挑花络丝打线匠四千二百余名。"据此可知陕西虽未设局，但有织造作坊存在，并可知其丝织业之盛。又，《明神宗实录》记载："万历二十七年内织染局题办皇长子等位婚礼袍段，万历九年传造之数尚有未完一万余匹，俟今次传造完日，仍将旧传未完照数补织……（万

明万历明黄缎洒线绣金龙花卉纹袍料

霓裳羽衣

历三十三年）上用袍段一万六千余套匹，又婚礼段九千六百余套匹，比诸原欠遂增一万五千之数，昨内库新改段一十八万余匹，虽蒙圣恩宽减一半，计费尚须数十余万。"可见当时宫中丝织物用耗之巨。

清代的织造格局沿袭明代江南三织造，其宫廷服饰的制作和管理实务，则由宫中内务府负责。内务府下设有七司、三院等机构，职官三千余人，规模庞大。七司中的广储司，设有皮、缎、衣等六库，六库下又设有染、衣、绣、花、皮等七作及帽、针线二房。广储司的主要职能，就是负责查验、保管皇帝及宫内所需的四季衣物、金银珠宝、绫罗绸缎等物。缎库则专门负责保管"上用"和"官用"的绫、罗、绸、缎等各色织物。衣库则专门收贮各式服装等。衣作、绣作、花作等则负责对衣料进行裁剪、绣花和缝制。

## 战国秦汉服饰

战国秦汉时期为中国传统服饰风格的奠定期，这主要表现在服装式样和形制特征等方面。在服装式样方面，经由商周时代而产生的冕服、爵弁服等在这一时期得以确立（秦代废弃冕服不用，西汉沿袭秦代做法，东汉明帝时期恢复冕服），并使其被袭用近两千年直至民国初年（民国三年颁布的祭祀冠服，即冕服的最后一次使用，祭冠即为爵弁之制）。春秋晚期产生的上下通裁浑裹的深衣，在这一时期大为发展，被广为穿用（如江陵马山一号楚墓所出即有深衣，马王堆汉墓所出衣物亦多深衣，

其时陶俑、壁画等上所见亦多），其影响及于后世直至民国时期。汉代进贤冠亦对后世影响深远，后世的梁冠基本都属于此进贤冠系统。在形制特征方面，中国传统交领右衽的制式特征在此一时期得以牢固确立，并成为用以区别华夏族与其他族群的文化特征。孔子即云："微管仲，吾其披发左衽矣。"其时即有以服饰区别不同族群的观念，这种观念在秦汉之际得以强化、确立。同时，商周以来的上衣下裳之制在此一时期得以固化，并用于较高礼制的服装，如冕服、爵弁服、朝祭之服等。此外，作上下通裁直身式的深衣制也在此一时期确立，但在礼制上较上衣下裳之制稍低。总之，后世主要的服装样式、形制特征大体在战国秦汉时期具备和确立，并在此基础上对东亚各国的服饰产生了深远的影响。

飞鸟花卉纹绣浅黄绢面锦袍（江陵马山 1 号楚墓出土）

## 冕服

冕服是我国历史最为久远的服装式样，于商周时代产生，一直沿用到民国初年。尚秉和谓："中国冠服，沿袭至数千年之久者，惟此耳。"冕服之名，由其所配的冕冠而得名。古人重冠，《论衡·讥日》谓"在身之物，莫大于冠"，又言"造冠无禁，裁衣有忌，是于尊者略，卑者详也"，亦冠重于衣之意。因冠帽如此重要，

汉代进贤冠

通向世界的丝绸之路

所以古时的一些服装即以冠为名，如冕服、皮弁服、通天冠服等皆为此类。冕、冕服之文颇见于史传，如《左传》宣公十六年，"晋侯请于王。戊申，以黻冕命士会将中军，且为大傅"。

《左传》襄公二十九年，"公与公治冕服。固辞，强之而后受。……及疾，聚其臣，曰：'我死，必无以冕服敛，非德赏也。'"

《左传》昭公元年，"天王使刘定公劳赵孟于颍，馆于洛汭。刘子曰：'美哉禹功！明德远矣。微禹，吾其鱼乎！吾与子弁冕端委以治民、临诸侯，禹之力也。'"

《左传》昭公九年，"王使詹桓、伯贵，晋侯曰：'……我在伯父，犹衣服之有冠冕，木水之有本原，民人之有谋主也。伯父若裂冠毁冕，拔本塞原，专弃谋主，虽戎狄，其何有余一人？'"

汉代冕服

《左传》哀公十五年，"孔氏之竖浑良夫长而美，孔文子卒，通于内。太子在戚，孔姬使之焉。太子与之言曰：'苟使我入获国，服冕、乘轩，三死无与。'"

《国语·周语上》："襄王使太宰文公及内史兴赐晋文公命，……晋侯端委以入。太宰以王命命冕服，内史赞之，三命而后即冕服。"

学界对于冕冠的起源，颇有异说。或有以冕冠源出爵弁者，如王宇清。冕弁可互称，《说文》卷八下："覍，冕也。周曰覍，殷曰吁，夏曰收，从兒象形。"《玉篇》卷二十九"兒"部："兒，

汉代冕冠

弁也，攀也，所以攀持发也。以鹿皮为之。"王宇清据陈邦怀《殷代史料徵存》卷下所录"冕"字，谓"周人服冕的渊源出于殷商，事属可能"，并认为，虽然冕的形制，起源于殷商或更早，可是，冕旒似在周代所设。后来，出现了有旒之冕，继承了原来"冕"的称呼，并将其冠戴在举行祭祀活动的场合，之后，将以前的冕改名为爵弁。《独断》谓"冕冠，周曰爵弁"。又引开明书店版《先秦史》"……然弁为初制，冕其'弁'后起加饰者耳"，谓"是乃写实的记录"。日人原田淑人亦谓"冕冠本来是从爵弁发达而成的"，"爵弁就是冕冠的祖型，冕冠制定以后，仍留爵弁之制，依然成为祭冠之一"。韩人崔圭顺亦从王说。

或有以冕冠源出盔胄者，如马叙伦等。《尚书·顾命》载："一人冕、执刘，立于东堂；一人冕，执钺，立于西堂；一人冕，执戣，立于东垂；一人冕，执瞿，立于西垂；一人冕，执锐，立于侧阶。"马叙伦因云："此皆执兵器以宿卫者，岂有冠垂旒之冕之理乎？明是首铠也。"许进雄《古事杂说》"王为什么戴高帽"条谓"戴高帽本是庆会以外，为指挥作战的临时设施，它慢慢演变为象征权威的常服。同时它也被改良成保护头部的盔胄，甲骨文的'免'字就作一人戴头盔状。戴头盔本是武士的殊荣、作战的装备，后来非武士成员掌权后也可戴冠，于是再进一步改变为行礼时戴的各种冠冕了。"阎步克亦谓：历史早期所谓的"冕"相当宽泛，与"胄"的区分也许不太严格，都有防护头部的功能。胄起先用皮革制成，商代又出现了青铜胄。……按照文献所记，册命赐服之时应该赐冕；而在册命金文里面，人们看到的不是赐冕，而是赐胄。……从册命金文看，西周时冕、胄似还不甚分；武舞中将士戴冕、执干戚而舞，那冕可能有胄的保护头部的功能。春秋以来礼乐日益发达，某些圆筒形军帽开始礼仪化，被加上綖板，最终成为礼帽，与革胄、铜胄分化开来了。

亦有以冕冠源出"皇"（羽冠）者。《礼记》"有虞氏皇而祭"，郑玄注云："皇，冕属，画羽饰焉。"皇是一种以羽毛装饰的冠，也可以认为是一种冕。"皇"字上面的那个"白"，本来就是羽冠形象。用艳丽的羽毛饰冠的习俗，既古老又普遍。大汶口文化有个陶文符号，李学勤即认为是羽冠。良渚文化的玉钺、玉琮、玉冠状器上的神人浅浮雕，有宽大高耸的羽冠；安徽凌家滩出土的玉人头像，饰有羽冠；四川金沙

九旒冕

霓裳羽衣

遗址出土的青铜立人像，也有羽冠。史前及三代有羽冠存在，殆无疑义。

有关冕的起源，阎步克又言：早期的冕，只是王冠或礼帽的泛称而已。可能特指某种帽子，也可能泛指某类帽子。……那么所谓冕，就至少包括两个序列：爵弁系列的冕和羽冠系列的冕。

周代之冕是否有旒，《左传》桓公二年"衮、冕、黻、珽，带、裳、幅、舄，衡、紞、纮、綖，昭其度也"的叙述中，没有提到。《诗经》中提及很多玉器和玉饰，但也没提到冕旒。周代之冕施旒，亦无法在考古中得到证明。周以至于夏商虽然出土了很多穿孔玉珠，但那多是与项链、玉组佩等相配套的，并不是冕旒所用的玉珠，看不到冕旒的痕迹。其次是服章，周朝冕服上存在着"火龙黼黻"之类文章，可以推测等级较高则可以使用的文章较多，但《周礼》中那种严整的十二章等级在先秦是否存在，得不到其他史料的印证。除了《周礼》《礼器》，从出土玉器、册命文及从其他古书看，冕旒分等之法无迹可寻。据阎步克之说，"周加垂旒"，进入周代冕就被加上了旒的说法只能姑妄听之。《周礼》《礼器》所见冕旒等级，目前看来，应为儒者建构，不宜指为史实。冕旒那挡眼睛的玩意，也许是在战国新兴服饰大量涌现时，才在某些地方露头并成为《周礼》《礼器》编排冕旒的灵感和素材的。

### 深衣

《礼记·深衣篇》："古者深衣，盖有制度，以应规矩，绳权衡。"郑玄注云："名曰深衣者，谓连衣裳而纯之以采也。"正义云："以余服上衣下裳不相连，此深衣衣裳相连，被体深邃，故谓之深衣。"关于深衣，其制"短毋见肤，长毋被土。续衽钩边，要缝半下。袼之高下，可以运肘。袂之长短，反诎之及肘……制十有二幅……袂圆……曲袷"。续衽钩边，郑玄注云："续犹属也，衽在裳旁者也。属连之，不殊裳前后也，钩读如鸟喙必钩之钩，钩边若今曲裾也。"正义云："今深衣，裳一旁则连之相着，一旁则有曲裾掩之，与相连无异，故云属连之，不殊裳前后也。郑以后汉时裳有曲裾，故以续衽钩边似汉时曲裾，是今朝服之曲裾也。"

孙机认为，从渊源上说，楚人着深衣系效法北方各国。但及至西汉，由于开国君臣多为楚人，故楚风流布全国；北方原有的着深衣之习尚为楚风所扇而益盛。

## 禅衣

《说文·衣部》："禅，衣不重。从衣单声。"段玉裁注云："此与重衣曰複为对。"《释名·释衣服》云："禅衣，言无里也。"《说文·衣部》："褋，南楚谓禅衣曰褋，从衣枼声。"《方言》卷四云："禅衣，江淮、南楚之间谓之衣褋，古谓之深衣。"《礼记·玉藻》："禅为纲。"注云："有衣裳而无里。"《方言》卷四："汗襦，自关而东谓之甲襦，陈魏宋楚之间谓之襜襦，或谓之禅襦。"

《汉书·盖宽饶传》："宽饶初拜为司马，未出殿门，断其禅衣，

战国时期的深衣样式

汉代曲裾袍样式

令短离地。"《汉书·江充传》："（江充）衣纱縠禅衣，曲裾，后垂交输。"颜师古注云："禅衣制若今之朝服中单也。"又，马王堆汉墓遣册及实物中都有禅衣及与之相关的记载，江陵凤凰山168号汉墓、连云港海州西汉侍其繇墓、连云港陶湾黄石崖西汉郭宝墓、江苏仪征胥浦101号西汉墓所出遣册及居延汉简中皆有对禅衣的记载，其中多数还与複衣并载。据上可知，所谓禅衣即没有衬里的单层衣物。

### 袷衣

《说文解字》衣部："袷，衣无絮。"《急就篇》"襜褕袷複褶袴裈"，颜师古注云："衣裳施里曰袷，褚之以绵曰複。"《广雅·释诂》："袷，重也。"《汉书·匈奴传》载："服绣袷绮衣、长襦、锦袍各一，比疏一，黄金饬具带一，黄金犀毗一，绣十匹，锦二十匹，赤绨、绿缯各四十匹，使中大夫意、谒者令肩遗单于。"颜师古注曰："服者，言天子自所服也。袷者，衣无絮也。绣袷绮衣，以绣为表，绮为里也。"

有学者曾对居延汉简中记载的有关边军的服装配给与买卖的情况做过研究，认为居延汉简中的"合"，即"袷"，乃是有里衬而无絮的夹衣。"合衣"除在居延汉简中有记载外，江苏尹湾二号、六号汉墓所出遣册中亦有提及。

### 绣䘿

绣䘿，是流行于汉代的女子所着的半袖衣。其物见于史书记载，亦颇见于当时俑像，汉代墓葬亦间或有所出土。《后汉书》卷一《光武帝纪》载："时三辅吏士东迎更始，见诸将过，皆冠帻，而服妇人衣，诸于绣䘿，莫不笑之，或有畏而走者。"李贤注云："《前书音义》曰：'诸于，大掖衣也，如妇人之袿衣。'字书无'䘿'字，《续

穿着绣䘿和袿衣的舞俑（东汉）

汉书》作'襦'。扬雄《方言》曰:'襜褕,其短者自关而西谓之袏襦。'郭璞注云:'俗名襦袛。'据此,即是诸于上加绣襦,如今之半臂也。"

依初唐之人所论,绣䙰相当于唐代的半臂,亦即短袖上衣。楼兰故城东汉墓葬曾出有半袖衣,其衣身为浅色的天青色绮,两袖则用红绮为之,袖根密密打褶呈喇叭状。在东汉陶俑上也经常可见短袖外衣式样。

汉代绣䙰

## 魏晋南北朝服饰

魏晋南北朝时期最为显著的历史特征即民族融合,同时也表现为大动荡、大分裂。以服饰而论,这一时期总伴随着汉化或胡化、胡汉交融等错综复杂的过程。一方面,随着魏晋玄学的风行和少数民族政权(如鲜卑族建立的北魏)的汉化,汉代以来褒衣博带交领右衽的汉式服装依旧流行;另一方面,随着不同民族的融合,少数民族或是域外民族的服饰特征被吸收,如衣服开衩(孟晖考此源自波斯)、圆领等。这一时期最具时代特征的袴褶、裲裆,大抵也与胡人有关。袴褶为上褶下袴,裲裆为前胸后背,两者一便于骑射,一便于战阵。王国维在其《胡服考》中即认为战国时期赵武灵王所行"胡服骑射",其胡服即此袴褶之制。同时,这一时期的社会思潮亦对服饰式样有所影响,其时玄学大盛,魏晋南北朝士大夫好服五石散,服后须行走以散发药性和热量,即行散。所以当时的服装特别崇尚宽大(放浪形骸、裸体者间以有之。当时的士大夫衣着单薄,身上常常只罩一件纶巾,于绘画中亦有见之),褒衣博带成为此一时期服饰主要特征之一。魏晋南北朝时期为隋唐大融合的先声,并为后世服饰式样上的双轨制确立奠定了基础。

### 袿衣

袿衣,为汉晋时流行的一种长袍,以缯为缘饰,可追溯至殷商时期,其或与绣䙰搭配穿着。《汉书》卷九八《元后传》"又独衣绛缘诸于",

**霓裳羽衣**

着袿衣的陶俑（西汉）

颜师古注云："诸于，大掖衣，即袿衣之类也。"《释名》曰："妇人上服曰袿，其下垂者上广下狭如刀圭也。"《后汉书·皇后纪》第十载："簪珥光采，袿裳鲜明"，东汉·傅毅《舞赋》言"华袿飞髾而杂纤罗"，西晋·张华《白纻歌》谓"情发金石媚笙簧，罗袿徐转红袖扬"。

袿衣上最为鲜明的装饰是襳髾。《文选·子虚赋》："蜚襳垂髾"，六臣注引司马彪曰："襳，袿饰也。髾，燕尾也。襳与燕尾，皆妇人袿衣之饰也。铣曰：'髾，带也。'"《汉书·司马相如传》颜师古注云："襳，袿衣之长带也；髾谓燕尾之属，皆衣上假饰。"孙机认为襳髾是将垂于衣下的一枚尖角增为两枚一组的"燕尾"，并添加飘带而成，而这一式样乃是女式深衣的更新。

男子木俑袿衣（战国）

身着袿衣的舞女陶俑（唐）

### 袴褶

《晋书》卷二五《舆服志》云："袴褶之制，未详所起。近世凡车驾亲戎、中外戒严服之。"《旧唐书》卷一四九《归崇敬传》载："按三代典礼，两汉史籍，并无袴褶之制，亦未详所起之由。隋代已来，始有服者。"

关于袴褶之制，《急就篇》"袍襦表里曲领帬，襜褕袷复褶袴裈"下颜师古注云："褶谓重衣之最在上者也，其形若袍，短身而广袖，一曰左衽之袍也。"吕思勉在其《两晋南北朝史》也说到："（袴褶）盖胡人之服。疑褶之名实袭诸胡，中国易其左衽为右衽，又改其制若中国之袍，而特袭其短身。胡人之褶盖小袖，中国则易为广袖也。必广袖者，古以侈袂为贵，且中国不如胡中之寒，无取乎小袖也。"

袴褶实为北方少数民族所创，最初乃是为了适应马上游牧狩猎或作战的需要。袴褶在东汉末已被用作军服，南北朝时亦以之用于戎事。《南齐书》卷四九《王奂传》载："上以行北诸戍士卒多褴褛，送裤褶三千具，令奂分赋之。"王国维《胡服考》曰："案袴褶即戎衣，兹别袴褶与戎衣为二者，盖自魏以来，袴褶有大口、小口二种，隋时始以广袖大口者为袴褶，窄袖小口者为戎衣，否则无便不便之可言矣。"

魏晋南北朝时，不光男子穿着袴褶，女子也可穿着。《世说新语》载："武帝尝降王武子家，武子供馔，并用琉璃器。婢子百余人，皆绫罗绔裤，以手擎饮食。"（绔裤，《北堂书钞》所引作"绔褶"）晋·陆翙《邺中记》也载："石虎皇后出，女骑一千为卤薄，令冬

穿袴褶的鲜卑武士陶俑（北齐）

穿袴褶的鲜卑武士陶俑（北齐）

彩绘文官陶俑、彩绘武官陶俑，武官戴小冠，穿袴褶服（西魏）

霓裳羽衣

戴兜鍪、穿裆铠的武士加彩陶俑（北魏）

月皆著紫纶巾，蜀锦裤褶。""小鬟红粉薄，骑马珮珠长。路指台城迥，罗薰袴褶香。"

北朝时品色服制度初现，到了隋代，袴褶亦以颜色作为等级上的区分。史载"（大业元年）始令五品以上，通服朱紫。是后师旅务殷，车驾多行幸，百官行从，虽服袴褶，而军间不便。六年，复诏从驾涉远者，文武官等皆戎衣，贵贱异等，杂用五色。"唐袭此制，定"袴褶之制：五品以上，细绫及罗为之，六品以下，小绫为之，三品以上紫，五品以上绯，七品以上绿，九品以上碧"。但在唐代，袴褶的服用场合发生了变化，同时缺骻袍的兴起使袴褶失去了传统意义上用于马上作战的实际功用。由于多方面的原因，到了唐代中后期，袴褶逐渐走向了消亡。

**裲裆**

裲裆为六朝至隋唐时极为流行的一种短制上衣，因其只遮前胸后背，故名裲裆，颇类似于今天的背心。其时女子所着的裲裆，相当于今天的抹胸。《释名·释衣服》云："裲裆，其一当胸，其一当背，因以名之也。"王先谦疏证补曰："案即唐宋时之半背，今俗谓之背心。当背当心，亦两当之义也。"《广雅·释器》云："裲裆谓之袹腹。"《疏证》引郑注《乡射礼》"直心背之衣曰当"，认为"裲裆盖本作两当"。袹腹，《释名》作帕腹，"横帕其腹也"。

《晋书·舆服志》曰："元康末，妇人衣裲裆，加于交领之上。"

男子所用的裲裆则多用于战服，此后功能也有所演变，并一直沿用至唐宋时期。

### 纶巾

羽扇纶巾，因苏轼《念奴娇·赤壁怀古》词中"羽扇纶巾，谈笑间，樯橹灰飞烟灭"一句，为后人所熟知。《唐宋词选》诸多注本对词中"纶巾"的认识大抵一致，皆作"青丝带的头巾"解。王圻《三才图会》云："诸葛巾，此名纶巾，诸葛武侯尝服纶巾，执羽扇，指挥军事，正此巾也。因其人而名之。"

魏晋南北朝时人们多着纶巾，而高士则多持羽扇（麈尾）、着白纶巾，此乃魏晋风流之一斑。《北堂书钞》引晋纪云："王敦欲伐甘卓，遣使送白纶巾与卓，卓不取。"《晋书·谢万传》亦云："万著白纶巾，鹤氅裘，履版而前。既见，与帝共谈移日。"

其时纶巾不惟为男子所服，女子亦多服用。《邺中记》载："（石虎）皇后出女骑一千为卤簿，冬月皆著紫纶巾，熟锦袴褶。"《陈书·贺德基传》亦载："德基少游学于京师，积年不归，

戴兜鍪、穿裆铠的武士彩陶俑（北魏）

《北齐校书图》中着纶巾的士人

衣资罄乏，又耻服故弊，盛冬止衣夹襦绔。尝于白马寺前逢一妇人，容服甚胜，呼德基入寺门，脱白纶巾以赠之。"

据上所述，可知纶巾实非头上所戴的巾帽，而是披于身上的衣物。孟晖尝考《北齐校书图》、《高士图》中高士们身上所披透明轻纱衣物即为魏晋南北朝时人们穿着的纶巾，其说可从。

戴纶巾、穿宽衫的士人（唐·孙位《高逸图》局部）

## 隋唐服饰

隋唐是一个在文化上兼容并包、兼收并蓄又极为开放的时期，并表现出高度的国际化。表现在服饰上，此一时期通过对魏晋南北朝服饰的发展整合，形成了与汉魏时期大不相同的隋唐服制，服饰呈双轨制发展。隋唐南北一统，而服装却分为两类：一类是继承北魏改革后的汉式服装，包括冕服、朝服、公服。另一类则是继承北齐、北周改革后的圆领缺胯袍，用作常服。同时，隋唐时期继承并完善北周的"品色衣"制，制定品官服色制度，文武百官品阶的高低用衣服的颜色来表示，这一制度，被后来的宋、元、明各朝继承采用。幞头之制，继北周产生以来，在唐代极为盛行，发展出各种式样。这一首服式样亦被后世发展袭用，并被称为"乌纱帽"。唐代流行胡服，其法服亦多参戎狄之制。刘肃《大唐新语》谓"胡着汉帽，汉着胡帽"，元稹诗谓"女为胡妇学胡妆"是也。姚汝能《安禄山事迹》载："天宝初，贵游士庶好衣胡服为豹幅，妇人则簪步摇。衣服之制度，襟袖窄小，识者窃怪之，知其戎矣。"《新唐书·五行志》亦载："天宝初，贵族及士民好为胡服胡帽。"

隋唐时期的文化对当时周边国家、地区特别是东亚世界有着深远的影响。受此影响最著的当数日本。关于隋唐服饰的重要性，原田淑人在其《中国服装史研究》一书中说："即为服饰一项，周汉时所未能完备者，到唐代都更加完备，又将试样传与宋、明时代，所以要研究中国服装，须先阐明这个时代（的服饰），然后才可以上溯其源泉，下及其流委。"

### 裥裙

据孙机所言，唐代女装的基本构成为裙、衫、帔，其中条纹裥色裙流行颇久。唐·牛僧孺《玄怪录》载："小童捧箱，内有故青裙、白衫子、绿帔子。"前蜀·杜光庭《仙传拾遗许老翁》云，唐时益州士曹柳某之妻李氏"着黄罗银泥裙、五晕罗银泥衫子、单丝红地银泥帔"。裙、衫、帔之外，唐代女装中又常加半袖。《新唐书·车服志》载："半袖、裙、襦者，女史常供奉之服也。"

裥色裙较早见于莫高窟 288 窟北魏壁画及 285 窟西魏壁画，62 窟隋代壁画、徐敏行壁画，唐李寿墓壁画、阿斯塔那张雄墓所出女俑上亦有见。在日本，则见诸高松冢壁画、正仓院藏品。裥色裙条纹早期较宽，晚期变窄。《旧唐书·舆服志》载妇人宴服"凡裥色衣不过七破"。《旧唐书·高宗纪》载："上诏雍州长史李义玄曰：'朕思还淳返朴……其异色绫锦并花间（裥）裙衣等，靡费既广，俱害女工。'"

裥色亦称晕绸。《续日本纪》载："染作晕绸色，而其色各种相同，皆横终幅，假令白次之以红，次之以赤，次之以红，次之以白，次之以缥，次之以青，次之以缥，次之以白之类，渐次浓淡，如日月晕气，杂色相间之状，故谓之晕绸，以后名锦。"朱启钤《丝绣笔记》云："绘裥者，本字书作晕裥，锦之名也。晕字为日月之伞，如日月周围之轮，即出现之气。以色丝织出，锦之周围浓色与中色、淡色几重现出，如日月之晕是也。"

阿斯塔那 206 号墓出土的唐彩绘木胎舞女俑

### 袴奴

敦煌藏经洞所出《唐天宝年间豆卢军某营衣装勘验历》载:"都万贞:
袄子二(一皂绝一白绝),长袖二(一紫绝一褐),半臂二(一褐绝一白口),
复袴二(并练),蜀衫三,汗衫三(布故),单袴三(布),袴奴三(布
故),裈三(小)。"关于此勘验历中的袴奴,也作"袴帑",袴奴与
抹额除乐舞人穿用外,军人也穿。《太白阴经》卷四《军装篇》就说军
人要准备袴帑和抹额等各十份。袴奴与抹额可简称"奴抹"或"帑
抹",后来成为下级武官参见上级武官乃至节度使参见兵部尚书的礼服。《新
唐书·百官志四》:"节度使掌总军旅,颛诛杀。初授,具帑抹兵仗,
诣兵部辞见,观察使亦如之。"《新唐书·封常清传》:"军还,灵督
迎劳,仙芝已去奴袜带刀,而判官刘眺、独孤峻争问:'向捷布谁作者?
公幕下安得此人?'"关于袴奴,有学者曾认为袴奴与邪幅、行縢名异实同,
均指包裹脚胫的胫衣,与绑腿类似。杜朝晖亦谓"'袴奴'或即是'袴袜',
类似'行縢',缚于膝下足上,系束紧迫,便于跳腾"。奈良朝服饰研
究专家关根真隆指出,袴奴后被称为"奴袴"或"指贯之袴",简称为
"指贯"。《和汉三才图会》:"奴袴,俗用'指贯'字,似寻常长袴
而括裔者也。"黄正建据正仓院所藏衣物,认为袴奴很有可能是裤脚处

缝有带子、可将裤脚扎起的裤子。"袴
奴"必像囊形,绝非如行縢般缠绕系
缚的长条形布帛,乃是直接贯穿、紧
缚于膝下足上,以麻布制成的便于跳
腾远行之物。

唐章怀太子墓壁画中所见军士

### 抹额

抹额在唐宋之时,主要是作为军
服饰。《新唐书·娄师德传》载:唐
高宗时"募猛士讨吐蕃,(娄师德)
乃自奋,戴红抹额来应诏。"《开元礼》
载:"金吾左右将军随仗入奏平安,
合具戎服,被辟邪绣文袍,绛帕韎韐。"
所谓绛帕,亦即红抹额。

　　袴奴与抹额又可简称"奴抹"或"帤抹"，后来为下级武官参见上级武官，乃至节度使参见兵部尚书的礼服。《旧唐书·令狐楚传》载令狐楚奏疏称："诸道新授方镇节度使等，具帤抹，带器仗，就尚书省参辞。伏以军国异容，古今定制，若不由旧，斯为改常。"又，《新唐书·百官志四》载："节度使掌总军旅，颛诛杀。初授，具帤抹兵仗，诣兵部辞见，观察使亦如之。辞日，赐双旌双节。"

　　所谓帤抹即指袴奴、抹额而言。唐代袴奴、抹额除为军人所穿外，乐舞人亦有穿戴。

## 半臂

　　半臂，见于文献多为男子所着。唐·张读《宣室志》云："贞元中，相国窦参为御史中丞。尝一夕梦德宗召对于便殿，问以经国之务。上喜，因以锦半臂赐之。及寤，奇其梦，默而念曰：'臂者庇也，大邑所以庇吾身也。今梦半臂者，岂上以我叨居显位，将给半俸，俾我致政乎？'"《旧唐书·韦坚传》载："成甫又作歌词十首，白衣缺胯绿衫，锦半臂，偏袒膊，红罗抹额，于第一船作号头唱之。和者妇人一百人，皆鲜服靓妆，齐声接影，鼓笛胡部以应之。"又，《旧唐书·来子珣传》载："（来子珣）常衣锦半臂，言笑自若，朝士诮之。"来子珣为了炫耀锦半臂将其外穿，结果招致朝士讥诮。至于女子所穿，有学者认为似应称为"半袖"。《唐六典》卷一二《宫官》"尚服局"条记女服制度，有"女史则半袖、裙、襦"

绿地葡萄唐草纹锦半臂（日本正仓院藏）

的说法。但实则半臂亦为当时女子所着，这在唐墓壁画等中常见。

关根真隆认为半臂是男子穿的，四季均可穿；穿着者分下层官僚在非公事场合穿着以及作为"乐服"穿着两种。从实物看其形制为垂领、右衽、袖极短，襟处有纽，附腰襕。在唐代士兵服装中半臂亦不可或缺，半臂是唐代（至少是前期）军人必备服饰之一。敦煌所出写卷《唐天宝年间豆卢军某营衣装勘验历》《唐天宝九载十载兵士衣服支给簿》中皆有与半臂相关的记载。宋·叶梦得《石林燕语》说"半臂，武士服"。除在乐舞场合和一些特殊情况外，其一般穿在袍衫之下。

制作半臂的织物，据敦煌文书和吐鲁番文书所记，多为绫。

## 辽宋金服饰

辽、金都为北方少数民族所建立的政权，这一时期服饰特点是胡汉并行。辽朝在政府机构设置和管理上分南北两班，在服饰上也实行"北班国制，南班汉制"，即辽人穿契丹服，汉人穿汉服。金继辽而起，服饰上亦多有沿袭，大致也有其本民族固有服饰和汉人的服饰。辽、金两朝除保留其民族固有服装式样外，在服装上较为显著的特征还有装饰的流行，如源自辽代春水捺钵的春水纹，金代于"胸臆肩袖"上"饰以金绣"等。特别是在胸臆肩袖上装饰金绣，为后来的元、明、清三朝袭用，发展出各式的装饰式样。同时，由于少数民族对丝绸和黄金的钟爱，这一时期的服饰所用面料多为加金织物。

辽人服饰的材料主要有三。其早期以动物毛皮类为主，据文献及出土实物，主要为貂鼠皮、水獭皮、野猪皮、野马皮、獐皮、鹿皮、狐皮、狼皮、虎皮、熊皮、羊皮、马皮、牛皮、鱼皮、骆驼皮等。随着与汉人接触的深入，开始用丝织（包括麻、毛织）布帛类，主要为麻布、纱、绸、绫、罗、绮、绢及牛羊毛毡等。还有就是金属、玉石及骨木类，这类材料多作为辽人服饰的装饰。金人的情况与辽人差不多，《大金国志》卷三九"男女冠服"条载："至于衣服，尚如旧俗，土产无桑蚕，惟多织布，贵贱以布之粗细为别。又以化外不毛之地，非皮不可御寒，所以无贫富皆服之。富人春秋多以纻丝绵䌷为衫裳，亦间用细布，秋冬以貂鼠、青鼠、狐貉皮或羔皮为裘，或作纻丝四袖，贫者春夏并用布为衫裳，秋

霓裳羽衣

冬亦衣牛马猪羊猫犬鱼蛇之皮，或獐鹿皮为衫，袴袜皆以皮。"金代早期服饰都比较简朴，皆承袭辽代风格。《三朝北盟会编》载："女真人其衣布好白，衣短巾，左衽，富者以珠宝为饰，衣黑裘、貂鼠、狐貉之皮，贫者衣牛、马、羊、猪、蛇之皮。"

宋代的服饰在唐末五代的基础上继续发展。唐末及五代，幞头之制渐趋多样，其时有凤翅、朝天、顺风诸名目，至宋时又有展脚幞头，以作为公服首服，此制后来一直被元明袭用。女子亦在唐末五代之后多着冠帽，至宋代大为兴盛，各种材质、名目的冠帽不断涌现，宋时宫中又有所谓的九龙四凤冠、龙凤花钗冠等，民间则有大袖衫，凤冠并大袖衫发展至明代成为命妇（泛指有封号的妇女）们的礼服。其时男女典型的穿着，则为褙子，上至皇帝下至庶民皆有穿着，仕女或在下身套穿裙裤，开合之间另有风光。

### 雁衔绶带锦袍

内蒙古耶律羽之墓出有一雁衔绶带锦袍，其入葬年代为942年。其基本组织为5枚缎纹纬重，有7种颜色显花，这是辽式纬锦的另一种变化。

其图案为一对展翅相对的大雁，嘴衔打结的绶带，站在花盘之上，造型非常优美。类似的图案也出现在当时的绘画作品中，如《番骑图》。《新唐书·舆服志》载："德宗尝赐节度使时服，以雕衔绶带，谓其行列有序，牧人有威仪也。"此条史料在《唐会要》里稍有不同："节度使文以鹘衔绶带，取其武毅，以靖封内。观察使以雁衔委仪，取其行列有序，冀人人有威仪也。"《旧

番骑图局部

唐书》注："威仪，瑞草也。"鸟衔绶带或瑞草图案在中晚唐的丝织物上十分流行，在唐诗中也常见。秦韬《织锦妇》云："合蝉巧间双盘带，联雁斜衔小折枝"。白居易《闻行简恩赐章服喜成长句寄之》云："荣传锦帐花联萼，彩动绫袍雁趁行。"白居易自注："绯多以雁衔瑞莎为之也。"

关于耶律羽之墓所出雁衔绶带锦，有学者认为其当为中原所织。原因有三，一、此类织物织造极难，需用专门织机，而制作此类织机又需专门机匠，机匠只有中原才有；二、此类织物在唐属官营作坊产品，其设计、任务的下达、织物的上缴、技术的保密有一整套的管理制度；三、契丹人当时并未建立与中原一致的服饰等级制度，无需织制如此繁杂的织物。

### 刺绣团凤纹女袍

该女袍通袖长 130 厘米，衣长 177 厘米。原衣仅存三块残片，后经修复，现藏美国克利夫兰艺术博物馆。辽代刺绣双窠袍实物已知存世的有六件，均是罗地，大多作蹙金银绣（又称盘金银绣），少量为彩绣。

刺绣团凤纹女袍（辽）

一件对龙，两件对凤，一件对飞马，两件对雁，大部分均为残片，但大多可以复原原貌。此件即为两件对凤袍中的一件，袍为两窠袍，在正面和后背上的两窠较大，而在肩部及袖口的团窠较小。

### 紫地金襕锦袍

该锦袍出自黑龙江阿城金代齐国王完颜晏夫妇墓。锦袍为圆领，在前襟圆领领口处钉缀纽扣一粒，左肩上缀扣襻；于前襟腋下至腰际钉缀纽扣四粒，掩襟上缀扣襻。穿着时，通过领襟处的纽扣的系合固定。衣袖上饰通袖襕，衣下摆至膝盖部位饰膝襕，襕并为织金襕，作梵文。《金史·舆服志》载金人常服之制有四，其一"其胸臆肩袖，或饰以金绣，其从春水之服则多鹘捕鹅，杂花卉之饰，其从秋山之服则以熊鹿山林为文，其长中骭，取便于骑也"。此袍通袖、膝襕皆为金饰，袍身亦作开衩，正与此记载相合。

### 褙子

褙子，又作背子。唐·马缟《中华古今注》"衫子背子"条载："背子，隋大业末，炀帝宫人、百官母妻等，绯罗蹙金飞凤背子，以为朝服，及礼见宾客、舅姑之长服也。"

背子在宋代极为流行，当时男女均穿着。《宋史·舆服志》载："其常服，后妃大袖。"《朱子家礼》亦云："大袖，如今妇女短衫而宽大，其长至膝，袖长一尺二寸。"另注："众妾则以背子代大袖。"《宋史·舆服志》又载："淳熙中，朱熹又定祭祀、冠婚之服，特颁行之。凡士大夫家祭祀、冠婚，则具盛服。……女子在室者冠子、背子。众妾则假紒、背子。"

北宋·李廌《师友谈记》云："宝慈暨长乐皆白角团冠，前后惟白玉龙簪而已；衣黄背子，衣无华彩。太妃暨中宫皆缕金云月冠，前后亦白玉龙簪，而饰以北珠，珠甚大，衣红背子，皆用珠为饰。"陆游《老学庵笔记》卷二载："（宰臣）衣盘领紫背子，至宣和犹不变。"朱熹《朱子语类》卷一二七云："今上登极，时常著白绫背子。"卷九一又云："背子本婢妾之服，以其行直主母之背，故名背子"。

## 元代服饰

元代，为分裂之后又一次大统一。这种统合同样表现在服饰方面，如服饰图案上出现由辽人春水捺钵和宋人池塘小景交融而成的满池娇，源自金人的云肩、通袖膝襕，飞禽走兽穿插于花草丛中的百花攒龙式装饰，见于宋人以各色珍宝用以镶嵌的闹装工艺等，都在元代服饰中得以袭用。同时，元代也独具其特有的服装样式，如辫线袄、贴里、搭护、大袖袍等。首服方面，一为冬帽夏笠，一为冠帽顶部饰有帽顶。元代还有讲求衣、饰同用一色的质孙服，并在衣服前胸后背饰以胸背。元代服饰的式样及其装饰多为明清两朝袭用，亦对朝鲜服饰的发展有着深远的影响。

### 夹衫

内蒙古集宁路故城遗址出土有元棕色罗花鸟绣夹衫，该夹衫经中国丝绸博物馆修复，藏于内蒙古博物馆。此夹衫前襟长 60 厘米，后背长 62 厘米，通长 65.5 厘米。袖长 43 厘米，袖口宽 54 厘米。对襟直领，直筒宽袖，棕褐色四经绞素罗地。元人尚蓝尚白，同时亦重褐色。

夹衫肩上的纹饰即元代常见的"满池娇"。元·柯九思《宫词》云："观莲太液泛兰桡，翡翠鸳鸯戏碧苔。说与小娃牢记取，御衫绣作满池

元棕色罗花鸟绣夹衫（内蒙古集宁路故城遗址出土）　　元棕色罗花鸟绣夹衫满池娇

娇。"注云："天历间御衣多为池塘小景，名曰满池娇。"张昱《宫中词》亦云："鸳鸯鸂鶒满池娇，彩绣金茸日几条。早晚君王天寿节，要将著御大明朝。"又，张翥《江神子·枕顶》谓："合欢花样满池娇，用心描。数鍼挑。面面芙蕖，闲叶映兰苕。刺到鸳鸯双比翼，应想象，为魂销。巧盘金缕缀倡条，隐红绡。翠妖娆。白玉函边，几度坠鸾翘。汗粉啼红容易浣，须爱惜，可怜宵。"

### 大袖袍

大袖袍是元代女性的正式礼服。《蒙鞑备录》记载："有大袖衣，如中国鹤氅，宽长曳地，行则两女奴拽之"。《析津志辑佚》中记载得更为详尽："其制极宽阔，袖口窄，以紫织金爪，袖口才五寸许，窄即大，其袖两腋摺下，有紫罗带拴合于背，腰上有紫纵系，但行时有女提袍，此袍谓之礼服。"

### 辫线袍

辫线袍为元代一种非常流行的男袍款式，其特点是在腰部用辫线或绢帛捻成的辫线密密钉绣，故称辫线袍或辫线袄。辫线袍主要由两种材质搓捻而成，即绉纱和丝线。

关于辫线袍，南宋·彭大雅《黑鞑事略》载："其服，右衽而方领，旧以毡撬革，新以绉丝金线，色用红紫、绀绿，纹以日月龙凤，无贵贱等差。"徐霆注云："正如古深衣之制，本只是下领，一如我朝道服。领所以谓之方领，若四方上领，则亦是汉人为之，鞑主及中书向上等人不曾着腰间密密打作细褶，不计其数，若深衣止十二幅，鞑人褶多尔。又用红紫帛捻成线横在腰上，谓之腰线，盖欲马上腰围，紧束突出，采艳好看。"

辫线的式样，虽然都是在腰部横线，亦有辫线

纳石失辫线袍（内蒙古乌兰察布盟达尔罕茂明安联合旗大苏吉乡明水墓出土）

通向世界的丝绸之路

和腰线两种名称，其做法也有直接作褶和用丝绸做线后再缀于衣服上等方式。腰线具体做法有三种。1.把本来的面料加以打褶而成。2.用丝线捻成。3.把丝绸裁剪后卷成。而袍的前后腰线的系结，从目前发现的实例看，有三种方式。1.纽襻式，系扣是辫线最多见的系结方式。2.系带式。3.扣带式，穿着时将带子穿入扣襻中打成结即可。

## 明代服饰

明代是汉式服装的最后一个发展阶段和终结期。明朝代元而起，成立之初就以废弃胡服、恢复唐宋服饰为号召，但实际上仍多采用元代的服饰，如常服制度中的贴里、搭护即承袭元代而来，明代的曳撒亦源自元代所谓的袴褶。在装饰方面，明代创造了补子制度，文官用飞禽作为装饰，武官用走兽作为装饰，又用不同的飞禽和走兽表示不同品阶官员的等级，这一制度后来也被清代沿袭。此外，云肩、通袖膝襕在明代服饰中也被运用到极致。

### 衮服

万历帝定陵所出此类袍服共有5件，4件出自万历帝棺内南北两侧，1件穿于身上，其中3件为刺绣，2件为缂丝。袍服作十二章十二团龙，

明定陵黄缂丝衮服复制件

上有题签作"衮服"字样。

明初废却六冕，只存衮冕，称冕服，亦称衮服，作上衣下裳制。圆领衮服，从明代帝王像中可知最早见于英宗。

### 贴里

贴里，又写作帖里，天益、天翼、缀翼、裰翼。据其众多的异名，可知其当为音译。帖里之名乃是蒙古语"Terliq"之音译，蒙古语"Terliq"意为丝、丝织品、绸缎，后泛指丝麻织物。现代蒙古语中贴里为"袍服"之意。关于贴里，《朴通事谚解》云："贴里，元时好看此衣，前后具胸背，又连肩而通袖之脊至袖口，当膝周围亦为纹如栏干，然织成段匹为衣者有之，或皮或帛，用彩线周遭回曲，为缘如花样，刺为草树、禽兽、山川、宫殿之纹于其内，备极奇巧。皆用团领着之，其直甚高。"据此，则贴里亦有用腰线者。

明代贴里，袭自元朝，也最为人所熟知。只是贴里在明朝时，其穿着有一定的搭配，贴里与圆领、搭护并乌纱帽、革带等组成一套明代常服。

### 搭护

搭护，原作褡襮，又作搭胡、搭忽、答胡、答忽，是元代兴起的服装样式。其为蒙古语 dahu 的音译，意为袄子或皮袄。

《元朝秘史》第九六节：答忽，旁译"袄子"，答忽宜，旁译"袄子行"，答忽因，旁译"袄子的"，第一五二节：答忽，旁译"皮袄"。《至元译语》衣服门：番皮作"答胡"。翟灏《通俗编》卷二五服饰·搭护条："郑思肖诗：'骏笠毡靴搭护衣，金牌骏马走如飞。'自注：'搭护，元衣名。'按：俗谓皮衣之表里具而长者曰搭护，颇合郑诗意。《居易录》言：'搭护'，半臂衫也，起于隋时内官服之。'乃名同而实异。"

搭护之制同样为明朝所袭用，且被用于常服制度，有其固定搭配，由乌纱帽，圆领、搭护、贴里，革带，皂靴组成一套常服。其实物在明初鲁荒王墓、夏儒长子墓、徐蕃墓、徐俌墓都有出土，在孔府旧藏服饰中也有实物保存。

### 曳撒

曳撒，当作裋褖，又有袨褖、一褖、一撒、衣撒等异称。据《明宫史》，"其制后襟不断而两傍有襕。前襟两截，而下有马面褶，两旁有耳"。

通向世界的丝绸之路

**明正德四合云地柿蒂窠过肩蟒妆花缎曳撒**（北京南苑苇子坑明墓出土）

曳撒在明代颇为流行。明·尹直《謇斋琐缀录》卷八载："或叨侍宪宗皇帝，观解于后苑，伏睹所御青花纻丝窄檐大帽，大红织金龙纱曳撒，宝装钩绦。又侍孝宗皇帝讲读于青宫，早则翼善冠，衮绣圆领，食后则服曳撒、玉钩绦。而予家赐衣内，亦有曳撒一件，此时王之制，所宜遵也。"何良俊《四友斋丛说》卷六·史二载："（寇天叙）躯体顽硕，搭眼微近视，每日带小帽穿一撒坐堂。自供应朝廷之外，一毫不妄用。若江彬有所需索，每差人来，寇佯为不见。"（《国朝献徵录》卷二五"丛说"条、《金陵琐事》卷一"三人协力"条并皆载此）颇疑曳撒此名即由一色衣而来，不过在明代其已成为"时王之制"了。

### 襕衫

襕衫为明代生员所服。《明史·舆服志》载："生员襕衫，用玉色布绢为之，宽袖皂缘，皂绦软巾垂带。贡举入监者，不变所服。……洪熙中，帝问衣蓝者何人，左右以监生对。帝曰：'著青衣较好。'乃易青圆领。"

明初朱元璋诏令冠服制度如唐宋之制，襕衫即仿唐宋制度而来。《新唐书·车服志》载："是时士人以枲苎襕衫为上服。……中书令马周上议：'《礼》无服衫之文，三代之制有深衣。请加襕、袖、褾、襈，为士人上服。'"《宋史·舆服志》也载："襕衫以白细布为之，圆领大袖，下施横襕为裳，腰间有襞积，进士、圆子生、州县生服之。"从图像资料看，明代襕衫与唐宋时的襕衫大致无别，只是明代襕衫开衩处有两个襬，这是与唐宋制度有别的地方。

## 清代服饰

清人以骑射立国，所以在服饰上也多表现弓马的形象。从后妃朝服两肩、袖口及披肩装饰上，都能找到清人马鞍、马蹄和弓的形象或符号。清军入关前，披肩领和马蹄袖已经是旗人的独特象征了。旗人袍服袖口装有箭袖，以便骑马射箭，因其袖似马蹄，故称"马蹄袖"。清军入关后行"剃发易服"，以是否穿着旗人服饰作为臣服与否的标志，后亦有"男从女不从"之别，所以表现在服饰上即男子穿清式服装，旗女穿旗装（汉军旗女子可穿汉装），民女大抵穿汉装。此一时期男女的上装大抵是袍袍褂褂，袍褂配套而穿（朝服有朝服褂，吉服有吉服褂，常服亦有常服褂）。清代中后期因与各国接触益繁，所以服饰也较多变。

清军入关前的旗人服饰，较早见诸《大明一统志》，其卷八九引《开元新志》述"乞烈米四种"云："一种曰女直野人，性刚而贪。文面椎髻，帽缨红缨，衣缘彩组，惟袴不裙，妇人帽垂珠珞，衣缀铜铃。"此外，亦较早见于朝鲜人的记载。

明万历二十三年（1595年），朝鲜人申忠一访问赫图阿拉，正月初五日见着努尔哈赤兄弟及诸将，申忠一在《建州纪程图记》中记载了一干人等的穿着："头戴貂皮，上防耳掩，防上钉象毛如拳许。又以银造莲花台，台上作人形，亦饰于象毛前，诸将所戴，亦一样矣。身穿五彩龙文天益，上长至膝，下长至足背，裁剪貂皮，以为

雍正帝常服像

缘饰。诸将亦有穿龙文衣，缘饰则或以貂，或以豹，或以水獭，或以山鼠皮。护顶，以貂皮八九令造作。腰系银入丝金带，佩帨巾、刀子、砺石、獐角等。足纳鹿皮兀刺靴，或黄色，或黑色。"

清代服饰制度，在清军入关前即在不断地修订和完善中。入关之后，又于顺治九年（1652 年）定《服色肩舆永例》。雍正四年（1727 年）及八年（1731 年）定大小官员帽顶等级。雍正十年（1733 年）校刊《大清会典》。至乾隆三十一年（1767 年）《皇朝礼器图式》颁布，清代服饰制度最终定型。

### 清代开裾形式

清入主中原之后，冠服制度被逐渐具体和细化，四开裾常服袍只有皇帝及宗室成员方可服用，其他官员只能穿两开裾袍。而最下等的庶民，只许穿不开裾的裹身袍，否则将以僭越逾制论罪。四开裾这种服装的外化形态，界定了皇亲国戚与官宦庶民之间尊卑亲疏的等级界限，也是统治者奖赏臣属的重要手段。如雍正三年十二月赐太保年羹尧自裁的十六条罪状中即有"擅穿四衩衣服"一条；又如乾隆五十年正月，高宗谕："大学士和珅，著加恩赏给黄带、四开禊袍。"

通过衣服的开裾形式，我们也可据以判断服用之人的属性、等级。以清代皇帝和皇后常服为例，除由性别及生理造成的身长尺寸差异外，男、女服装之间最大的区别在于服装的开裾方式。皇后常服袍用左右大开裾式，常服褂采用后面大开裾式；皇帝常服袍则为大襟、左右及前后开裾；常服褂为对襟、左右及后开裾。

清代服饰除对襟式外，都属右衽式（右侧系扣），也就是常说的"大襟右衽"。判断衣服右侧是否开裾的标准，并不是右边系扣就是"右开裾"，而要看右面大襟下面的"掩襟"是否开裾。如氅衣就是掩襟开裾，所以称"裾左右开"；衬衣的掩襟处则不开，称之为"裾不开"。女袍褂的开裾方式有两侧开裾、后开裾或不开裾，没有四开裾的。如果是袍（朝袍、吉服袍）还可以看有无花接袖，只有女袍在袖子的肘部会有一圈"花接袖"（也称"中接袖"），这是区分男女袍的一个明显特征。

### 朝服

清代冠服制度规定，朝服分蓝、红、月白和明黄四色，根据不同的

清乾隆帝蓝缂丝彩云金龙纹单朝服

礼仪功能和场合，清代皇帝穿用不同颜色的朝服。祭天、祈谷和常雩（雩，古代为祈雨而举行的祭祀）服蓝色，用于天坛；朝日服红色，用于日坛；夕月服月白色，用于月坛；祀地于方泽（地坛）所穿为明黄色。但其中实则有朝、祭之别，各自的配饰也有不同。

### 八团金彩吉服袍

清宫现存吉服袍实物中，多有装饰八团金彩者。关于此装饰，有学者认为清代吉服上饰八团金彩乃借鉴承继明代皇帝服饰上团纹形式而来。八团金彩曾经被认为是后妃吉服上的专用纹样，并进而作为区分帝后服饰的标志，其实并非如此。顺治元年（1644年）定摄政王冠服制度，"带用浅黄，服用八团龙"，诸王、贝勒以下冠服制度"止许用五爪四团龙"；后又谕"五爪龙、凤凰及通身八补、四团补…著严行禁止，违

**黄纱织八团金龙纹单龙袍**

者治罪"；顺治八年（1651年）追罪多尔衮，其罪之一为"备有八补黄袍"；
雍正年间，多罗贝勒延信因私藏八团绣金补服而获罪。可见，入关之初，
皇子、诸王以下除"钦赐"外，只许用五爪四团龙纹样，而皇帝、摄政
王则可服用五爪八团龙。男用八团金彩吉服袍，乾隆十三年（1748年）
以前仍有人穿着，乾隆朝《大清会典》颁行后似仅见于女用。清代袍褂
不分家，故宫所藏八团金彩龙褂共413件，其中55件男用，余者为女用。
八团龙褂产生初始为明黄色且都为男用，八团女龙褂的产生晚于八团男
龙褂。

### 黄马褂

黄马褂属行服褂，穿时套于行服袍之外，长只到股，袖只到肘。衣
短是为了骑马方便，袖短是为了射箭方便。所以又叫"马褂"，又有一

清皇帝冬朝袍之一前图样（缺披领）

清皇帝冬朝袍之一后图样（缺披领）

个时期汉语称"得胜褂"。在清代，皇帝出行有众多内大臣和侍卫随行，这些人全要穿行褂，并要佩刀（皇帝近身的不佩刀），他们所穿的行服褂皆为明黄色，没有花纹与彩绣，所以叫"黄马褂"（又有"黄褶"一称）。侍卫人等所穿的黄马褂，是由于职任关系而穿的，去职即不能再穿。这种黄马褂叫"职任褂子"，满语称"秃山"。此外，还有"赏穿黄马褂"，这就非御赐不能穿了。"赏穿黄马褂"有两种。一是打猎校射时所给。打猎时获鹿的或是猎毕献禽的，都有赏给黄马褂之例。这类黄马褂只能在行围时穿用，平时不能穿。这类都属"行围褂子"。另一种"赏穿黄马褂"，用来奖赏有功的高级武将或统兵的文官，又叫做"武功褂子"。这类"赏穿黄马褂"，任何时候都可以穿。清代封赏有"巴图鲁"称号，"赏戴花翎""赏穿黄马褂"以及封爵、世职等，而黄马褂是其中比较高的一种封赏。

几种黄马褂功用不同，形式上稍有区别。"职任褂子"和"行围褂子"用黑色扣袢，"武功褂子"则用黄色扣袢。

### 雨衣

雨服为清代君臣在政务活动遇雨雪时穿的一类服饰，由冠、衣、裳三者构成。皇帝雨衣，据《皇朝礼器图式》，其制有八；据《钦定大清会典》，其制有六。据典制，皇帝雨衣材质有油绸、毡、羽缎，三者皆有一定防水功能。其实物有故宫藏康熙大红水波纹羽纱单雨衣一件，上附黄签，墨书"圣祖""圣祖红羽纱单大褂一件"。雨衣所用的羽纱、羽缎、羽绸（绡），其时皆为西洋入贡。王士禛《香祖笔记》载："羽纱、羽缎出海外荷兰暹罗诸国，康熙初入贡止一二匹，今闽广多有之。盖缉百鸟氄毛织成。"其《皇华纪闻》也说："西洋有羽缎、羽纱，以鸟羽织成，每一匹价至六七十金，着雨不湿。荷兰上贡止一二匹。"《清一统志》《大清会典事例》等亦有记载。清初文献载："羽绡幅宽二尺四寸，似线绡，无花，出西洋，太阳下照有金星。"又云："羽绸黄边，起毛，发卸（即发松有弹性意）。"

第七章

# 斑斓蚕乡

我国的蚕桑文化现在主要以杭州、嘉兴、湖州地区最为发达，并绵延江苏、四川、山东、广西等地，但综观中国丝绸发展史，蚕桑文化甚至可以覆盖黄河流域、长江流域、乃至全国。传统丝织生产技艺和与蚕桑文化相关民俗活动至今仍保存在浙江和江苏的太湖地区以及四川的成都等地，成为当地文化遗产中不可分割的一部分。

## 蚕乡遗风

在中国先人的心目中，家蚕不是一种普通的昆虫。早在周朝，蚕就作为神物被人们顶礼膜拜，人们甚至幻想能像它一样羽化升天。后来由此衍生了各地蚕区的蚕神崇拜，并在历史的变迁中逐渐形成了一系列具有蚕桑丝织特征的民俗活动，其中"轧蚕花""拜蚕神""扫蚕花地"等别具情趣的习俗，千年相传，绵延不绝。

### "轧蚕花"

清明前后，浙江蚕户人家都会到附近庙中祭拜蚕神，称"轧蚕花"。此风在浙江湖州市含山、善琏、德清县及新市等地尤盛。"轧蚕花"的活动从每年清明节（俗称"头清节"）开始至清明第三天（俗称"三清明"）结束，以头清节最为热闹。参加活动的除浙江本省蚕民外，更有从江苏吴江等地来的蚕乡农民，多达七八万人。传说"蚕花娘娘"会在清明节时化作村姑踏遍含山土地，留下蚕花喜气，得"蚕花廿四分"，因此，蚕农把含山看作是"蚕花圣地"。

姑娘们踏蚕花前都要先到山顶蚕神庙进香，争购彩纸蚕花戴在簪头上，有的在甘蔗上插几枝蚕花，意为"甘蔗节节高，蚕花养得好"；年长者身背红布包裹的种蚕，称"蚕种包"，上山绕一圈，认为这样可让蚕种染上喜气。清明一早的上山途中，类似出会的祀神仪典就已开始，其形式有两种：一为拜香会，包括"吊臂香""扎内蜻蜓""拜香童子"及吹打乐等；二为抬菩萨出游（抬有"总管菩萨""土地菩萨""宗将军"等地方神祇）。并夹"抬阁"（旧时民间迎神赛会中的一种游艺项目，在木制的四方形小阁里有两三个人扮演戏曲故事中的人物，由别人抬着游行。）表演的内容有"盗仙草""赵云救母""三戏白牡丹""打渔杀家""西游记"等。山下河港里大船小船摩舷撞艄，做各种民间技艺表演。有"打拳船"（也称"擂台船""哨船"，即在船上表演拳术、舞狮等）、"踏拔船"（也叫"桨船""快船"，以赛速度为主）、"标杆船"（在船上竖起的竹竿上表演杂技）等。游含山时，男女青年故意挤挤挨挨，方言称"轧（音嘎）发扎发"，以此期盼蚕花茂盛。如今其间陋俗已禁绝，祀神仪典也大多停止。但具有三百余年历史的"轧蚕花"及踏含山的传统民间艺术表演其盛况仍不减当年。

### "扫蚕花地"

"扫蚕花地"是一种颇具地方特色的民间歌舞，起源于浙江省湖州市德清县，是在当地蚕桑生产和民俗活动中形成并发展起来的，清末至20世纪50年代初最为兴盛。由于它具有鲜明的地方特色，并且与当地的生产活动紧密联系，因此不仅在德清县经久不衰，而且艺人的演出活动还延伸至杭、嘉、湖、沪各地。

清代、民国年间，当地蚕农为了祈求蚕桑生产丰收，在每年的春节、元宵、清明期间，都要请职业或半职业的艺人到自己家中养蚕的场所，举行"扫蚕花地"仪式。这种民俗活动据说与古代蚕神信仰和祛蚕祟的巫术有着一定的渊源。"扫蚕花地"由一女子化装边唱边舞，边上有人伴奏。唱词内容多为祝愿蚕茧丰收或叙述养蚕劳动生产全过程，并表演着扫地、糊窗、掸蚕蚁、采桑叶、喂蚕、捉蚕换匾、上山、采茧等一系列与养蚕生产有关的动作。

蚕花

据调查统计，德清县清末民初的"扫蚕花地"就有七种不同曲调，四种不同风格的表演，知名艺人达二十多人。"扫蚕花地"的表演形

通向世界的丝绸之路

式多样，起初以单人歌舞为主，由女性表演，另有一人敲小锣小鼓伴奏；后来发展到用二胡、笛子、三弦等多种民族乐器伴奏。它的唱词内

扫蚕花地

容，多为祝愿蚕茧丰收和叙述劳动的情景。表演时，表演者头戴"蚕花"，身穿红裙红袄，然后，表演者载歌载舞，做着"糊窗""采叶""喂蚕""做缫"等各种动作，模拟养蚕劳动，语言充满了浓郁的吴方言特色。

表演"扫蚕花地"的艺人有半职业和业余两种，半职业艺人过去以穷苦农民为多，他们务农尚不能温饱，靠演"扫蚕花地"补充收入。他们大多以家庭为单位，或三四人搭班划一条小船，在农历十一月开始外出表演，到清明后回家。每到一个村庄，他们就挨家挨户去农民家里演出，农民也乐意请他们到家中表演，这种表演形式直到今天也很受欢迎。业余的演出则带有极大的自娱性，表演队伍全由农民自愿组成。

"扫蚕花地"体现了江南妇女长期在蚕房劳动所形成的娴静、端庄、温柔的性格及干净利落的劳动习惯。其音调古朴，旋律优美，是杭、嘉、湖蚕乡最具特色的艺术形式之一。舞蹈的基本动作"稳而不沉，轻而不飘"，可以用一个"端"字来归纳，较好地表现了江南水乡养蚕姑娘端庄、细腻的性格。舞蹈的道具、服装特色鲜明，铺着红绸的小蚕匾以及作头饰和道具用的白鹅毛，是蚕乡特有的生产工具；表演者的头上、扫帚、蚕匾上插的蚕花，与"西施给蚕娘赠蚕花"的传说，以及"蚕花会"、"轧蚕花"等习俗相联系，这些和表演者所穿的红裙红袄一道，都是蚕乡人民心目中最吉祥的事与物。

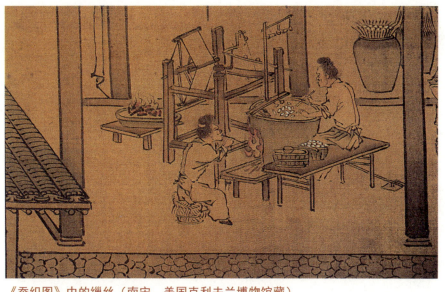

《蚕织图》中的缫丝（南宋，美国克利夫兰博物馆藏）

## 制丝技艺

"麻叶层层荷叶光，谁家煮茧一村香，隔篱娇女络丝娘。""簌簌衣巾落枣花，村南村北响缫车，牛衣古柳卖黄瓜。"苏轼的春日之行常会遇到正在煮茧、缫丝的蚕农，他用诗句描绘了这一火热的劳动场景。

煮茧是制丝过程中的一道关键性工序，包括浸渍、渗透、蒸煮、调整、保护等过程。首先要把茧在50℃～70℃的温水中浸泡2～4分钟。使茧层渗润，并使茧层外面结一层水膜，以增强通水性能，提高抗煮能力；第二步，茧先进行100℃高温渗透，使蒸汽和茧腔内的空气进行置换，然后把茧放进约60℃的低温水中，因温度下降，茧腔内的蒸汽和空气遇冷后急剧收缩，使茧腔外面的压力大于茧腔内的压力，从而让温水渗入茧腔，达到茧层渗润的目的；第三步，对已渗润的茧进行蒸煮，主要作用是使茧腔吐水并煮熟茧层，提高茧层中水的温度，使水分子进入丝胶内部，增大丝胶体积，使其膨润软化，同时利用热汤溶解一部分丝胶；第四步，利用大量热水，使茧层丝胶得到进一步膨润和适当的溶解，使煮熟均匀，同时逐步降低温度，使茧腔徐徐吸水，符合缫丝所需要的沉浮程度；第五步，经蒸煮的茧在出茧以前，先在60℃的低温水中处理 1 ~ 2 分钟，使外层丝胶稍稍凝固，以保护茧层，出茧后将茧置于水温约 50℃的茧桶中，水量约为茧子体积的 1.5 倍。

柞蚕茧需要经过煮茧和漂茧两个过程，才能达到茧丝顺次离解的目的。煮茧使丝胶膨润软化并溶解部分杂质，漂茧是把煮好的柞蚕茧投入含有化学药剂的漂液中，除去茧层中的油蜡质、盐类、有色物质，并软化丝胶。煮茧质量的好坏除了能直接影响到缫折、解舒，还能影响偏差、洁净、生丝抱合等与生丝质量相关的各项指标。

将若干根丝同时抽出并利用丝胶黏着在一起的过程，称为缫丝。缫丝是制丝过程的一个主要工序，要根据产品规格要求，把若干粒煮熟茧的茧丝离解，合并制成生丝或柞蚕丝。一根生丝一般由七八粒茧合成。从蚕茧中抽出的生丝是织绸的原料，有"纤维皇后"的美誉。成熟期的蚕身长仅约 3 厘米，但一颗蚕茧却可抽出约 800 ~ 1000 米长的茧丝。

缫丝工艺过程包括煮熟茧的索绪、理绪，茧丝的集绪、拈鞘、缫解，部分茧子的茧丝缫完或中途断头时的添绪和接绪、生丝的卷绕和干燥。缫丝方法很多，按缫丝时蚕茧沉浮的不同，可分为浮缫、半沉缫、沉缫三种，蚕茧的浮沉主要取决于煮茧后茧腔内吸水量的多少。

我国早在原始社会就已出现缫丝技术。进入文明社会后，缫丝技术进一步发展，出土的商代丝织物表明当时已出现装有锭轮的手摇纺车雏形。战国秦汉时期，沸水煮茧已很普遍。

宋代缫丝技术发展较快，出现了较为复杂的脚踏缫车，包括机架、集绪和捻鞘、卷绕及其他三部分。元代缫丝工艺在宋代南北有所区

手工土法缫丝

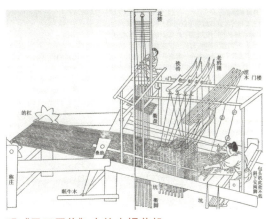

明《天工开物》中的小提花机

别的基础上进一步完善，缫车分为南缫车、北缫车两种类型，缫丝技法经南北交融互补，统一了工艺要求，即"缫丝之诀，惟在细、圆、匀、紧，使无偏、慢、节（接头）、核（疙瘩）、粗恶不匀也"。缫丝水温分热釜和冷盆两种，"热釜须徐徐下茧缫

之，多煮则损，凡茧多者宜用此釜……水温以蟹眼汤为标志"。从工艺上看，冷盆速度略慢，质量却高，比热釜所缫的丝坚韧。到明代，北缫车与冷盆相结合，成为后来缫丝技术的主流。明代注意对制丝用水的选择，以水清为要旨，总结出"山水不如河水，止水不如流水"的规律。明清时浙江南浔地区所产的辑里丝（湖丝），由于其独特水质、茧质和加工技术的先进，具有细圆匀紧、白净柔韧等特点，闻名于世。茧子的下脚料，则可以用于制作清水丝绵。

长期以来，缫丝工具改进缓慢，直至清咸丰十一年（1861 年），上海才首建以蒸汽为动力的近代缫丝厂怡和洋行纺丝局。此后，机器缫出的丝（俗称厂丝，质量较土法缫丝为优）逐步取代农村的土法缫出的丝（俗称土丝）。绕在缫丝车丝轩上的丝呈绞状，在加工前首先要把它转绕到丝筒上，才便于加工成经线和纬线，这一步骤称为络丝。秦汉至唐多用手转籰子络丝，宋代以后则出现了绳拉单籰"扯铃"式络丝车。络丝之后，将丝筒上的丝绕到纡管上，置于梭子之中，作纬线之用，称为"做纬"，

机器缫丝

同时按丝绸品种将丝线整理成数千条经丝，卷绕于织机经轴上，称为"整经"。丝绸织物是由经、纬两组相互垂直的丝线在织机上交织而成的。通过以上工序加工后的经线和纬线，便可按一定的组织规律在织机上相互交织成各种产品。

## 丝织奇葩

中国古代丝织品种有绢、纱、绮、绫、罗、锦、缎、绒、缂丝等。在漫长的历史长河中，中国各个地区逐渐形成了各自的丝织专业分工，如浙江湖州织绫绉，嘉兴产绸，杭州产纱罗，江苏南京产缎和绒，苏州产锦和缂丝，四川成都产蜀锦等。各地的技术与产品互相交流与补充，形成了中国传统的丝织生产体系。

### 双林绫绢

绫绢是绫与绢的合称，"花者为绫，素者为绢"。其中双林绫绢，薄如蝉翼、轻如晨雾、质地柔软，被誉"丝织工艺之花"。

双林镇位于浙江湖州城东30公里处，地处杭嘉湖水网地带，历来盛产蚕桑，缫丝业相当发达。绫绢系用纯桑蚕丝制品而成。据双林附近钱山漾新石器时代遗址中发掘到的碳化了的绢片测定，双林绫绢的生产距今已有4 700多年的历史。三国时，湖州隶属东吴，古有"吴绫蜀锦"之称。在南朝刘宋时，绫绢已成为当时对外贸易的主要商品，经广州口岸，通过海上丝绸之路出口到林邑（越南）、扶南（柬埔寨）等十多个国家。据范文澜《中国通史简编》记载："梁时商业尤盛"，我国与南海诸国通商，"输入货物多是象牙、犀角、珠玑、琉璃、香料等，中国输出货物多是绫绢、丝绵等"。到唐代绫织物已进入全盛时期，它巧妙地运用不同斜纹纺织的技术，互相衬托出花纹，使花形若隐若现，转侧引人，著名诗人白居易曾有"异采奇文相隐映，转侧看花花不定"的佳句高度赞美。从唐代起，双林绫绢被列为贡品，并远销日本等国。元代双林镇上"有绢庄十座，在普光桥东，每晨入市，肩相摩也"，当时染绢的皂房则集中在耕坞桥一带，漂洗皂绢，染黑了桥下的清水，"墨浪潮"即由此得名。从此，双林别称"墨浪"。至明代，朝廷"奏本"专用双林"倪绫"。据《双林镇志》载："按镇之绫，以东庄倪氏所织者为佳，名为倪绫。盖奏本面绫有二龙，惟倪姓所织龙睛突起有光，他姓不及也。"明嘉靖年间，双林已成为拥有几千家丝绸专业作坊的大镇。清乾隆中叶，镇上开有绢庄20多家，并有一些初具规模的绫绢工场。

双林绫绢的品种、规格、花色繁多，用途甚广。南朝梁武帝前，双林绫绢叫"练"。梁武帝称帝后，"练"改为"绢"。据《双林镇志》记载："按《香祖笔记》梁武帝小名阿练，因改练为绢。今绸绢之绢，俗罕知其为练矣"。明朝正德、嘉靖以后，绫绢在当时的主要品种有包头绢、绫、包头绉、罗等。绫绢"名目甚繁，有花有素，有重至十五六两者，有轻至二三两者，有连为数丈者，有开为十方者，方自三、四、五、六尺，其花有四季花、西湖景致、百子图、百寿、双蝴蝶、十二鸳鸯、福绿寿喜、八宝龙凤、云鹤、盆景、花篮等"。按用途，绢又分为包头绢（"妇女用为首饰"，"于天下闽之男子亦裹首"，"北地秋冬风高起，行者罩面护目"）宫绢（用于皇帝奏本的封面）、灯绢（浙江上八府等地用绢糊灯）和裱绢四种。"绫有龙绫、云鹤绫、洋花绫、三二素绢、尺八纱、尺六纱诸名，染以彩色，""为装潢书画、造作人物"，"画饰墙壁之用"。纱有直纱、轻纱、葵纱、巧纱、灯纱、夹织纱、冰纱。

湖州双林镇绫绢长的织造车间

龙凤呈祥花绫

绫主要用于装裱书画，绢主要用于代纸书写绘画。绫的缩水率与宣纸基本一致，同时具有装裱平挺、纬密均匀、不易露底、色雅耐晒等优点，故用绫装裱字画，画面能不打皱、不起翘，显得坚挺优雅。尤其名贵书画，一经绫绢裱装，在艺术上更加显得完美，顿时身价百倍。书画使用双林绫，雍容华贵、古朴文雅、富有情致，能起到悦人目、动人心的艺术效果，给人以完美的艺术享受。现在，绫绢还被用来做民族、戏剧服装，制作宫灯、灯罩、风筝、屏风、绢花等工艺美术产品，糊饰精美的工艺品锦匣和高级楼堂宾馆饭厅的内壁等。

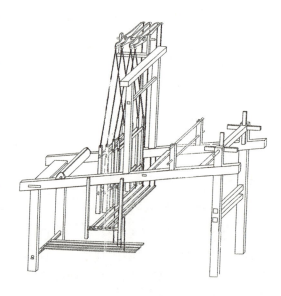

狄特·库恩根据《梓人遗制》绘制的罗织机复原图

## 杭罗

杭罗源自唐代越罗，杭州所产的蚕丝质地好，所织造的杭罗紧密结实，风格雅致，清代时，杭罗备受宫廷推崇，驰名中外。可见在"罗"的家族里，"杭罗"是佼佼者，人们把杭罗、苏缎和云锦同列为中国东南地区的三大丝绸名产。

大概在新石器时代晚期，我们的先民就已经能够织造平纹和绞经组织的纱、绢、罗一类织物了。而在商周时期的出土文物中，罗就更为多见。春秋战国时期的越国非常重视"农桑"，《越绝书》卷四记载，范蠡为勾践设计复国大计时，就提到了"劝农桑"。而当时这里已经能够生产罗、縠、纱等丝织品了。《禹贡》中，提到扬州一带有"越罗縠纱"，便是明证。

罗由纯桑蚕丝以平纹和纱罗组织联合构成，孔眼清晰，质地刚柔滑爽，是一种比较透气的丝织物，所以常被用来做内衣、蚊帐、帐幕、裙裤等。我们在古籍中常常见到"罗帐""罗裙"一类说法，指的就是用

杭州复兴丝织厂的杭罗生产车间

罗做成的物品。

杭罗历史悠久，至清代已成为杭州丝绸中颇为著名的品种之一。历史上，杭罗的产地主要在杭州，尤其以艮山门外一带最为集中，清·厉鹗《东城杂记》云："杭东城，机杼之声比户相闻。"可见在清雍正年间，杭罗的生产已颇具规模。

今天的杭罗的生产流程中仍然保持着大量的手工技艺，对技术要求极高，由于工艺复杂，历来传人不多。如今，掌握杭罗织造技艺的能工巧匠已很少了。

### 缂丝

缂丝又称"刻丝"，明·周祈《名义考》："刻之义未详，《广韵》'缂、乞格切，织纬也'。则刻丝之刻，本作缂，误作刻。"宋·庄绰《鸡肋篇》："定州织刻丝，不用大机，以熟色丝经于木杼上，随所欲作花草禽兽状。以小梭织纬时，先留其处，方以杂色线缀于经纬之上，合以成文，若不相连。承空视之如雕镂之象，故名刻丝。"

缂丝采用"通经断纬"的织法，而一般锦的织法皆为通经通纬法。缂丝以一种经彩纬显现花纹形成花纹边界，具有犹如雕琢镂刻的效果，且富双面立体感的丝织工艺品。

　　1973年，在新疆的吐鲁番阿斯塔那古墓群中出土了一件十分珍贵的缂丝腰带，据考古学家考证这是公元7世纪的舞俑腰带，是中国目前发现的最早的一件缂丝实物。缂丝起源于何时已很难考证，但从传世的实物来看，早在汉魏之际就有了。缂丝工艺在唐朝东西方文化交流的背景下得到不断发展和完善。当时的制作多为丝带等实用品。缂丝技艺在宋代以后不断发展，北宋的缂丝前承唐代，但花纹更为精细富丽，纹样结构既对称又富于变化，并创造了"结"的戗色技法。至北宋晚期，受皇帝的趣味和宫廷院画的影响，缂丝的用途从服饰和装饰领域转向艺术品领域。在北宋与南宋的更替之时，随着政治中心和经济重心的转移，

缂丝山茶（宋）

缂丝的主要产地也由北方的定州，迁移到了南方的苏杭一带，故有"北有定州，南有松江"之说。南宋时，缂丝作品大都摹缂名家书画，缂丝技艺也在各地能工巧匠的攀比创新中不断提高，灵活运用了掼、构、结、搭棱、子母经、长短戗、包心戗和参和戗等多种技法，纬丝色彩也不断增加，纬丝的松紧处理也更灵活。靖康之变后，临安（现杭州）成为全国政治、经济、文化的中心。随着迁都，很多能工巧匠也被带到了南方，缂丝生

缂丝绣龙 （元）

产此时在松江、苏州开始兴盛，后基本集中于苏州陆慕、蠡口、光福一带，一直到今天。元代，缂丝艺术大量用于寺庙用品和官员的官服上，并开始采用金彩。元代缂丝简练豪放，一反南宋细腻柔美之风，这对明清两代的缂丝艺术影响很大。明代，朝廷力倡节俭，规定缂丝只许用作敕制和诰命，故缂丝产量减少。至明成化年间，随着国力的富强，禁令渐弛，缂丝生产又再度繁盛，这一时期的缂丝主要产于苏州、南京和北京等地。在清代，缂丝也得到了很好的发展，出现了双面缂、毛缂丝和缂绣混合法（即融和了缂丝、刺绣、绘画等多种工艺）等工艺。这一时期采用诗文通篇缂于幅面的作品比比皆是。如《御制三星图》上截缂乾隆皇帝的"三星颂"和《岁朝图》，下截蓝色隶书乾隆御制岁朝诗，文字书法缂织精细，显示了名工巧匠的高超技艺。清末，随着国势衰弱，缂丝生产到了濒临绝种的状态，粗劣之作充斥于市，即便宫廷所用之物也罕有精品。

缂丝其实并非真的用刀来雕刻，而是以生蚕丝为经线，彩色熟丝为纬线，采用通经回纬的方法，纬丝按照预先描绘的图案，各色纬丝仅于图案花纹需要处与经丝交织不贯通全幅，用多把小梭子按图案色彩分别挖织，使织物上花纹与素地、色与色之间呈现一些断痕，类似刀刻的痕迹。织缂时，匠人坐在木机前，按预先设计勾绘在经面上的图案，用长约10厘米、装有各种丝线的舟形小梭依花纹图案分块，不停地换着梭子来回穿梭织纬，然后用拨子把纬线排紧。织造一幅缂丝作品，往往需要换数以万计的梭子，其花时之长，功夫之深，织造之精，可想而知，故有"一寸缂丝一寸金"之谓。

### 蜀锦

成都地区的丝织工匠在织帛技艺的基础上发明了织锦。汉代时，成都已有专门的锦官，并建有"锦官城"，将作坊和工匠集中在一起管理，成都也因此而名为锦城、锦官城，濯锦的河流也被称作锦江。

蜀锦已有2000多年的历史，兴起于汉代，早期以多重经丝起花（经锦）为主，唐代以后品种日趋丰富，图案大多是团花、龟甲、格子、莲花、对禽、对兽、翔凤等。到了唐代，蜀锦的生产更加兴旺发达，果州（今南充）、保宁府（今阆中）等地所产的生丝源源不断地涌向成都，用这些地区的生丝制作的蜀锦质纹细腻，层次丰富，色泽瑰丽多彩，花纹精致典雅，尤以团花纹锦、赤狮凤纹锦等最为珍贵。北宋在成都设转运司锦院，到南宋改为茶马司锦院，生产各种细锦和各种锦被，花色更加繁复美丽。这些丝织锦后来通过商贸等方式逐渐流传到全国，成为知名的丝织品种。清代以后，受江南织锦影响，蜀锦的风格与汉唐时已有很大区别。其组织大多以经线作地，纬线显花，属特结型重组织，但也有用单插合重组织的。这一时期的蜀

彩色地富贵三多纹蜀锦背面

锦以浣花锦、巴缎、回回锦等尤为著名。现代蜀锦用染色熟丝织造，质地坚韧，色彩鲜艳。

一幅蜀锦的完成，要经过设计、定稿、点匠、挑花结木、装机、织造等数道复杂程序。从图案的设计到锦缎的完成，短则四五个月，长则耗时一年。仅"织造"一道工序，就涉及很多技能技艺，如打节、打竿儿、拉花、投梭、转下曲、接头等。如投梭，就是把一个梭子从丝线中甩出来，是织造过程中看似很简单的一步，但实际操作起来并不容易，把一个两斤重的梭子在经纬细密的丝线里流畅地甩出来，仅这一项技能的练习就需要花费数年的时间。经过这样繁复的工艺全程手工织出的蜀锦，色彩明快、鲜艳，从不同角度欣赏，光线会折射出不同的色彩，惟妙惟肖，细看图案，具有特殊的浮雕镶嵌式的立体效果。

蜀地农业与蚕桑业十分发达，种植和应用天然色素植物的历史悠久，形成了一套自成特色的染织工艺体系，特别以染红色最为著名，蜀锦又因此被称为"蜀红锦""绯红天下重"。蜀地染的蜀红锦，色彩鲜艳，经久不褪。

蜀锦图案的取材十分广泛、丰富，有神话传说、历史故事、占祥铭文、山水人物、花鸟禽兽等，这些图案千百年来不断被匠人发展、提炼，具有高度的概括性和艺术水平。蜀锦图案一个贯穿始终的特征，就是广泛而巧妙地应用寓合纹样（吉祥图案）。蜀锦匠人善于巧妙选用动物、植物、器物、字纹、几何纹、自然景物以及各种祥禽瑞兽作题材，用其形，择其义，取其音组合成含有一定寓意或象征意义的纹样图案。寓合纹样，常常含有吉祥、如意、顺利、喜庆、颂祝、长寿、多福、富贵、昌盛等美好吉利的寓意。

蜀锦的品种繁多、传统品种有雨丝锦、方方锦、铺地锦，散花锦、浣花锦、民族锦、彩晕锦等。雨丝锦的特点是锦面用白色和其他色彩的经丝组成，色络由粗渐细，白经由细渐粗，交替过渡，形成色白相间，呈现明亮对比的丝丝雨条状效果，"雨条"上再饰以各种花纹图案，粗细匀称，既调和了对比强烈的色彩，又突出了彩条间的花纹，具有烘云托月的艺术效果，给人以一种轻快而舒适的韵律感。方方锦的特点是缎地纬浮花，再单一地色上，以彩色经纬线配以等距不同的彩色方格，方

通向世界的丝绸之路

雨丝锦

格内饰以不同色彩的圆形或椭圆形的古朴典雅的花纹图案。铺地锦又称"锦上添花"，其特点是在缎纹组织上用几何纹样或细小的花纹铺满地子，再在花纹上嵌织大朵花卉（有的加嵌金线），色彩丰富、层次分明，显得格外富丽堂皇。散花锦的特点是花纹布满锦地，常见的图案有如意牡丹、瑞草云鹤、百鸟朝凤、五谷丰登、龙爪菊、云雁等，富有浓厚的地方色彩和民族风格。浣花锦又称花锦，它是由古代名锦"落花流水锦"发展而来的，传说其纹样是唐代成都浣花溪的贵妇人根据溪水荡漾的变化而设计，而且在锦织成后，多在锦江上游溪水潭内洗涤，其特点是地组织采用平纹或缎纹以曲水纹、浪花纹与落花组合图案，纹样图案简练古朴，典雅大方。民族锦一般采用多色彩条嵌入金银丝织成，多用于民族服饰。浣花锦的特点是锦面上的图案从经纬线交织中显现出自然光彩，富有光泽。常见的图案有团花、葵花、"卐"字、"寿"字等。彩晕锦的特点是织纹华贵相映，明暗匹配，层次分明，花纹绚丽多彩，别具一格。

## 宋锦

宋锦起源于宋代，发源地在中国的苏州，故又被称为"苏州宋锦"。苏州宋锦，色泽华丽，图案精致，质地坚柔，它与南京云锦、四川蜀锦一起，被誉为我国的"三大名锦"。

宋锦历史悠久，可追溯至隋唐时代，它是在隋唐的织锦基础上发展起来的。苏州织锦始于五代，到了宋代已发展得相当兴盛。特别是宋高宗南渡以后，全国的政治、文化中心转移到了江南地区，为满足当时宫廷服装和书画装饰的需要，在苏州织锦中出现了一种极薄、极细的供装裱书画用的品种，这种织锦与很多书画一起被保存了下来。所以后世谈到锦必称宋，宋锦由此得名。宋高宗为了满足当时宫廷服饰及书画装裱的需要，大力推广宋锦，专门在苏州设立了宋锦织造署。明清时期中国丝织生产的中心已经转移到江南地区，织锦生产以苏州最有名。苏州织锦织工精细，更因花色具有宋代典雅的遗风而得"宋锦"之名。

湖色地折枝花卉杂宝纹宋锦

传统宋锦的制作工艺较为复杂，从缫丝染色到织成产品前后要经过20多道工序。织造上一般采用"三枚斜纹组织"，两经三纬，经线用底经和面经，底经为有色熟丝，作地纹；面经用本色生丝，作纬线的结接经。采用了经线和纬线联合显花的组织结构，应用了彩抛换色的独特技艺，使织物表面色线和组织层次更为丰富。这一技艺特征被后来

宋锦织机

的云锦所吸收，并一直流传到当代的织锦技艺上。宋锦染色需用纯天然的染料，要先将丝根据花纹图案的需要染好颜色才能进入织造工序。染料的挑选极为严格，大多用植物染料，也有部分矿物染料，全部采用手工染色而成。

在艺术风格上，宋锦以变化几何形为骨架，内填花卉、瑞草，或八

通向世界的丝绸之路

宋锦

宝、八仙、八吉祥。八宝指古钱、书、画、琴、棋等；八仙是扇子、宝剑、葫芦、柏枝、笛子、绿枝、荷花等；八吉祥则指宝壶、花伞、法轮、百洁、莲花、双鱼、海螺等。在色彩应用方面，配以和谐、对比强烈的色彩，使之艳而不俗，古朴高雅。

宋锦根据织物的结构、技艺的精粗、用料的优劣、织物的厚薄以及使用性能等分为重锦、细锦、匣锦和小锦4类，也可以将重锦、细锦归纳为大锦，即大锦、匣锦和小锦3类，它们各有不同的风格和用途。大锦包括全真丝宋锦、交织宋锦、真丝古锦、仿古宋锦等品种，其组织细密、图案规整、富丽堂皇，常用于装裱名贵字画、装饰高级礼品盒，也可制作特种服装和花边。匣锦，用真丝与少量纱线混合织成，图案连续对称，多用于画的立轴、屏条的装裱和一般礼品盒的装饰。小锦，包括月华锦、万字锦和水浪锦三种，为花纹细碎的装裱材料，多用于装潢小件工艺品的包装盒。

### 云锦

云锦因其用料考究，织工精细，图案色彩典雅富丽，宛如天上彩云般的瑰丽而得名。

云锦是中国丝织工艺最后一个里程碑，它集历代丝织工艺之精粹，借鉴融合了各种工艺的技巧。作为封建帝王的御用品，云锦的品质历朝、历代者得到不断提高，用料越加考究，工艺精益求精，直至达到中国传统丝织工艺的顶峰。云锦在元、明、清历代皇室御用龙袍、冕服，官吏士大夫阶层的贵妇衣装，以及民间宗室，喜庆、婚礼服饰都得以应用，它是最华贵、最精美的工艺美术品之一。云锦如今只有南京生产，常称为"南京云锦"，至今已有1580年历史，与成都的蜀锦、苏州的宋锦一起被誉为我国"三大名锦"，又与苏州缂丝并誉为"两大名锦"。

南京云锦的产生和发展与南京的城市史密切相关。南京丝织业的兴起最早可追溯到三国东吴时期。东晋末年，刘裕北伐，灭后秦后，将长安的百工全部迁到建康（今南京），其中织锦工匠占很大比例。后秦百工中的织锦工匠继承了两汉、曹魏、西晋和十六国前期少数民族的织锦技艺。公元417年东晋在建康设立专门管理织锦的官署——锦署，被看作是南京云锦正式诞生的标志。从元代开始，云锦一直为皇家服饰专用品。明朝时织锦工艺日臻成熟和完善，并形成南京丝织提花锦缎的地方特色。元、明、清三朝皇室先后在南京设立过"以官领之，以授匠作"的织造机构。元为东、西织染局。明有内织染局、神帛堂、供应机房。清为江宁织造局。江宁织造局存在了260多年，其间主管织造的官员达数十人。曹雪芹家族就曾三代历任江宁织造达65年之久。曹家在

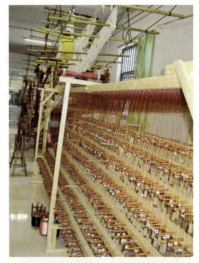

妆花绒织机

江宁除担负织造御用缎匹的一切事务外，还兼任为皇室在江南的采购、办事、奏报的一切事务。曹雪芹的祖父曹寅，任职20年之久。

由于云锦长期用于专织皇室龙袍冕服，在织造中往往不惜工本，故而形成了云锦的图案丰富多彩、花形硕大、造型优美、设色浓艳大胆的特点，尤以用金为其特色。配色自由，色彩变化多样的特点，使云锦达到了登峰造极的地步。木机妆花手工织造工艺便是这一特定条件下形成的集中体现云锦织造成就的唯一遗存。在云锦设计上，匠人也有这样一

圆金四合云锦（局部）

黄地缠枝菊花纹妆花绒料（清）

黄地加金缠枝莲花纹妆花缎（清）

句话，叫作"跑马看妆花"。"妆花"是云锦织物中色彩最华美、配色最丰富的一种。骑在奔驰的马背上看妆花织物，只能是一瞬间的工夫，要让骑在马上的观者立即得到鲜明而强烈的印象和美的感受，主要是靠色彩效果起作用。当然这并不是说，云锦成品的艺术效果真要用这种方法去检验，而是说云锦设计者，深刻地理解到色彩装饰在成品效果上所起到的重要作用，掌握了这个诀窍，能够创作出很多图案优美而色彩又强烈的优秀作品来。

云锦主要特点是逐花异色，通经断纬，挖花盘织，从不同角度观察云锦，绣品上花卉的色彩是不同的。由于被用于皇家服饰，所以云锦在织造中往往用料考究、不惜工本、精益求精。云锦多用金线、银线、铜线及长丝、绢丝，各种鸟兽羽毛等均可用来织造云锦，比如皇家云锦绣品上的绿色是用孔雀羽毛织就的，每个云锦的纹样都有其特定的含义。如果要织一幅 78 厘米宽的锦缎，在它的织面上就有 14000 根丝线，所有花朵图案的组成就要在这 14000 根线上穿梭，

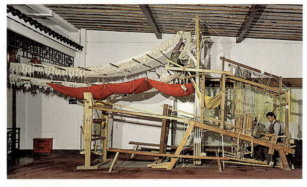

云锦大花楼木织机

从确立丝线的经纬线到最后织造，整个过程如同给计算机编程一样复杂而艰苦。

南京云锦工艺独特，是用长 5.6 米，宽 1.4 米，高 4 米的传统大花楼木织机，由拽花工和织手两人相互配合手工操作织造出来的。织机由 1924 个机件组成，拽花工坐在织机上层，负责提升经线，织手坐在机下，负责织纬，妆金敷彩。这种工艺至今仍无法用机器替代。

云锦传统品种有妆花、库锦、库缎等几大类，库金、库锦等因在清代均被输入内务府"缎匹库"而得名，沿用至今。妆花类织物是代表云锦技艺特色和风格的品种，图案布局严谨庄重，纹样造型简练概括，多为大型饱满花纹作四方连续排列，亦有彻幅通匹为一单独纹样的大型妆花织物（如明、清时龙袍、炕褥毯垫等）用色浓艳对比，常以金线勾边或金、银线装饰花纹，经白色相间或色晕过渡，以纬管小梭挖花装彩，织品富丽浑厚，金彩辉映，是云锦区别于蜀锦、宋锦等其他织锦的重要特点。

南京云锦还具有深厚的中国吉祥文化的深厚底蕴。皇帝御用龙袍上的正座团龙、行龙、降龙形态，象征"天子"、"帝王"。与此相配的"日、月、星辰、山、龙、华虫、宗彝、藻、火、粉米、黼、黻"的十二章纹，均有皇权的象征性。中国古代官补是中国封建王朝特定的显示官员的地位高低的官服徽识，是南京云锦的特色品种。云锦的纹样图案，表达了中国吉祥文化的核心主题，即"权、福、禄、寿、喜、财"六要素。

南京云锦，堪称"锦中之锦"。

通向世界的丝绸之路

# 染绣技艺

自商周时起,中国人就已利用天然的矿物颜料及植物染料进行染色,形成了自己独特的染色体系。秦汉早期的画绘逐渐演变为利用型版的直接印花。魏晋时期,防染印花开始出现。唐代是中国古代丝绸印花的鼎盛时期,绞缬、蜡缬、灰缬、夹缬及印金技术均已具备、定型。而这些千年以前的印染技艺一直沿传至今,流光溢彩的色泽也是中国丝绸闻名遐迩的原因之一。

## 石染

"石染"即以矿物颜料进行染色。具体做法就是将矿物颜料碾磨成细小颗粒,混合胶粘剂后涂施于饰物上着色。

典型的石染颜料有赤色的"朱砂"、朱标、赭石和黄丹;黄色的石黄、雌黄、土黄;绿色的铜绿、石绿、沙绿、孔雀石;青色的空青、扁青、曾青、白青、沙青;白色的白垩、铅粉、蛤粉;黑色的黑石脂。此外,还有玛瑙、珊瑚、宝石、松花石、琥珀等。"朱砂"又名赭石,主要成分是三氧化二铁。石黄是属单斜晶系的硫化物矿物,柠檬黄色,条痕鲜黄色,油脂光泽至金刚光泽。绿色矿物颜料孔雀石,又名石绿。蓝色矿物颜料碱式碳酸铜矿石,又名石青、扁青、大青。白云母也叫普通云母、钾云母或云母,是云母类矿物中的一种,一般产于变质岩中,也产于花岗岩等岩石中。

在旧石器时代晚期,我们的祖先已经懂得了染色。北京周口店山顶洞遗址,曾发现赤铁矿(赭石)粉末和涂染成赤色的石珠、鱼骨等装饰品。新石器时代的涂彩更多。浙江余姚河姆渡遗址出土的酒器和西安半坡遗址出土的彩陶上,有红、白、黑、褐、橙等多种色彩。当时所用的颜料,大都是矿石研成的粉末。除粉状赭石外,青海乐都柳湾墓地还发现了朱砂。山西夏县西阴村遗址发现了彩绘和研磨矿石等工具。这些矿石的粉末,曾用于为纺织品着色。

石染是最早使用的染料,但随着植物染料的兴起,石染逐渐被植物染所代替,因为植物染的染料真丰富,色彩更多,使用更方便,效果也比石染好。

## 植物染

植物染在中国古代又称"草染"。在早期的一些史书中，就有关于练漂、染色的记载。《诗经·豳风·七月》中就有"八月载绩，载玄载黄，我朱孔阳，为公子裳"的诗句。《周礼》中"三八为缥，五人为緅，七八为缁"都是关于染事的描述。而《诗经·采绿》中"终朝采绿，不盈一匊……终朝采蓝，不盈一襜"、"东门之蝉，茹藘在彼"则具体点明了所用染料是靛蓝和茜草。据《周礼》载，在西周初年我国就设有专司染事的管理机构，主管染料的征集、加工和漂染，植物染料此时在品种及数量上都达到了一定的规模。在秦汉时设有"染色司"、染色已基本采用植物染料，形成了独特的风格。东汉《说文解字》中有39种色彩名称。唐宋设有"染院"、明清则设有"蓝靛所"等管理机构。

植物染主要的染草有蓝、茜、芷和栀等，多为人工种植。染青色主要用蓝草；染红色主要用茜草；染黄色用栀子、地黄；染紫色用紫草；染绿色用艾草；染皂褐色用皂斗；常用的黑色染料有麻栎的果壳，榛、槲的树皮和薯莨的根部等。

蓝草，泛指含蓝汁可制蓝靛作染料的植物。其中有蓼科的蓼蓝、十

各种染草

**不同染料和染色手法表现的多彩染布**

字花科的菘蓝、豆科的木蓝，爵床科的马蓝等。采集蓝草制作蓝靛在中国的古籍中早有记载，如《小雅采蓝》："终朝采蓝。"《说文》："蓝，染青草也。"《荀子劝学》："青，取之于蓝而胜于蓝。"

茜草的根可作红色染料，其色泽娇艳而略带黄光，染色牢度良好。茜草所染是比较暗的土红。茜草染色始于商、周时期，是秦汉之前用来染红色织物的主要植物染料，马王堆一号汉墓出土的深红绢和长寿绣袍底色，就是用茜草染成的。《汉官仪》有"染园出卮茜，供染御服"之句，李时珍在《本草纲目》中说："茜草十二月生苗，蔓延数尺，方甚中空有肋，外有细刺，数寸一节，每节五叶，叶如乌药叶而糙涩，面青背绿，七八月开花结实，如小椒大，中有细子。……可以染绛……"西汉张骞开通丝绸之路后，被誉为"真红"的红花染料自西域传入我国，取代了茜草成为红色染料的首选。此后，茜草虽不再作为大红色的主要染料，但仍然大量用于其他各类红色调颜色的染色加工中，一直延续到近代。

红花（又名红蓝草）可直接在纤维上染色，是红色植物染料中色泽最为鲜艳的一种，故用红花染成的红色被称为真红或猩红。红花在红色染料中占有极为重要的地位。我国用红花染色历史悠久，西汉《博物志》中记载："张骞得种于西域，今魏地亦种之。"汉唐之后红花成为染红色织物的主要植物染料。红色曾是隋唐时期的流行色，唐代李中的诗句"红花颜色掩千花，任是猩猩血未加"，形象地概括了红花非同凡响的艳丽效果。红花染色技术在隋唐之际从我国传入日本。南北朝时期的农学著作《齐民要术》、明代的科技百科全书《天工开物》均对红花染色工艺有较为详尽的记载。我国红花产区主要集中在新疆，其次为四川、云南、河南、河北、山东、浙江、江苏。

紫草根可用作染料，染紫色。紫草在我国的使用有悠久的历史，可追溯到春秋战国时期。在八九月紫草茎叶枯萎时，采掘紫草根，加椿木灰、明矾媒染，即可染得紫红色。《韩非子·外储说》中记载："齐桓公好紫服，一国尽服紫。"

从 20 世纪初开始，天然染料逐渐被合成染料代替，目前仅有少量的靛蓝提取自植物，绝大多数的染料都来自石油及煤化工产品。

## 印花

用手工在织物上绘画花纹图样的技艺，是印花的前身。秦汉时期出现了凸纹版和镂空版的型版印花，并有印绘相结合的技法，并且形成了著名的夹缬、蜡缬和绞缬的染色三缬。唐时，在染缬基础上发展了灰缬，创造了介质印花等技术。元代出现了贴金印花。清代，由拓印印花发展出了刷印印花以及木滚印花。

夹缬：唐代印花染色的方法，染色时，用两块木版雕刻同样花纹，以绢布对折，夹入这两块木版，使织物不能移动，于镂空处涂刷或注入色浆，解开型版花纹即现，经干燥染色后，搓去白浆就能制得色底白花图案对称的织物。

夹缬作为最古老的一种印染艺术，始于秦汉时期，盛行于唐宋。隋炀帝曾令工匠们印染五彩夹缬花罗裙，赏赐给宫女和百官妻女。到了唐代，夹缬更是盛行。《唐语林》引《因语录》云："玄宗时柳婕妤有才学，上甚重之。婕妤妹适赵氏，性巧慧，因使工镂板为杂花之象而为夹缬。因婕妤生日献王皇后一匹，上见而赏之，因敕宫中依样制之。当时甚秘，后渐出，遍于天下。"官兵的军服也用夹缬来做标识，敦煌莫高窟彩塑菩萨身上穿的多是夹缬织物。

唐代诗人们也留下"成都新夹缬，梁汉碎胭脂"、"醉缬抛红网，单罗挂绿蒙"的诗句。夹缬盛行一时。宋代，朝廷指定复色夹缬为宫室专用，二度禁令民间流通，夹缬被迫趋向单色。进入元代后，工艺相对简单的油纸镂花印染风行中原，夹缬慢慢减少了。至明清，夹缬已经越来越少见了，到

唐代连叶朵花夹缬绢（敦煌藏经洞藏）

夹缬版上的对称图案

夹缬后的纹样

百子图夹缬雕板

近代基本绝迹。直到20世纪80年代，才意外地在浙江温州地区又找到了民间流存的夹缬作品。后经过专家学者们的大量工作，才又基本弄清了浙南夹缬的工艺、分布及传承情况。

绞缬：又称"扎染"、"撮缬"、"撮晕缬"或"撮花"，是我国古代一种"防染法"染花工艺。染前，染工要依据一定的花纹图案，用针和线将织物缝成一定形状，或直接用线捆扎，然后抽紧扎牢，使织物皱拢重叠。染色时折叠处不易上染，而未扎结处则容易着色，入染后解结成纹，从而形成别有风味的晕色效果。绞缬工艺巧妙地利用了染色工艺的物理、化学作用，使织物上呈现出特殊的无级层次的色晕斑斓的天然意趣，它是我国古代印染技术的一个巨大成就。

东晋时，绞缬工艺已在民间流传。南北朝时期，出现了历史上有名的"鹿胎紫缬"和"鱼子缬"图案。隋唐时期，绞缬更是风靡一时。如唐史中所述"妇人衣青碧缬，平头小草履"，这正说明用绞缬方法制作的服装，已在唐代妇女的生活中广泛流行。史料记载的绞缬名称就有"大撮晕缬""玛瑙缬""醉眼缬""方胜缬""团宫缬"等。在新疆阿斯塔那墓出土的绞缬织物上，针眼和折皱至今仍依稀可见，显示了唐代高超的绞缬技术。"蝴蝶""腊

**棕色绞缬绢**

通向世界的丝绸之路

梅""海棠"等，均为小簇花型的扎法；另还有"鱼子缬""玛瑙缬""鹿胎缬"等，则是满幅扎结的方法，可见从东晋直至唐代几百年间，绞缬工艺的发展和进步很快。根据沈从文先生的考证，绞缬工艺发展到北宋时，已成为一种社会时尚，应用相当普遍，技艺达到了高超完美的程度。当时的王公贵族在生活中，争学奢侈，极尽豪华，致使绞缬工艺的一些品种的加工技术极其繁杂，且费工费时，不得不引来朝廷的干预，后来竟下令限期禁止生产。在宋天圣年间，惟有兵士方可穿戴缬类服装，民间禁止使用缬类制品。也正是从这时起，绞缬工艺生产在我国民间大部分地区逐渐失传。

绞缬技术在唐宋时传至日本，从日本《正仓院院刊》关于"唐代运来了彩色印花的锦、绫、夹缬等高贵织物，促使日本的丝织、漂印等技术获得启发"的记载，可以看出日本绞缬工艺的起源和发展，与唐代纺织印染技术之间的源流关系。

绞缬这种古老的手工印染技术，在历史上几经变革之后，随着社会生活和服饰文化的不断演变，已渐渐鲜为人们所知。在我国一些地方流传着的扎"蛾蛾花"，似乎正是这古代绞缬工艺的残存形式。在我国西南边陲一些民族的服饰上，如白族、苗族、土家族等，发现有纹样简单的扎染工艺存在。在藏族僧侣的服装中，在一种称为氇氆的毛织物上，也能见到用扎染法染制的极为简单的白色团花纹样。在海南岛，还发现黎族有将绞缬与手工织造相互结合的工艺形式。

如今，这种传统工艺得到了许多艺术家和印染工作者的重视。他们在旧有的绞缬工艺基础上，结合新材料、新工艺，进行了大胆的创新，使古老的扎染工艺重新焕发青春。

蜡缬：又称臈缬、蜡染，是我国古代染缬工艺的基本类型。用蜡在织物上画出图案，然后入染，最后煮沸去蜡，即可制成色底白花的印染品。蜡冷却凝结收缩后加以揉搓，便在织物蜡花上产生龟裂，形成裂纹，染料渗入裂缝，成品花纹往往产生一些不规则纹理，形成一种独特的装饰效果，俗称"冰纹"。同一图案设计，做成蜡染后可得到不同的"冰纹"，这也是蜡缬的魅力所在。

蜡缬有单色染和复色染两种。复色染有套色到四五色的，色彩自然而丰富。绘制蜡染的织品一般都是用民间自织的本色土布，也有采用机织白布、绵绸、府绸的。防染剂主要是黄蜡（即蜂蜡），有时也掺和白蜡使用。蜂蜡是蜜蜂腹部蜡腺的分泌物，它不溶于水，但加温后可以融化。所用的染料是贵州生产的蓝靛。贵州盛产蓝草，这是一种蓼科植物，茎高 60 ～ 90 厘米，七月开花，八月收割，把蓝草叶放在坑里发酵便可制成蓝靛。绘制蜡花的工具不是毛笔，而是一种自制的刀。这种刀是用两片

"蝶恋花"蜡染壁挂

或多片形状相同的薄铜片制成，一端缚在木柄上。刀口微开而中间略空，以易于蘸蓄蜂蜡。根据绘画各种线条的需要，有不同形状的铜刀，一般有半圆形、三角形、斧形等。

蜡染制作——画蜡

蜡染生产绝大多数工序是手工操作，到目前为止，仍然无法用机械或自动化生产来代替。制作的第一步是把白布平贴在木板或桌面上点蜡花。把蜂蜡放在陶瓷碗或金属罐里，用火盆（燃烧有木炭灰或糠壳）的火使蜡融化，便可以用铜刀蘸蜡作画。然后把画好的蜡片放在蓝靛染缸里，一般每一件需浸泡五六天。第一次浸泡后取出晾干，便得到浅蓝色。再放入浸泡数次，便得到深蓝色。如果需要在同一织物上出现深浅两色的图案，便在第一次浸泡后，在浅蓝色上再点绘蜡花浸染，染成以后即现出深浅两种花纹。当蜡片被放进染缸浸染时，有些"蜡封"因折叠而损裂，于是便产生天然的裂纹，即"冰纹"。有时也会根据需要做出"冰纹"。染好捞出用清水煮沸，蜡融化后即现出白色花纹。"冰纹"往往会使蜡染图案层次更加丰富，具有自然别致的风味，没有一件衣物会得到相同的纹样。

蜡染工艺在我国西南少数民族地区世代相传，尤其是贵州苗族地区。苗族妇女的头巾、围腰、衣服、裙子、绑腿，都是蜡染制成，伞套、枕巾，饭篮盖帕、包袱、书包、背带等也都使用蜡染。也有的把蜡染花纹装饰在衣袖、衣襟和衣服前后摆的边缘，她们背孩子的蜡染背带，点染得精巧细致，除蓝、白二色外，有的还加染上红、黄、绿等色，成为明快富丽的多色蜡染。苗族的蜡染图案有的取材于古代铜鼓的花纹和民间传说中的题材，有的是日常生活中的花、鸟、虫、鱼。除了苗族以外，傣族、布依族、侗族等民族的蜡染也各有独特的风格。

拷花：拷花又称刷印花，制作时运用多重套色法，将镂刻花纹的油

狮子滚绣球拷花被面

鸳鸯戏水拷花被面

纸版平放在坯绸上，一色一版，每次用不同色彩的染料直接刷印。彩色拷花绸以大红、大绿及黄、蓝、紫等为主要色彩，具有鲜艳、亮丽的民间艺术特点，旧时供农家婚嫁之用。

### 刺绣

古称针绣，是用绣针引彩线，将设计的花纹在纺织品上刺绣运针，以绣迹构成花纹图案的一种工艺。或被称为"黹""针黹"，因刺绣多为妇女所作，故又名"女红"。

"龙纹虎绣"（战国）

据《尚书》记载，早在4000多年前的章服制度中就规定有"衣画而裳绣"。在先秦文献中也有"素衣朱绣""衮衣绣裳""黼衣绣裳"之说。

目前传世最早的刺绣，为湖南长沙楚墓中出土的两件战国时期的绣品。其针法，是完全用辫子股针法（即锁绣）绣成于帛和罗上，针脚整齐，配色清雅，线条流畅，将图案上的龙游凤舞、猛虎瑞兽表现得自然生动，活泼有力，充分显示出楚国刺绣艺术的成就，也说明战国时期的刺绣工艺已发展到了成熟的阶段。

多彩的刺绣和华美的丝绸是两汉时期手工的两朵奇葩。汉代绣品，在敦煌千佛洞、河北五鹿充墓、新疆的吐鲁番阿斯塔那北古墓中皆有出土，尤其是1972年在长沙马王堆1号汉墓出土的种类繁多而完整的绣品，更有助于了解汉代刺

"长寿绣"（西汉）

彩绣瓣式小云肩（民国）

绣风格。从这些绣品看，汉绣技法以锁绣为主，图案主题多为波状的云纹、翱翔的凤鸟、奔驰的神兽以及汉镜纹饰中常见之带状花纹、几何图案等。

魏晋南北朝是刺绣工艺的转折时期。由于佛教的兴起，刺绣的用途得到了拓展，造型和纹饰也深受佛教艺术的影响。魏晋南北朝的丝织物，出土于甘肃敦煌以及新疆和田、巴楚、吐鲁番等地，所见残片绣品无论图案或留白，整幅都用细密的锁绣绣出，满地施绣成为其特色。特别是三晕的配色法，增强了形象的质感，效果接近绘画，为刺绣工艺增添了新的意趣。

刺绣工艺在唐代有了长足的进步。唐代刺绣除用在日常丝绸服装加工外，已广泛用于宗教中的绣经、绣佛像。在工艺图案方面确立了以花卉和清新自由的花鸟纹为主的风格，形象写实，造型丰满，色彩富丽。唐代刺绣技法虽仍沿袭汉代锁绣，但针法已开始转变为以平绣为主，并采用多种不同针法，多种色线。陕西法门寺地宫中发现有不少唐代精美的刺绣品，针法精细纤巧，风格华美凝重。

宋代刺绣之作，除为实用品外，尤致力于绣画，出现了以唐宋名家书画为范本，与精湛绣技相结合的观赏性绣作，史称"画绣"。从此，中国刺绣中欣赏品与日用品平行发展，互相影响。据明代董其昌《筠清轩秘录》载："宋人之绣，针线细密，用绒止一二丝，用针如发细者，为之设色精妙光彩射目。山水分远近之趣，楼阁待深邃之体，人物具瞻眺生动之情，花鸟极绰约谗唼之态。佳者较画更胜，望之三趣悉备，十指春风，盖至此乎。"

刺绣莲塘对鸭（辽）

**银星海棠（苏绣）**

　　元代绣品用绒稍粗，落针不密，不如宋绣之精工。元代统治者信奉喇嘛教，刺绣除了作一般的服饰点缀外，更多的则带有浓厚的宗教色彩，常被用于制作佛像、经卷、幡幢、僧帽。西藏布达拉宫保存的元代《刺绣密集金刚像》即元代刺绣的代表，具有强烈的装饰风格。

　　明代刺绣在全国各地都有所发展，数量空前繁多，风格各异。北方以洒线绣最为新颖突出。洒线绣属北方绣种，用双股捻线计数，按方孔纱的纱孔绣制，以几何纹为主，或配以铺绒主花。以定陵出土明孝靖皇后洒线绣蹙金龙百子戏女夹衣为例，它用三股线、绒线、捻线、包梗线、孔雀羽线、花夹线6种线，12种针法制成，是明代刺绣的精品。属北方绣系的还有山东鲁绣、衣线绣和辑线绣。在南方，明代刺绣始于嘉靖年间上海顾氏露香园，世称露香园顾氏绣，即顾绣。顾绣用线仍多数用平线，有时亦用捻线，丝细如发，针脚平整，而所用色线种类繁多，同时又使用中间色线，借色与补色，绣绘并用，同原稿十分逼近，尤其利用发绣，堪称一绝。顾绣在江南一带享誉二三百年，流传的作品较多，故宫博物院、上海博物馆、辽宁省博物馆、南京博物院、苏州博物馆都有收藏。

　　丰富多彩的刺绣在清代达到极盛，纹饰繁缛精巧，题材种类较多，其中以花鸟走兽、人物风景、戏剧故事、历史传说、吉祥图案等为最多。在艺术风格、制作技艺上形成了民间和官府御用两种对比鲜明的绣品。宫廷御用的刺绣品，大部分均由宫中造办处如意馆的画人绘制花样，经批核后再发送江南织造管辖的三个织绣作坊，照样绣制，绣品极工整精美。除了御用的宫廷刺绣，民间先后出现了许多地方绣，各具特色。苏、蜀、粤、湘四种地方绣，后又称为"四大名绣"，其中苏绣最负盛名。苏绣全盛时期，流派繁衍，名手竞出。

斑斓蚕乡

第八章

# 丝绸新貌

自鸦片战争起至 1937 年抗日战争爆发，中国在百年震荡中已走过了近一个世纪。这期间中国的丝绸业，在西方资本主义生产方式的作用下，发生了巨大变化。

帝国主义入侵，最先使通商口岸及相邻城市的居民构成、生活方式和生产方式都发生了显著的"现代化"变化。如洋布做的新式服装取代了土布衣。随着清朝的灭亡，传统丝绸业中的重要部分——专门为统治集团消费而生产的丝织品受到严重影响。传统手工技术和工具无法生产许多满足新的消费风气的新产品，因此新式的生产工具和技术不可避免地取代了前者，如机器缫丝等。

在前所未有的变革中，传统丝绸产业的优势地位逐渐丧失。近代中国丝绸生产和贸易在国际市场的竞争中所遭受的失败，实际上使中国丧失了通过增加出口贸易促进国家富强的机会。

## 蚕学馆和留学生

到 20 世纪初年，以往一直仰赖中国技术和原料的日本丝绸生产和贸易已经凌驾于中国之上，成为执世界丝绸市场牛耳的霸主。日本丝织业发展迅猛，其原因在于日本能不断从国外引进先进的养蚕法，同时其国内又有一批致力于蚕业研究的人才。19 世纪末，蚕瘟（微粒子病）蔓延，日本人学习法国的技术，采用 600 倍显微镜逐一检验蚕种母体，淘汰带病蚕种，有效地控制了蚕瘟。而在中国，由于蚕病的蔓延，蚕业生产衰退，蚕丝质次价昂，出口日减，蚕利被日本所夺。而当时的蚕丝出口，正如杭州府知府林启所言："就时局而言，为中国之权利；就王政而言，为百姓之生计；就新法而言，为本源之本源；就浙省而言，为切要中之切要。"如何挽回中国蚕业之衰势？甲午战败之后，爱国人士纷纷主张振兴实业，谋求引进先进养蚕技术、培养技术人才的呼声也与日俱增，而开设学馆传授推广日本新技术被认为是一条有效途径。

林启（1839－1900），字迪臣，福建侯关（今福州市）人。林启于光绪二十二年（1896 年）春调任杭州知府，他积极推行新政，主张创办各类新式学堂。在目睹民间养蚕连年欠收的情况后，他决定采纳康发达有关蚕务的建议，于光绪二十三年（1897 年）夏，禀请当时浙江巡抚廖寿丰筹款创设养蚕学馆。林启在申请设立蚕学馆时，草订了学馆章程。

"学堂以省垣为主，学生学成后，即分带仪器，派往各县并嘉湖各府，劝立养蚕公会，以为推广。教习或两人，或先请一人……学生课程，须由教习手定大概。广购六百倍显微镜，酌量经费，愈多愈好。先行翻译日本蚕书图说，成书后要广为传播。（蚕室温度）亦宜以寒暑表为准，日本此表价值不过百文，当由局采买，听民间零星来购。学堂初创，修造房屋，购买外国仪器，用款颇为浩繁，今请款三万六千两，

林启像

开局须先支六千两，以后三年，每年各一万两。"此章程对延请教习、招生要求与名额、学生课程、购置仪器、翻译日本蚕书以及经费开支等都有所规定。同年七月浙江巡抚衙门批准开办，林启亲任蚕学馆总办。

光绪二十三年（1897年），蚕学馆开始在杭州西湖金沙港关帝祠旧址动工兴建馆舍，光绪二十四年（1898年）竣工，同年蚕学馆开学，这是中国最早的培养蚕桑专业技术人才的专门学校。

蚕学馆所设课程包括物理学、化学、植物学、动物学、气象学、土壤学、桑树栽培学、蚕体生理学、蚕体解剖学、养蚕学、显微镜操作、制种、蚕茧检验、生丝检验等，学制二年。"学生数额三十名，不论举贡生童，有能

浙江蚕业学校旧址

家世业蚕，文理通顺，年在二十左右，明敏笃静者，准其报名投考。惟短视人于显微镜不相宜"，首期额内学生实到 25 名，第一届实际毕业者共 18 名。

穿旗服的晚清满族贵妇

蚕学馆从一开始就十分注意优良蚕种的培育制作，培育出良种之后分送农民饲养。蚕学馆通过拣选、培育、杂交，先后试制出一批新的无毒蚕种。浙江蚕学馆在开学的那一年，即制成无病蚕种 500 张，分送附近蚕农饲育。同时，蚕学馆引进国外的先进养蚕技术，编译了《微粒子肉眼鉴定法》《蚕外纪》《饲蚕新法》以及《屑茧缫丝》等著作和科技资料，普及蚕桑科学知识。培养了一批蚕桑专业人员，推广养蚕技术。1900 年，蚕学馆的第一届毕业生分赴杭、嘉、湖、宁、绍五府劝设养蚕公会，并充任教习，推广饲养新法。蚕学馆于 1908 年改名为浙江中等蚕桑学堂。以后，虽经数次易址和改名，但其作为蚕桑学校的性质始终未变。在蚕学馆的影响下，各地陆续兴办了一批蚕桑丝绸教育机构。蚕学馆的毕业生不仅在浙江推广养蚕新法，而且在清末民初，全国蚕桑生产和蚕桑教育方兴未艾之际，还支援兄弟省蚕桑事业的发展。

甲午战争的失败使朝野有识之士开始将目光投向日本，希望通过向日本派遣留学生学习西方近代技术。蚕学馆在筹建期间就派遣了两名学生前往日本留学。蚕学馆派学生留日的时间在光绪二十三年（1897 年）至光绪二十四年（1898 年）期间。1897 年由罗振玉等在上海创办的《农学报》，几次提及了杭州蚕学馆派生留日的内容。"杭州蚕学馆已于上月十三日开学，学生三十人，备取学生三十人，额外二十人，留学日本者二人。""（杭州蚕学馆）出洋学生：湖州德清附生嵇侃、杭州钱塘附生汪有龄，丁酉孟冬赴日，戊戌夏，汪有龄奉浙抚廖中丞改派东京学习法律。现在日本东京琦玉县儿玉町竞进社内习蚕，每月由学馆供给伙食束修外，各给月费洋十元。"《农学报》的上述记载大略表明了杭州蚕学馆派嵇侃、汪有龄赴日留学的时间、学习科目以及经费提供情况。

## 近代中国丝绸业

19世纪中叶以后中国社会进入转型期，传统丝绸业面临着变革。在蚕丝业向现代化迈进的方向上，蚕种疾病的控制，改良种的推广是极其重要的一步，而机械化缫丝是蚕丝业标准化的第二个关键。法国于1828年发明了利用蒸汽为动力的缫丝车，后来意大利对这种缫丝车进行了改进，生产效率和产品质量大为提高。中国传统生丝的生产以及生丝经营上的落后与国外市场提高生丝品质要求的矛盾不断突出起来，尽管已有改良的土经丝出口，而仍不能适应客观要求，这就促使了中国近代缫丝工业的出现和兴起。

中国近代缫丝工业肇始于19世纪60年代，我国第一家机器缫丝厂——怡和洋行纺丝局筹设于1859年，1860年破土兴建，设置丝车100部，聘法国技工4名来沪训练华工，1863年丝车增加至200部。怡和洋行纺丝局因当年蚕茧市场不成熟，收购渠道不畅，又受到产区土丝商行的掣肘，加之蚕茧仅靠日光曝晒，在运输途中返潮霉烂变质，终因原料不济，在1870年5月停办。

19世纪70年代以后，由于蚕茧烘焙技术已过关，收购渠道亦较畅通，厂丝出口渐增，获利渐丰，加快了外资丝厂的发展。美、法、德、意、日等国商人相继在上海、山东、江苏、湖北、四川和辽宁等地区开办一批缫丝企业。这些在华开设的外资丝厂带来了当时先进的缫丝技术、设备和管理制度，为华商办厂提供了经验，客观上也为中国缫丝行业培养了技术和管理人才。

五口通商后至19世纪80年代，当时我国缫丝业还停留在手工缫丝阶段，手工所产生丝（又叫土丝）质量逊于厂丝。土丝与厂丝相比，有粗细不匀，断头、硬绞、废丝等夹杂较多，丝片紊乱，丝片长短、阔狭、轻重大小不一等缺点，因而土丝的销路不及厂丝，无论是出口还是内销，市场对机器生产的厂丝的需求都大大增加。在这样的背景下，一批机器缫丝企业诞生了。1873年，安南（今越南）侨商陈启沅在广东南海县

通向世界的丝绸之路

**永泰丝厂旧址**

西樵简村堡创建了近代第一家民族资本的机器缫丝厂——继昌隆丝厂（初名继昌隆丝偈）。丝厂采用法国式缫丝车，最多时达800台，有女工五六百人，这也是近代中国第一家民族资本创办的真正意义的工厂。此后，各地民营资本纷纷投资建立机器缫丝厂，其中莫觞清创办的久成丝厂、薛南溟创办的永泰丝厂等企业执民办缫丝业之牛耳。

近代，除了用机器缫丝的缫丝厂外，还存在着相当部分的手工缫丝业。蚕农将自育成的鲜茧用手工缫成丝，即前面提到的土丝。一般农家都有一至二部木制手工缫丝器，大多自缫，或临时雇工，也有土丝匠挑着"打汤锅"的担子，走村串户代蚕农将鲜茧缫成土丝。土丝由于质量粗杂，只能织造低档手工土绸。在机械缫丝业兴起后，土丝显然没有竞争力，蚕农有些改而出售鲜茧而不自缫，有些通过改进生产方式，提高质量。一种是采用"做经"的方式，就是将土丝按丝的粗细、色泽、均匀等情况，分成各种等级，加以复摇（再缫）整理，摘糙接头，粗细分片，尽可能避免同片的忽糙忽细，出品时整理和包装的方式大致与厂丝相仿，有时也称作"干经"或"再缫丝"。从质量上来说，干经是由品质较优的细土丝分档复摇而成。江浙交界处的震泽和南浔两镇的丝经商人按日本及欧美的丝条式样将辑里丝重摇成多种出口丝经，称为辑里干经或洋经，成为蚕丝出口的新品种，兴盛了五六十年。

丝经业在民国期间也曾兴盛一时，1920年3月15日《农商工报》载："民国初年，境内（指震泽、南浔周边）摇（经）户约一万数千户，男女人工十万左右。"民国年间丝线行业遍布于江浙皖粤各城镇，尤其是杭州所产之桑蚕丝线质量好，名气大。一般丝线作坊手工操作，前店后坊，自产自销，批零兼营。但是，土丝终究因生产技术落后，本身存在着难以克服的缺点，仍然不能与厂丝相匹敌。

**丝绸新貌**

绢纺业为 1912 年后，我国丝绸业中新出现的一支产业。19 世纪 80 年代，日本近代绢纺技术的传入，给我国绢纺工业奠定了基础。日本曾于 1880 年在我国建立 1200 锭绢纺试验工场，但仅属于试验阶段，未能充分发展。此后，外资和华资的绢纺厂陆续建立，到 1937 年我国已有绢纺厂 6 家，外资及华资各半，绢纺锭 3 万余枚，年产绢丝约 210 吨，绢纺绸 3.9 万匹，这些产品大部分经由上海和安东（今丹东）出口到印度和日本。经过近 70 年的历程，至 1949 年，我国绢纺行业共有绢纺锭 3.2 万枚，紬纺锭 3890 枚，尽管基础尚较薄弱，不过绢纺工业体系已确立。

面对变化着的时势，传统丝绸业在传统经营方式和传统生产工艺所允许的范围内，在生产工具、丝织原料、绸缎品种和经营管理等方面进行了改良，增强了对新的市场需求的适应能力。传统丝绸业的生产工具，一直是沿用旧式木机。到民国年间，江、浙、豫、鲁、川等地的一些绸庄和机户，开始仿造日式手拉机，对旧式木机加以改进，安装机轴，由抛梭改为拉梭，在手工劳动的范围内减轻了劳动强度，提高了工作效率。随着新式织机的引进，传统手工丝织业一部分向机器工业过渡。1911 年苏州和杭州率先引进日本手拉提花织机。1915 年，上海和杭州开办了全国最早的电力织绸厂，中国传统手工丝织业开始向机械丝织业

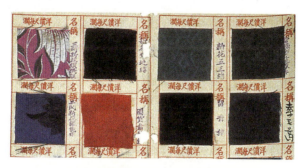

杭州天纶绸缎庄丝织样本（民国）

**纬成缎匹料（民国）**

## 丝绸新貌

转化和发展，从而引起生产关系和生产技术的一系列变革，至 20 世纪 20 年代中后期，江南各城镇不少手工织户升级为电力织户，或开设电力织绸厂，已基本实现丝织企业的近代化。丝绸业是杭州经济的基础产业，1931年，全市有绸厂 54 家，其中电力织机 867 台，手织铁机 521 台。职工3009 人，其中工人 2558 人。生产绸缎等织品 122645 匹。另有丝织厂 2家，其中 1 家有提花机 36 张（可能人力），职工 86 人，1931 年产丝织品 50400 尺，营业额 150000 元。另一厂有手拉机 15 张，雕花机 4 张，职工 36 人，1931 年营业额 60000 元。同年，"纯系家庭工业"的机户，就业人数、产量产值均远远超过"工厂"。其中，"熟货机户"2596 家，织机 6168 台，工人 9015 人，产量 370880 匹。"生货机户"310 家，机 600 台，工人 3200，产量 44600 匹。此外，还有"零机料户"200 家，机 310 台，工人 320，产量 11000 匹。

过去并不是丝绸重要产地的上海，由于电力供应充沛，原料设备采购、产品销售便利以及资金筹集容易等原因，一跃成为我国最大的丝绸生产基地，这不仅是说行业规模上，并且在管理水平、设备及工艺条件、产品档次等方面上海均处于全国之前列，并且出现了美亚织绸厂这样的近代中国首屈一指的丝绸集团企业。美亚在以丝织为主体加速扩张的同时，兼向综合配套发展。1928 年，美亚开设铸亚铁工厂，制造丝织机械，又创建美艺练染加工厂，承接美亚系丝织品的后整理加工，复又增设印花部。1929 年，组设美章纹制合作社，将花样设计、意匠制作和纹板制作集中于一处。1930 年，建立美经经纬股份有限公司，统一生产并供应各分厂的经轴和纬管。同年又开办美亚织物试验所，组设技术研究委员会，收集国内外样品。设计开发新产品；编译丝织技术资料，指导各分厂改良产品。这一系列的举措使美亚生产体系日臻完善，成为庞大的企业集团。

传统丝绸业在生产仍有销路的传统产品的同时，也在努力适应市场消费趋向和人们消费心理的变化。这对于满足市场需求，维持行业生存，起到了积极作用。尤其值得重视的，是传统丝绸业在经营管理方面的变化。以传统丝绸业中的"账房"来说，此时直接组织指挥生产的，已经不一定非是"账房"老板本人不可，而往往是聘请经营有方、精通业务的专业人员担任，出现了向资本主义近代企业经理人制靠拢的趋向。股东们将企业生产经营全权委托给经理人，经理人则对"庄务负完全责任"，并以合同的方式对双方权限加以明晰的规定，使之具有法定的效力。这种经理制的实行，一方面有利于社会资金的集中和积聚，投资者不一定亲自从事经营，能够吸引一些非丝绸行业的货币拥有者投资入股；另一方面，有利于改善企业的生产经营。由精通业务的专业人员负责经营管理，能够保证获取比较稳定的利润，保证企业产销活动比较顺利地进行。这是中国传统丝绸生产受到近代资本主义企经营管理理念影响的一个明显表现，也是它为适应时势变迁、求得自身生存而采取的一种应变措施。

自民国初年以后，濒临灭顶之灾的中国丝绸行业开始奋起直追，丝绸业近代化一度进展得有声有色，但是毕竟已经错过了最佳时机。当时，在内陆及农村地区，甚至在一些传统的丝绸产区，仍有相当一部分丝绸生产停滞在手工操作阶段。在日本帝国主义全面侵华战争的动乱兵燹之中，我国丝绸业的发展最终还是停下了脚步。

## 新中国的丝绸

1949 年，中华人民共和国成立，历史翻开了新的一页，古老的中国丝绸业也进入了一个崭新的历史时期，得到了迅速的发展，栽桑、养蚕、丝绸、印染、服装、贸易等领域得到全面振兴，经过几十年的发展，我国再度成为世界第一丝绸大国。20 世纪末，我国蚕丝产量已占世界产量的 80% 以上，丝绸出口量已占世界丝绸贸易量的 90% 左右，对世界丝绸市场产生了举足轻重的影响。同时，丝绸的产品开发与设计工作也取得了很大成就。当代丝绸业在今天仍然蓬勃发展着。

### 绸缎品种的十四大类

新中国成立以后，不同的绸缎品种由中国蚕丝公司统一安排生产。

通向世界的丝绸之路

**中国蚕丝公司染色样本（20 世纪 50 年代）**

各丝绸主产地建立了纹样组织部门，专门管理绸缎花样品种的设计工作，并成立了新品种试样厂，根据内、外销市场的需求，设计、评选新品种。

1965 年，纺织工业部首次对丝织品的分类、定名和编号作出统一规定。根据丝织物组结构、使用原料、加工工艺、质地与外观特征及其主要用途不同，将绸缎分为 14 大类，分品种有绡类 36 种、纺类 61 种、绉类 79 种、绸类 162 种、缎类 69 种、绫类 51 种、罗类 3 种、纱类 14 种、呢类 28 种、绒类 16 种、锦类 13 种、绢类 6 种、葛类 4 种、绨类 3 种，合计 540 种。这是我国丝绸新品种、新花色百花齐放、推陈出新的时期。

## 丝绸产品设计的历程

新中国成立初期，我国丝绸产品的设计力量较分散。为促进丝绸产品设计和技术的互相交流，从 1953 年起，在农业、手工业和工商业的社会主义改造过程中，不少私营工厂重组成较大的生产合作社。到 50 年代中期，在合作社基础上组建的丝绸试样厂，成为新中国丝绸设计的中坚力量。1956 年，江苏丝绸行业也抽调设计技术力量，成立了苏州丝绸试样厂，有 40 台织机专门试织新产品，为江苏省丝绸行业提供试样服务；上海市则在 7 家丝绸厂的基础上抽调设计技术人员组建上海丝绸研究所；广东和四川的丝绸试样机构也相继建立。1958 年，14 家私营绸厂与生产合作社合并为杭州胜利丝织试样厂，该厂成为浙江省丝绸

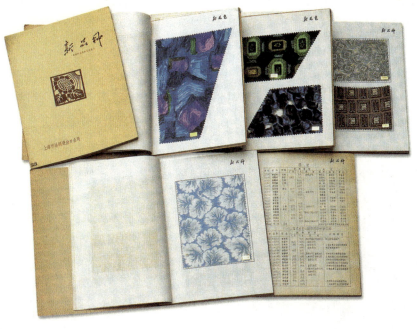

上海丝绸进出口公司样册（20 世纪 60 年代）

产品的设计试制中心，在全国丝绸业享有盛名。

这一时期最著名的新品种有东风绸、利亚绒、天霞缎和苏州的机绣织品等。

1959 年，在纺织工业部和对外贸易部联合召开的全国绸缎花色品种会议上，明确地提出了"设计、生产、贸易"三结合的设计方针，要求丝绸产品发扬我国优秀的传统风格，同时批判地吸收国外的精华，进行有针对性的设计。这次会议提出了丝绸设计工作的重点：在保证完成生产任务的前提下，提高设计质量，改进重点品种，加强印花设计力量，扩大原料应运范围，创造更好更多的新产品。这一会议对全国绸缎品种花色设计工作产生了重要影响。

为庆祝建国十周年，1959 年在北京举办了全国工业交通展览会，其中的纺织馆内，丝绸产品品种丰富、花色富丽，吸引了成千上万的参观者。浙江省参展的金龙缎和银龙缎，广东省参展的香芸纱都深受好评。

江苏和上海也有很多优秀产品参展，一些过去没有丝绸生产的省份，如河北等，也有产品参展。

丝绸产品的贸易以出口创汇为主。20世纪50年代，主要出口苏联及港、澳地区。60年代初，由于中苏关系恶化，丝绸出口转向了西方国家。1967年，中国纺织品进出口公司根据江、浙、沪三地参加上海口岸对资绸缎出口规划会的精神，拟定了"出口丝织物分类定名编号办法修正意见"，规定自1968年1月日起实施。60年代末，由于"文化大革命"的影响，丝绸品种设计工作一度受到冲击。1975年，轻工业部纺织局在青岛召开印花工作及花色品种会议，1976年又在广州召开出口绸缎花色品种创新经验交流会，均是具有相当规模的全国性会议，对重新活跃资丝绸行业的设计工作起到了重要的促进作用。

20世纪60年代中期至70年代，上海的采桑牌10116东风纱闻名遐迩，这种纱质地轻薄，主要作装饰用。当时，该产品的生产量一度占上海整个真丝绸产量的70%，为国家创造了大量的外汇。20世纪70年代，青春纱和桑波段问世，至今一直魅力不减。合成纤维产品的崛起是这一时期另一重大事件，上海丝绸行业率先将合成纤维绸大面积投入生产，其中尼龙与粘胶长丝交织的的产品：锦东缎、锦裕缎、锦益缎、锦绣段、满花绸最为热销，被誉为"五朵金花"。

改革开放后，人民生活水平迅速提高，思想观念转变，开始在满足基

织锦缎"层叠"

印花绸——舞蹈中的西藏少女

丝绸新貌

本生活条件的前提下追求服饰之美。同时，欧美时尚之风也开始吹进中国。丝绸业迎来了大发展的机遇，中国丝绸产品设计迎来又一个春天，产品设计呈现出繁花似锦的局面。国外先进设备的引进和工艺技术的进步也给此时的丝绸产品设计提供了活力。真丝针织品的开发与生产是这一时期的一个亮点。真丝产品20世纪80年代初期开始在国际市场流行，因其柔糯滑爽、吸湿透气、富有弹性和悬垂性，加上后来又不断创新，使其成为丝绸产品中后来居上的一大门类，在对外贸易中独树一帜。

20世纪80年代末至90年代初，真丝砂洗绸风行一时。这种新型面料的问世，满足了消费者追求衣着个性化的要求。

20世纪末，对丝绸产品加工和使用过程中环保与保健性能的研究也引起了行业内外的关注，生态纺织品的概念应运而生。

### 丝绸图案的演变

1949年以来丝绸图案的演变可以分为三个阶段。

#### 继承与创新（1949-1965）

建国之初，作为出口创汇的主要物资，丝绸行业确立了"设计、生产、贸易三结合"的原则。明清以来优秀的传统纹样仍是设计师们灵感的主要来源，翻开那时的绸缎样本，一股强烈的民族风格扑面而来。梅兰竹菊、牡丹莲花、龙凤麒麟随处可见，然而设计师们并不是一味机械地照搬照抄，而是在传统的基础上挖掘、继承与再创造，从而赋予了丝绸设计清新的时代气息。同时在题材选择上，特别是在印花织物中借鉴和引入了变异花卉、抽象图案等外来纹样和设计风格。

六织锦缎——红宝书

#### "文化大革命"时期（1966-1976）

这是一个特殊的极"左"的时期。其特点就是强调"革命现实主义风格"，因此出现了大量所谓的"革命现实"题材的丝绸作品。

在当时，象征着"心向红太阳"的向日葵、载有领袖经典语录的红

绸样一套（20 世纪 70 年代）

手绘服装

丝绸新貌

宝书、代表革命前程的帆船航行海上等图案和主题都被大量运用，反映了这个特殊时代鲜明的设计特色。

　　为了满足外销市场的需求，这一时期丝绸的设计上也有活泼潇洒、灵动自如的佳作。1972 年马王堆汉墓丝绸出土，在国内外引起轰动，于是设计师设计出了"马王堆纹样"真丝印花绸，该产品在 1973 年的广交会上供不应求，随即浙江等地又将其移植于提花织物中，在丝绸设计中掀起了一股民族风。

**开放与多元（1977 年至今）**

　　20 世纪 70 年代末，随着经济体制的改革和对外开放，中国设计界开始与国外同行接触，花样设计也逐步融入国外流行风尚。与此同时，内销市场与外销市场、提花绸缎与真丝印花绸缎等也分别呈现出不同的风貌特征。内销绸缎向传统纹样回归，中国人压抑已久的对美的需求得到了肯定；外销提花绸向印花绸靠拢，变得抽象、自由、活泼。

　　到了 20 世纪末，在丝绸纹样设计中，国内外的时尚潮流已日益趋同。设计师在进行丝绸服装设计时以市场需求为出发点，大胆采用新型面料，努力追求丝绸服装的实用功能和艺术审美的最佳结合点。在此基础上借鉴传统文化元素，摆脱将中国元素一用到底的肤浅设计，注重丝绸服装的日用性、时尚性和可穿性，将自然的东方风格和中国人文精神融入到丝绸服装的设计中。

今天，市场的流行时尚日趋成为影响设计的指导原则，各种流派纷呈，呈现出一个多元化的世界。

彩色数码织锦画

# 参 考 文 献

[1]  姜伯勤．敦煌吐鲁番文书与丝绸之路 [M]．北京：文物出版社，
     1994.

[2]  李文瑛，周金玲．营盘墓葬考古收获及相关问题；新疆维吾尔自治
     区丝路考古珍品 [M]．上海：上海译文出版社，1998.

[3]  关根真隆．奈良朝服饰の研究 [M]．东京：吉川弘文馆，1974.

[4]  罗丰．汉唐丝绸的外销——从中国到欧洲；丝绸之路上的考古宗教
     与历史 [M]．北京：文物出版社，2011.

[5]  谢弗．唐代的外来文明 [M]．西安：陕西师范大学出版社，2005.

[6]  赵丰．敦煌丝绸与丝绸之路 [M]．北京：中华书局，2009.

[7]  杜朝晖．敦煌文献名物研究 [M]．北京：中华书局，2011.

[8]  唐长孺．吐鲁番文书中所见丝织手工业技术在西域各地的传播；山
     居存稿 [M]．北京：中华书局，2011 年．

[9]  尚刚．元代工艺美术史 [M]．沈阳：辽宁教育出版社，1999.

[10] 赵丰．中国丝绸通史 [M]．苏州：苏州大学出版社，2005.

[11] 赵丰．天鹅绒 [M]．苏州：苏州大学出版社，2012.

[12] 马特巴巴伊夫，赵丰．大宛遗锦：乌兹别克斯坦费尔干纳蒙恰特佩
     出土的纺织品研究 [M]．上海：上海古籍出版社，2010.

[13] 赵丰．中国丝绸艺术史 [M]．北京：文物出版社，2005.

[14] 林梅村．丝绸之路上的吐蕃番锦；丝绸之路——设计与文化 [M]．
     上海：东华大学出版社，2008 年．

[15] 吴震．吐鲁番出土文书中的丝织品考辨；吴震敦煌吐鲁番文书研究
     论集 [M]．上海：上海古籍出版社，2009.

[16] 武敏．织绣 [M]．台北：幼狮文化出版社，1992.

[17] 包铭新．丝绸之路——图像与历史 [M]．上海：东华大学出版社，
     2011.

[18] 袁宣萍，赵丰．中国丝绸文化史 [M]．济南：山东美术出版社，
     2009.

[19] 丝绸之路与元代艺术国际学术讨论会论文集 [M]．香港 香港艺纱堂，
     2006.

[20] 蒲立本．上古汉语的辅音系统 [M]．北京：中华书局，1999.

[21] 林梅村．汉唐西域与中国文明 [M]．北京：文物出版社，1998.

[22] 巫鸿．三盘山出土车饰与西汉美术中的"祥瑞"图像；礼仪中的美术：

　　巫鸿中国古代美术史文编 [M]．北京：生活·读书·新知三联书店，2005.

[23] 孙机．中国古舆服论丛 [M]．北京：文物出版社，2001.

[24] 赵丰．唐代丝绸与丝绸之路 [M]．西安：三秦出版社，1992.

[25] 吴震．吴震敦煌吐鲁番文书研究论集 [M]．上海：上海古籍出版社，2009.

[26] 赵丰，齐东方．锦上胡风——丝绸之路纺织品上的西方影响 [M]．上海：上海古籍出版社，2011.

[27] 尚刚．隋唐五代工艺美术史 [M]．北京：人民美术出版社，2005.

[28] 荣新江．中古中国与外来文明 [M]．北京：北京大学出版社，1998.

[29] 杨树达．汉代婚丧礼俗考 [M]．上海：上海古籍出版社，2000.

[30] 吐鲁番学研究：第三届吐鲁番学暨欧亚游牧民族的起源与迁徙国际学术研讨会论文集 [M]．上海：上海古籍出版社，2010.

[31] 荣新江．中古中国与外来文明 [M]．北京 生活·读书·新知三联书店，2001.

[32] 金成　．染作江南春水色 [M]．昆明：云南人民出版社，2006.

[33] 李当岐．服装学概论 [M]．北京：高等教育出版社，1990.

[34] 邹逸麟．有关我国历史上蚕桑业的几个历史地理问题；选堂文史论苑 [M]．上海：上海古籍出版社，1994.

[35] 王宇清．周礼六冕考辨 [M]．台北：南天书局，2001.

[36] 原田淑人．中国服装史研究 [M]．合肥：黄山书社，1988.

[37] 崔圭顺．中国历代帝王冕服研究 [M]．上海：东华大学出版社，2008.

[38] 许进雄．古事杂谈 [M]．北京：商务印书馆，1997.

[39] 阎步克．服周之冕——《周礼》六冕礼制的兴衰变异 [M]．北京：中华书局，2009.

[40] 黄能馥，陈娟娟．中国服装史 [M]．北京：中国旅游出版社，2001.

[41] 孟晖．唇间的美色 [M]．济南：山东画报出版社，2012.

[42] 孟晖．潘金莲的发型 [M]．南京：南京大学出版社，2009.

[43] 王国维．观堂集林 [M]．石家庄：河北教育出版社，2003.

[44] 孙佩兰．中国刺绣史 [M]．北京：北京图书馆出版社，2007.

通向世界的丝绸之路

# 后记

3 年前，贵州民族出版社的编辑与我谈及"世界意义的中国发明"丛书的策划构想，希望出版一套面向大众读者，展示中国古代除"四大发明"外，那些同样具有世界影响的发明的通俗读物，并希望由我来承担中国丝绸卷的写作。几经沟通，我答应承担了编写的任务。编写和编辑的过程中，因为种种原因，包括责任编辑的变动等，整个工作的进程持续了很久。如今书稿终于付梓。作为一本通俗读物，本书的参考文献没有像其他学术著作那样采取脚注的方式，而是将其中一些主要的参考文献统一列于全书最后，希望这样能够为那些想对相关内容作进一步了解的读者提供一个有益的线索。

徐文跃为本书的编写提供了一些文字资料，在此向他表示感谢。另外，罗铁家、张国伟、徐峥、薛雁、金琳提供了一些图片资料，也谢谢他们。最后，感谢编辑邹鲲如为本书的出版所付出的劳动，也感谢王丽璇在前期沟通中付出的心血。

蔡琴

# "世界意义的中国发明"丛书（第一辑）

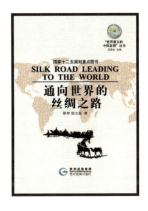

　　"世界意义的中国发明"，不仅是通常所说的四大发明，更加涵盖中华民族所有的智慧和创造力，诸如粟作稻作、农具农耕、筹算珠算、天文仪器、机械制造、钻井探矿、油煤开采、青铜冶铸、钢铁冶炼、建筑营造、造船航海、陶器瓷器、雕塑髹漆、蚕桑丝绸、纺织印染、发酵酿造、中医中药等方面……每个发明的领域都代表了中华文明传统科技文化的某一个侧面，反映中国人对某一种自然的认识以及其对于世界的意义。本丛书能让更多的中国人更了解自己的科技与文明，也让世界更了解中国的科技与文明。